Felix Solmsen

Studien zur lateinischen Lautgeschichte

Felix Solmsen

Studien zur lateinischen Lautgeschichte

ISBN/EAN: 9783743397057

Hergestellt in Europa, USA, Kanada, Australien, Japan

Cover: Foto ©ninafisch / pixelio.de

Manufactured and distributed by brebook publishing software (www.brebook.com)

Felix Solmsen

Studien zur lateinischen Lautgeschichte

Vorwort.

Die nachfolgenden untersuchungen reichen in ihrem kerne bis in die herbst- und wintermonate 1892/93 zurück. Bei den berufspflichten ganz anderer art, von denen ich damals in anspruch genommen war, konnten sie aber nur langsam gefördert werden, und erst im frühling vorigen jahres gewann ich die musse sie energischer vorwärts zu bringen. Im juni haben dann die aufsätze I II und III, 1 nebst den excursen der philosophischen fakultät der universität Bonn als habilitationsschrift vorgelegen, und gegen ende des jahres konnte der druck beginnen. Was mir während dessen an neu erschienener litteratur zugänglich war, habe ich, soweit es noch möglich war, zu verwerten gesucht. Zwei arbeiten indess über die frage, mit der sich die erste abhandlung beschäftigt, sind erst erschienen bezw. mir zu gesichte gekommen, als deren druck beendet war. So wurde auf alle fälle ein nachtrag nötig, um wenigstens in kürze ein urteil über diese arbeiten abzugeben, und ich habe deshalb geglaubt auch ein paar weitere bemerkungen nicht unterdrücken zu sollen, durch die die im text vorgetragenen ansichten gestützt werden konnten.

Ich bedaure, dass ich nicht von vornherein an stelle des lat. *v* überall habe *u* drucken lassen. So ist eine gewisse inconsequenz in die schreibung hineingekommen, da wenigstens in III, 5 sich die bezeichnung durch *u* als unumgänglich notwendig erwies.

Es gereicht mir zu inniger freude, dass ich dieses buch dem verehrten manne, dessen namen es tragen darf, zu einem für die wissenschaft nicht minder wie für ihn bedeutungsvollen gedenktage darbringen kann. Möge er in ihm einen schwachen ausdruck des dankes sehen für alles das, was ich in wissenschaft und leben von ihm empfangen zu haben dankbaren herzens bekenne.

Bonn a./Rh. den 10. märz 1894.

Felix Solmsen.

Inhalt.

	Seite
I. Der wandel von $r\breve{e}$- in $r\breve{o}$- und von $r\breve{o}$- in $r\breve{e}$- im wortanlaut.	1
II. Der wandel von $qu\breve{o}$- in $c\breve{o}$-	29
III. Der schwund des v zwischen vocalen	36
1. Ausfall des v vor $\breve{o}$ und daraus entstandenem $\breve{u}$	36
1. Ausfall von v vor $\breve{u}$ im historischen latein	37
2. Ausfall von v vor o im vorhistorischen latein	53
2. Wandel von unbetontem $e\breve{v}$ $e\breve{\iota}$ in $\bar{o}$	82
3. Schwund des v zwischen gleichen vocalen	109
1. $\bar{a}$ aus ava	109
2. $\bar{\imath}$ aus ivi	110
3. $\bar{e}$ aus eve	121
4. $\bar{o}$ aus ovo	122
4. Übergang von $\breve{a}v$ $\breve{o}v$ in unbetonten silben in $\bar{u}$ $\bar{o}$	126
1. Übergang von $\breve{a}v$ $\breve{o}v$ in $\bar{u}$ zur zeit der uritalischen betonung, d. h. in nachtonigen silben	127
2. Übergang von $\breve{o}v$ in $\bar{o}$ $\bar{u}$ zur zeit der jüngeren lateinischen betonung, d. h. in vortonigen silben	141
Oskisch-umbrisch	151
5. Wegfall des v nach u	158
6. Sonstige fälle des schwundes von v	173
1. Schwund des v zwischen u und o	174
2. Schwund des v zwischen unbetontem u und i, e	175
Excurs I (zu s. 5). Weiteres zur bildung der 2. sg. imper. act. der unthematischen verba im lateinischen	185
Excurs II (zu s. 8). Der plural ind. praes. und das praeteritum des verbums 'wollen' im westgermanischen	187
Excurs III (zu s. 74). Reste der idg. flexion von $di\bar{e}us$ im lateinischen und verwantes	191
Nachträge	199
Sachregister	201
Wortregister	203

Druckfehler.

S. 8 z. 3 v. u. l. Brugmanns für Brugmann.
S. 30 z. 4 v. o. füge hinter *quĕror querquĕrus* ein.
S. 46 z. 23 v. o. l. 2, 2 anm. 1 für 2, 3 anm. 1.
S. 83 z. 5 v. o. l. *ašarasta-* für *ašarasta*.
S. 118 z. 13 v. u. l. *prai-vĭds* für *prai-rĕds*.
S. 131 z. 2 v. u. füge ein komma ein vor und.

I.

Der wandel von re- in ro- und von ro- in re- im wortanlaut.

Eine anzahl von wörtern, die in den ältesten denkmälern der lateinischen sprache anlautendes ro- aufweisen, verwandeln dies im laufe der sprachgeschichte in re-. Andere widerum zeigen von anbeginn der überlieferung ro-, wo nach dem zeugnis der verwanten sprachen re- zu erwarten wäre. So stehen zwei gerade entgegengesetzte richtungen des lautwandels einander gegenüber, die auf den ersten blick unvereinbar scheinen. In der tat ist es den beiden neuesten bearbeitungen der lat. lautlehre nicht gelungen, die grenzen der beiden lautübergänge genau gegen einander abzustecken: Schweizer-Sidler² § 12, 10. 13, 7. Stolz² § 8. 10. So ist es erklärlich, dass andere gelehrte überhaupt die berechtigung zur annahme sei es des einen, sei es des anderen lautwandels in frage gezogen haben: so Froehde Bezz. beitr. 14, 104 die lautgesetzlichkeit des überganges von ro- in re-, v. Planta in seiner gramm. der osk.-umbr. dial. 1, 88 den von re- in ro-.

Ich glaube, das rätsel löst sich, wenn man die consonanten in betracht zieht, die auf das re- bezw. ro- folgen. Nach diesem gesichtspunkt ist die folgende darstellung angelegt.

Übergang von re- in ro- hat stattgefunden:

1. vor m:

$romo$ = gr. ἐμέω lit. *remiù*; dazu die ableitungen ro-*mitus*, vgl. ἔμετος ai. *ramathas*, $romitio$ $romica$;

2. vor l:

$rolop$ Naevius R.² com. 12 = Charisius GLK. I, 239, 18. *ŏlŭpe rŏlŭp* nebst $rolupia$ $roluptas$ = gr. ἐλπίς ἔλπω mit svarabhaktischem vocal. Gegen die abweichende ansicht Corssens II² 1024 s. J. Schmidt voc. 2, 343.

volvo, älter *vŏlăo* (L. Müller de re metr. 262) = gr. ἐλυ- in ἐλύσθη εἰλύομαι aus *ἐ-ϝελύομαι (W. Schulze quaest. ep. 336 anm. 1). Dazu die ableitungen, bei denen ebenso wie bei den gr. angehörigen der sippe die aus einer grundbedeutung entsprungenen bedeutungen 'wälzen' und 'einhüllen' neben einander herlaufen: *volutus voluto volumen involumen volucra involucrum involgere* Plaut. Capt. 267, welches letztere die länge des *u* auch für die beiden vorhergehenden erweist[1]. Ihre *vŏ-* sind wahrscheinlich nicht alle des gleichen ursprungs. Die wurzel gehört zu den zweisilbigen wurzeln auf *-u-*, deren abstufung sich, wie Froehde Bezz. beitr. 9, 122 ff. und nach ihm W. Schulze a. a. o. 317 ff. nachgewiesen haben, innerhalb der typen *-evā-* : *-vā-* bewegt: in unserem falle wechselten also *evŭ-* : *vŭ-*. Demnach ist *volutus* an stelle von urspr. *vlūtos* getreten, indem es *vŏ-* vom praes. übernahm. In gleicher weise könnte man *volumen* als neubildung für *vlumen* ansehen nach massgabe des gr. εἴλυμα Ζ 179, das sich auf *ἐ-ϝλυ-μα zurückführen lässt (Schulze a. a. o. 331 mit anm. 1). Indess ist εἴλυμα wahrscheinlich erst griech. neubildung. Den nomina mit suffix *-men* kam urspr. wahrscheinlich nur die hochstufe in der wzlsilbe zu (de Saussure mém. 130 f. 137. 140), im gr. aber ist dieser zustand bei den verbalsubstantiva vielfach, was ich hier nicht im einzelnen ausführen kann, aber ein andermal zu tun hoffe, dadurch gestört worden, dass von der 1. sg. perf. med. auf -μαι aus, mit der die substantiva auf -μα im sprachgefühl assoziiert waren, die schwache wurzelform eindrang. Auch das auftreten von -σμα oder -μα richtet sich, wie ztschr. 29, 119 ff. gezeigt ist, danach, ob das perf. med. auf -σμαι oder -μαι ausgeht. Also wird εἴλυμα nach εἴλυμαι für urspr. *ἐ-ϝέλυμα gebildet sein, vgl. einerseits ἔλυμος, andererseits ἔρυμα[2]). Demgemäss werden wir auch *volumen* auf urspr. *velāmen* zurückzuführen haben. Es verdankt sein *ā* dem pte. *volūtus* und den ableitungen von den denominativen verben auf *-āo*, in deren bahnen *volāo* auf grund des zusammen-

---

1) Schöll schreibt in der ausg., dem Turnebus folgend, *involūcrum* gegen die hss.

2) Hesiods ἔλυμα 'scharbaum' Ἔργα 430. 436 lasse ich aus dem spiele, da ich es in der bedeutung mit unserer wurzel nicht zu vermitteln weiss. Buttmann lexil. 2, 164 f. ging von der unhaltbaren voraussetzung aus, dass deren grundbedeutung 'stossen' sei.

falls im praes. und pte. perf. pass. hineingezogen wurde und bei denen die länge des *a* berechtigt war: *acamen argūmentum instrūmentum (numen) statumen*[1]). Bei *cōlucra incōlucrum* (*-e*) ist nicht zu entscheiden, ob sie auf **clutr-* oder **cēlūtr-* beruhen. Das suffix *-tro-* ist nicht so fest wie *-men* an eine bestimmte wurzelstufe gekettet: es bildet im gr. von unserer wurzel ableitungen sowohl mit hoch- wie mit tiefstufe: ἔλυτρον (τέλουτρον Hes.) und πέλλυτρον aus **πεδ-ϝλυτρον* (W. Schulze a. a. o. 336 anm. 1). — Ob die von Augustin. de civ. dei 4, 21 überlieferten götternamen *Volumnus Volumna* zu *volvo* gehören, wie Bréal mém. de la soc. de lingu. 6, 341 meint, der sie als jahresgottheiten auffasst und *Veturius, Annius Anna perenna* und besonders *Vertumnus* vergleicht, oder zu *colo* (*ut bona vellent* Augustinus), mag dahingestellt bleiben.

Dagegen ist *cĕ-* vor *l* erhalten in:

Vēlia nebst *Vēliensis Vēlīnus Vēlitrae*, volsk. *Velestrom* gen. pl., deren zusammenstellung mit *callis*, an. *collr* 'feld, ebene' (Curtius grdz.[5] 360) wohl das richtige trifft. Dagegen hat gr. ἕλος, das Corssen ztschr. 3, 259 f. zum vergleich herangezogen hat, mit den genannten wörtern nichts zu tun, wie ich ztschr. 32, 283 ff. gezeigt zu haben glaube.

Stellt man *cŏlop cŏlŭo* und *Vēlia* einander gegenüber, so ergiebt sich sofort der grund, der für die verschiedene behandlung des *cĕ-* verantwortlich zu machen ist. Es ist die verschiedene artikulationsstelle des *l*, die durch den folgenden vocal bedingt war: in *cŏlop cŏlŭo* war es g u t t u r a l, in *Vēlia* p a l a t a l.

Damit ist der lautgesetzliche untergrund gewonnen, und wir können nun auf ihm weiterbauen und mit sicherheit über einige wörter urteilen, die in ihrem formensysteme den wirkungen der analogie spielraum gewähren oder aus anderen gründen nicht rein aus sich heraus beurteilt werden können:

---

1) Ein ähnliches schicksal hat die flexion von *solvo*, älter *sŏlŭo* gr. λύω betroffen. Dies hat nach dem muster von *cŏlŭo cŏlŭtos* und zugleich der denominativa auf *-āo sŏlŭtos* an stelle des urspr. **sŏlūtos* gr. λυτός eingesetzt. Dass in dieser bildung *ū* urspr. gleichberechtigt gewesen wäre, darf nicht etwa aus gr. βουλυτός gefolgert werden; W. Schulze hat quaest. ep. 321 gezeigt, dass *ū* hier die alte starke wzlstufe vertritt, die den zur bezeichnung des zeitpunktes dienenden substantiven mit suffix *-tu-* eigen war.

1. Die flexion von *velle* beruht auf der ai. 2. klasse: lit. *welmies parelmi parelt* (Bezzenberger z. gesch. d. lit. spr. 198), got. *riljau* (Scherer ztschr. f. d. alt. 19, 157 f. J. Schmidt voc. 2, 468), umbr. *velta* (?). Danach sind klar die pluralpers. *volumus voltis volunt* mit schwacher wurzelgestalt. Ebenso ist klar die 3. sg. *volt*. Sie muss analogische neubildung sein für urspr. *velt = lit. *pavelt*. Denn dass *vě* vor silbenauslautendem *l* lautgesetzlich bleibt, zeigt *vel*, wie man auch über dessen entstehung denken mag. Es sind drei ansichten aufgestellt worden. Bücheler hat es rhein. mus. 36, 239 als imperativ bezeichnet. Brugmann MU. 3, 9 f. und noch grdr. 2, 903. 1317 sieht darin einen urspr. injunktiv *vels, und Osthoff rhein. mus. 36, 486 anm. hat für möglich erklärt es auf *velsī zurückzuführen. Brugmanns und damit auch Osthoffs auffassung hat neuerdings Skutsch forsch. z. lat. gramm. und metr. 1, 55 f. in zweifel gezogen. Er beruft sich auf die von Bücheler rh. mus. 46, 238 festgestellte tatsache, dass der urspr. auslaut -*rs von ter* (gr. τρίς), der sich in *terr-uncius* offenbart, auch in der plautinischen prosodie im gebrauche von *ter* als länge Bacch. 1127[1]) seine spuren hinterlassen hat, und schliesst daraus, dass *fĕr* und *vĕl* nicht aus *fers *vels entstanden sein können. Betreffs *fer* hat Brugmann grdr. 2, 1319 anm. 1 mit dem hinweise darauf geantwortet, dass *fer* von Plautus nach der überlieferung zwar zweimal (Asin. 672. Curc. 245) als kürze, aber einmal als länge (Mil. 1343 a *fĕr aequo animo*) gebraucht werde, dass dieser tatbestand gerade für die herleitung aus *fers spreche und dass Skutsch kein recht habe die stelle mit langem *fer* durch eine, wenn auch noch so leichte änderung (*fĕr animo aĕquo* nach Guyet-Abraham) aus der welt zu schaffen. Auch für *vels könnte er sich auf zwei stellen berufen, an denen *vel* nach der überlieferung als länge steht und erst durch moderne conjekturen dieses charakters entkleidet ist: Bacch. 902

Abeo ad forum igitur. vĕl hercle in malam crucem,

wo Kampmann de in praepos. usu Plautino (Breslau 1845)

---

1) Ich citiere nach der neuausgabe von Ritschl-Götz-Löwe-Schöll, nur die in ihr noch nicht erschienene Cistellaria nach Ussing. Terenz citiere ich nach der ausgabe von Dziatzko.

s. 32 und nach ihm Ritschl und Götz *rel tu* lesen, und Rud. 1401

Vápulabis, rérbum si adde (addes) istuc únum, rel hercle énica, wo Schöll nach Lambins vorgange *rel tu* schreibt. Berücksichtigt man aber, dass die änderungen recht einfach sind, dass der zweite vers auch sonst verderbt ist (Brix de Plauti et Ter. prosodia Breslau 1841 s. 25 hat *si addes únum* vorgeschlagen, und ihm folgt man jetzt gewöhnlich), dass *rel* in weitaus der mehrzahl der entscheidenden fälle bei Plautus als kürze gilt — zu den von Skutsch verzeichneten fünf stellen lassen sich z. b. Curc. 483 *rĕl lanium rĕl harúspicem*. Bacch. 1042 *cĕl ŭt aúrum perdas*. Capt. 370 *cĕl ĕgo hŭc* hinzufügen —, und vor allem dass es durchaus *rĕlut* heisst, während man bei herkunft von *rels* nach *terr-uncius* notwendig *rellut* erwarten müsste, so wird man nicht umhin können Skutsch beizustimmen und Büchelers deutung als imperativ anzunehmen. *rĕl* kann dann aber nur so gebildet sein wie *cĕ-dŏ* aus *cĕ-do, ĭ aus *ei*, d. h. das nackte verbalthema in starker wurzelform wird als imperativ gebraucht bei den athematischen verben so gut wie bei den thematischen (vgl. Brugmann grdr. 2, 1316 f. W. Schulze quaest. ep. 388 f.). Weiteres über die bildung der 2. sg. imper. act. der athematischen verba im lat. bringt der erste excurs am schlusse dieser untersuchungen.

Zweifel über die natur des *cō-* bleiben bei der 1. sg. *rŏlo*. Schweizer-Sidler² s. 15 führt es auf *rĕlo, Brugmann grdr. 2, 887. 904 auf *rllo zurück. Ich halte erstere annahme für richtiger. Brugmann muss annehmen, dass die schwache wurzelform aus dem plur. in den sing. *rllo *rlt eingedrungen ist. Dies aber steht im widerspruch mit der ausgleichungstendenz, die sonst bei den resten der ai. 2. klasse im lat. herrscht: *fĕrimus fertis fĕrunt* nach *fĕro fers fert, ĭmus ĭtis eunt* nach *eo is it*, auch *estis* nach *es'si est*, während *sum* für älteres *esum* durch die im 'bindevocal' *u* übereinstimmenden *sumus sunt* veranlasst ist[1]). Wenn also in *rolt* das umgekehrte stattgefunden hat, so müssen wir schliessen, dass es

---

[1]) Dieselbe richtung hat die ausgleichung im lit. genommen, wo bei Bretken die 1. pl. *welmies* (Bezzenberger a. a. o.) statt *wilmies* nach der 1. sg. *welmies parelmi*, 3. sg. *parelt* heisst.

hier durch einen anderen umstand begünstigt war, und diesen können wir in dem durch die lautgesetze bedingten übergang von *cĕlō in cŏlo finden.

cŏlens hindert nichts als ursprachliches erbstück mit der bei den unthematischen verben regelrechten schwachen wurzelstufe im pte. praes. anzusehen. vgl. s-ent- in ab- prae-sens, iens u. s. w.; auf cŏlens beruht das erst spät auftretende cŏlentia, cŏlēbam cŏles u. s. w. sind lat. neubildungen ebenso wie cŏlam cŏlui u. s. w.. die in üblicher weise der wurzelgestalt des ind. praes. gefolgt sind. celle cellem kommen in diesem zusammenhange nicht in betracht. Sie haben nicht einfaches, sondern doppeltes l, und es wird sich weiter unten als wahrscheinlich herausstellen, dass dies auf vorhergehendes cĕ- ohne einfluss ist. celle zeigt hochstufenform der wurzel wie ferre ire und die ai. 2. sg. imp. wie jĕṣi dárṣi u. s. w., die Bartholomae Idg. forsch. 2, 271 ff. ansprechend als urspr. infinitive auffasst und dem lat. inf. auf *-se gleichsetzt.

Erhebliche schwierigkeiten bleiben nur bei cĕlim übrig, das ich, um das formensystem von celle nicht aus einander zu reissen, gleich hier behandle, obwohl der systematische gang der untersuchung es erst später zur sprache bringen würde. cĕ- ist, rein lautlich betrachtet, am richtigen platze. Allein es befremdet im höchsten masse, dass dieser optativ eines unthematischen verbs starke wurzelgestalt hat, eine eigentümlichkeit, die got. riljan teilt. Bezzenberger hat deshalb beitr. 16, 255 anm. 1 cĕlim auf *cŏlim zurückgeführt unter hinweis auf lĕvis brĕvis bĕne sĕvĕrus. Brugmann erklärt grdr. 2, 904 anm. 1 diese ansicht für unerwiesen, allein sie lässt sich vom standpunkt der lat. lautlehre aus auch nicht als unmöglich erweisen. Brugmann selbst will a. a. o. wie schon Idg. forsch. 1, 81 cĕlim und riljan unter berücksichtigung von nolī nōlīte nōlītō aus dem ehemaligen vorhandensein einer flexion *u̯el(i)i̯ō *u̯el-is (seine klasse XXVI) erklären, die vertreten sei durch ahd. willu, got. riljan riljands, altbulg. velja veliši. Für nolī nolīte nōlītō haben Wackernagel ztschr. 30, 313 und Stolz² s. 378 f. eine andere, durchaus einleuchtende erklärung gegeben. Was aber die j-praesensbildung von wzl. u̯el anlangt, so steht es, fürchte ich, mit ihrem alter nicht zum besten. Die arischen sprachen wissen nichts von ihr, und ihr zeugnis, das an und für sich nicht gering anzuschlagen ist, wird bekräftigt durch das lit., dessen älteste sprachdenkmäler noch deutliche reste der bildungsweise nach der ai. 2. klasse aufweisen (o. s. 4)[1]. Auf diese bildungsweise lassen sich auch die scheinbaren belege für die *j*-praesensbildung in den beiden anderen nordosteurop. sprachen ohne mühe zurückführen. Für das ahd. hat man längst erkannt, dass die flexion des sing. ind. praes. des verbums 'wollen' sich aus dem bestreben erklärt, die urspr. optativische flexion, wie das got. sie zeigt, entsprechend der bedeutung des verbums in das indikativschema einzupassen (Braune ahd. gramm. § 384. 385). Die 2. 3. sg. in der ältesten gestalt *wili* ist direkt = got. *wileis wili*. Dass auch die 1. sg. *willu* nichts als umbildung des got. *wiljau* ist, lehrt aufs klarste die form *wille*, die in alten denkmälern der verschiedensten dialekte begegnet: Pa., Voc., Cass., Otfr. Sie entspricht dem got. *wiljau* genau ebenso wie ahd. *bere* dem got. *bairau*. Freilich ist diese entsprechung nicht rein lautgesetzlich, wie Hirt Idg. forsch. 1, 206 meint, dessen vermutungen über die entstehung des got. *bairau*, das er *bairaú* lesen will, ich nicht für wahrscheinlich halte. Lautgesetzlich wäre *willio* zu erwarten, vgl. ahd. *ahto* = got. *ahtau*. An dessen stelle ist *willie wille* getreten nach dem muster der anderen praes. optative wie *bere*. Man weiss, dass diese form in wahrheit die 3. sg. = got. *bairai* ist, die gemeinwestgerm. auch die rolle der 1. sg. für urspr. *bero* übernommen hat (Paul PBr. beitr. 4, 376 ff.). Diesem völligen aufgeben der alten 1. sg. muss ein zustand des schwankens zwischen *bero* und *bere* vorhergegangen sein, und in dieser zeit ist zu *willio *willie hinzugebildet worden. Wenn nun neben *wille willu* auftritt und ersteres verdrängt, so ist klar, dass wir darin nicht eine genetisch verschiedene form zu suchen haben, wie Brugmann grdr. 2, 1310 meint, sondern dass *wille* einfach von den anderen indikativen, mit denen es in der bedeutung übereinstimmte, die endung -*u* übernommen hat. Auf diesem standpunkt sind das as. (*williu welliu* mit übertragung des *e* aus dem pluralis) und ags. (*willo wille*) bereits beim beginn unserer litterarischen überlieferung angelangt. *willa*, das sich bei Ta-

---

[1]) Im heutigen lit. ist an deren stelle das aus dem klruss. *relyty porelyty* entlehnte *rélyju* 'anraten, erlauben, gönnen' *parélyju* 'erlauben, befehlen' getreten (Brückner s. 152).

tian, und zwar in verschiedenen teilen des werkes (vgl. Sievers² index s. 507), neben dem jungen *wili* findet, weiss ich nicht zu erklären; irgend welche sprachhistorische bedeutung wird man der form schwerlich beimessen dürfen.

Den vorgang, den wir auf germ. boden im lichte der litterarischen überlieferung sich abspielen sehen, hindert nichts für das slav. in vorlitterarischer zeit anzunehmen. Altbulg. *celiši celitŭ* u. s. w. stimmen, abgesehen von den endungen, vollkommen mit got. *cileis cili* u. s. w. überein, d. h. auch sie sind urspr. nichts anderes als der optativ der ai. 2. klasse, die im lit. und demzufolge in der baltisch-slavischen grundsprache noch lebendig war. Auch sie haben, wie der opt. im germ., indicativbedeutung angenommen, und die natürliche folge war, dass sie mit den formen wie *cidiši ciditŭ* (Leskiens klasse IV b handbuch² s. 110) associiert wurden und nach **cidją cidĕti relją relĕti* u. s. w. für urspr. *relję (idg. -*iem*) *relti hinzubildeten.

Neben *celĕti*, das die bedeutung 'befehlen' angenommen hat, steht zur eigentlichen bezeichnung des wollens im slav. *coliti*, und das alter dieser bildung wird beglaubigt durch ai. *rārayati*, obwohl dies nach Whitney wurzeln s. 163 erst im epos belegt ist. Im germ. sieht man als ihren vertreter allgemein nur got. (*ga-*)*caljan*, an. *relja*, ahd. *wellen* 'wählen' an. Es hindert aber nichts, diesem verbum fürs urgerm. neben der bedeutung 'wählen' auch noch die von 'wollen' zuzuschreiben, ja es liegt in der letztgenannten tatsächlich noch im ahd. *wellemēs*, as. *wellat*, ags. *wellende* Ps. vor, deren wurzelsilbenvocalismus einer anderen erklärung unzugänglich ist, wie der zweite excurs dartun soll. Haben aber in allen germ. sprachen einmal ein vollständig durchflektiertes *caljan* in den bedeutungen 'wollen' und 'wählen' und ein als indic. gebrauchter opt. *ciljau* 'ich will', um die got. formen anzuführen, neben einander bestanden, so lag es nahe genug *caljan* in der ersten bedeutung den wurzelvocal von *riljau* zuzuführen, ebenso wie got. an. *rilda* an stelle von *culda bezw. *olda ihr *i* vom praes. bezogen haben. Damit ist got. *ciljan ciljands*, an. *rilja*, ags. *willan*, as. *willian* erklärt, und es entfällt die letzte stütze für Brugmann *j*-praesensbildung.

Es bleibt somach die frage offen: wie kommt der lat. und germ. und nach dem, was oben ausgeführt ist, nun auch der slav. optativ der wzl. *u̯el* zu seiner starken wurzelgestalt? Für das lat. könnte man sich bei Bezzenbergers herleitung aus **u̯ōlim* beruhigen, für die beiden anderen sprachen mit rücksicht auf lit. *pavelmi* annehmen, dass von den beiden nordosteurop. sprachen gleichermassen, vielleicht sogar von allen dreien gemeinsam die wurzelgestalt des sing. ind. in den opt. übertragen sei. Dass aber diese trennung der lat. von der germ. und slav. form unrichtig, vielmehr die starke wurzelstufe in **u̯eli̯em* bereits der ursprache zuzuschreiben ist, ergeben, wie mir scheint, die verhältnisse bei dem negierten verbum lat. *nolle*.

Dessen opt. *nōlim* stimmt im vocal der stammsilbe mit dem ind. *nōlo* überein im gegensatz zu *vĕlim* : *vŏlo*. Wollte man annehmen, *nōlim* sei für urspr. *nelim aus *nĕvĕlim[1]) in anlehnung an *nōlo* eingetreten, so würde man sich vergebens fragen, warum beim negierten verbum eine ausgleichung eingetreten sein sollte, die das einfache *vŏlo* : *vĕlim* und nicht minder *mavŏlo* : *mavĕlim*[2]) verschmäht haben. Freilich heisst es bei Plautus neben *nōlim* (Asin. 214. Amph. 86, 439. Capt. 943. Merc. 539) *nōlis* (Bacch. 914. Cas. 314. Pers. 489) *nōlit* (Most. 287) *nōlint* (Pseud. 207, doch ist die stelle wohl glossem) an je 2 stellen *non vĕlis non vĕlit non vĕlint*, und man könnte sich versucht fühlen darin nachkommen von alten *nĕvĕlis u. s. w. zu sehen, wie bei Plautus *non vis non volt* neben *nĕvis nĕvolt* stehen. Dass sie aber in wahrheit jünger als *nōlim* u. s. w. sind, geht schon daraus hervor, dass der imperativ, der, wie Wackernagel ztschr. 30, 313 und Stolz² s. 378 f. erkannt haben, aus dem opt. erwachsen ist, bei Plautus durchaus nur *nōlī* (an 20 stellen, wenn mir beim sammeln nichts entgangen ist) *nōlito* (3 mal) lautet, und es wird zur evidenz, wenn man sich die stellen, an denen sie vorkommen, näher ansieht. An vieren stehen sie in geradem gegensatz neben dem positiven verbum: Merc. 452 *renirene eam relit an non relit*. Merc. 453 *ego scio velle, at pol ego esse credo aliquem qui non velit*. Merc. 16 *quid velint quid non velint*. Most. 681

---

1) Über den fakultativen schwund des *v* zwischen gleichen vocalen denke ich im dritten abschnitt dieser studien zu handeln.

2) Von dem verhältniss dieser formen zu den 'contrahierten' *malo* : *malim* wird im dritten teile genauer die rede sein.

utrum eae relintne an non relint. An der fünften, Trin. 671,
besteht der gleiche gegensatz zwar nicht der form, aber doch
dem sinne nach: *quom inopiast, cupias, quando eius copiast,
tum non relis.* Endlich Poen. 244 *olent salsa sunt, tangere
ut non relis,* wo keine derartige gegenüberstellung vorliegt,
ist eine metrisch und kritisch nicht ganz sichere stelle, und
Götz-Löwe bemerken dazu: suspicamur exitum fuisse olim
alium. Es ist also klar, dass für das sprachgefühl zwar der
gegensatz *nolo : rŏlo* ausreichte — denn es heisst niemals **nōn
rŏlo* u. s. w., wohl aber z. b. Cist. 478 *si ego rŏlo seu nōlo*
—, dagegen in den fällen, wo es sich um ganz strikte gegenüberstellung handelte, der von *nolim : rĕlim* nicht immer —
denn es begegnet auch *nunc neque quid rĕlim neque nōlim
facitis magni* Asin. 214 — scharf genug war. In der tat
bilden diese infolge der vocaldifferenz nicht einen so präcisen,
ins ohr fallenden gegensatz[1]). Doch gilt das nur für die zeit
des Plautus; schon Terenz kennt nur noch *nōlim* (10 mal)[2]).

Also bleibt nichts übrig als *nōlim* auf *nĕrŏlim mit lautgesetzlichem schwund des *e* vor *ŏ*[3]) zurückzuführen. Darin
könnte Bezzenberger eine willkommene bestätigung seines *rŏlim erblicken: in *nĕrŏlim könnte *e* vor dem übergang von
rŏ- in *rĕ-* ausgefallen sein. Allein auf einen ganz anderen weg
weisen uns gewisse merkwürdige ags. formen westsächsischen
dialekts, die Sievers PBr. beitr. 9, 564 f. ans licht gezogen hat.
Während in diesem dialekt beim nicht negierten verbum im
ind. praes. *i* durchgeht: *will(l)e wilt wile willad*, stehen beim

---

1) Ähnlich steht neben *nollem* Stich. 513, *nolles* Aul. 286 (so
hat Ritschl opusc. 2, 250 für hs. *nōn relles* eingesetzt, indem er sich
mit recht gegen Göllers conjektur *nevelles* erklärt) *nōn rellem* Cist.
331: *quod dedi datum non rellem; quod relicuom est non dabo.*
Dagegen findet sich für *nōlo* (80 belege) *nōlumus* (1) *nōlunt* (1)
nōlle (2) *nōlebam* (2) *nōles -et* (5) *nōlui* nebst den anderen formen
von perfektstamm (im ganzen 12) nie *nōn rŏlo rŏlebam u. s. w.

2) Auch in den anderen tempora und modi braucht Terenz
nur die contrahierten formen: *nōlo* (sehr häufig) *nōli* (9) *nōlle* (4)
nōllem (6) *nōlet* (1) *nōlui* (4). Nur eine ausnahme kommt vor, und
zwar bezeichnender weise in dem zweiten, längeren ausgang der
Andria: *nōn rŏlui* 6 neben *nollem* 7. Diese tatsache ist, wie es
scheint, bisher nicht beachtet, sie dürfte aber bei der frage nach
der herkunft und dem alter jenes schlusses nicht unwichtig sein.

3) Auch darüber genaueres im dritten abschnitt.

negierten neben *nylle nylt nyle nyllad* aus *niwille u. s. w. nicht selten *nelle nelt nele nellad*, letzteres auch für den imperativ gültig, die auf ältere *niwelle *niwelt *niwele aus *niwalljai *niwali zurückgehen. Man wird sich, einmal aufmerksam gemacht, der schlagenden übereinstimmung zwischen diesen formen und dem lat. *vĕrōlim gegenüber *rōlim* nicht entziehen können und wird, da die einzelsprachen zur erklärung des *ō* keinerlei handhabe bieten, diesem schon idg. alter zuschreiben müssen. Für die ursprache erklären sich, wie schon Sievers gesehen hat, **nĕu̯ōli̯ēm* **nĕu̯ōli̯ēs* u. s. w. auf grund des Mahlow-Fick-Möllerschen nachtones (svarita). Allerdings hat Kretschmer vor kurzem (ztschr. 31. 366 ff.) gegen diese hypothese von der wirkung des nachtones einen scharfen angriff gerichtet, und Streitberg (Idg. forsch. 1, 90 anm. 1) hat ihm zugestimmt. Auch ich verkenne die bedeutenden schwierigkeiten nicht, die sich an sie knüpfen, indess sind der fälle, in denen zwischen dem zurücktreten des accents auf die vorhergehende silbe und der umfärbung eines *ĕ*- zum *ō*-vocal ein augenfälliger zusammenhang besteht, so viel, dass wir ihnen den unsrigen unbedenklich anreihen können, ohne damit für die endliche erklärung des wechsels *e : o* etwas praejudicieren zu wollen.

Idg. *nĕu̯ōli̯ēm* aber setzt, unter dem angegebenen gesichtspunkt betrachtet, positives **u̯ēli̯ēm* voraus. Also ist die übertragung der starken wurzelstufe aus dem indic. in den opt. nicht erst, wie s. 9 angenommen, slavo-lettisch-germanisch, sondern schon ursprachlich. Man wird sich gegen diese annahme schwerlich sträuben, wenn man bedenkt, einmal dass die potentiale bedeutung des opt. in ursprachliche zeit hinaufreicht (Delbrück-Windisch synt. forsch. 1, 200 ff.), sodann wie nahe sich gerade bei dem verbum 'wollen' indicativ und potentialis in der bedeutung berühren. Die übertragung der starken wurzelstufe wird sich in der ursprache auf den sing. opt. act. beschränkt haben, die weiterführung durch den ganzen opt. erst auf dem boden der einzelsprachen vor sich gegangen sein. Gegen diese annahmen spricht nicht ai. *vriyāt*, auf das sich Brugmann Idg. forsch. 1, 81. grdr. 2, 887 beruft. Mit dieser form hat es eine eigene bewantnis. Aus den texten wird sie von den Petersb. wtbb. nicht belegt. Dagegen führen sie Westergaard und Max Müller an, haben sie also wohl aus grammatikern geschöpft. Diese aber können sie nach dem üb-

lichen schema des precativs (*kriyāt : kr*) gebildet haben, ohne
dass sie in der sprache wirklich vorhanden war. Überdies ist
auch mit der möglichkeit zu rechnen, dass sie zu wzl. *rr* 'bedecken, einhüllen' gehört, zu der sie Whitney wzln. s. 162
in der tat stellt. Die schwache wurzelstufe in ai. *curīta*, gāth.
cairimaidī ist in ordnung, da auch der ind. med. durchgehends
nur schwache wurzelstufe kennt (ai. *arri arṛta*).

Ziehen wir aus dem vorstehenden die summe für unsere
zwecke, so setzt lat. *vēlim* mit seinem *vē-* idg. *ụē-* fort, auf
der anderen seite aber geht wie *nōlim* auf idg. **nĕụōlīem*
auch *nōlo* u. s. w. auf idg. **nĕụōlmi* zurück.

Bei den erörterungen, die zu diesem ergebnis geführt
haben, habe ich geflissentlich zwei entlegenere lat. formen ausser
acht gelassen: *rŏlim* und *neli*. Keiner von beiden darf man
irgendwelchen wert für die erschliessung älterer sprachzustände
beilegen. *rŏlim* bezeichnet Priscian IX. 8 (I, 456, 13 H.) als
die ältere form. Er beruft sich auf Cic. de nat. d. 2, 32, 81.
wo er *volimus* las, unsere hss. aber *columus* geben und der ind.
grammatisch erfordert wird. Den wert der ganzen notiz hat
schon Heindorf zur Cicerostelle gebührend gekennzeichnet: sic
saepe veteres grammatici, quas in vitiatis exemplaribus suis
sordes reperissent, pro archaismis venditant. Ähnlich steht d.
nat. d. 1, 3, 10 im Leid. A *rolint* für das richtige *colunt*.
Xene II² 606 bringt ferner einige stellen aus dem Merc. und
der Mostell. bei, an denen Ritschl, zum teil mit dem anschein
diplomatischer gewissenhaftigkeit, *rŏlim rŏlint marolim* in den
text gesetzt hat. In der neuausgabe haben Götz und Schöll
sie mit recht wider entfernt: für die plautinische zeit sind
sie durchaus unzulässig. Wirklich belegt nämlich ist *rŏlim* nur
in einer inschrift bei R. Fabretti inser. ant. (Rom 1702), s. 18
no. 76: *rolit* und in der glosse *utrumrolis : quodvis*, wie Löwe
prodromus 360 für hss. *utrabolis* schreibt. Man wird schwerlich
auf eine form grossen wert legen, die nur aus einer zeit beglaubigt ist, wo die epigraphische technik noch in den kinderschuhen steckte. Doch auch ihre richtigkeit zugegeben, so
gestattet, wie mir scheint, der inhalt der inschrift, der leichenbestattung und -verbrennung neben einander im gebrauche zeigt,
sie in junge zeit hinabzurücken, und dann zeigt *rŏlit* jene
späte übertragung des *ŏ* aus dem ind. in den conj., die auch
die romanischen sprachen mit ihrer grundform **vŏliam* voraus-

setzen. Das gleiche wird von der glosse zu gelten haben, wenn hier nicht *rōlis* gar indic. sein soll. Übrigens sieht Löwe selbst ihre richtigkeit nicht als über allen zweifel erhaben an, da sie nur einmal bezeugt ist, und dasselbe giebt er a. a. o. von der glosse *neli : noli* zu (jetzt CGL. IV, 417, 6). Ist sie richtig, so beruht sie auf einer analogiebildung nach der proportion $rōlo : nōlo = rēlim : x$, $x = {}^*nēlim$.

2. Nach Stolz[2] s. 257 sind die namen *Volaterrae Volumnius* aus etrusk. *Velaθri* (so auf den münzen bei Fabretti Corp. inscr. it. n. 303) *Velimnas* (in den inschriften aus dem Volumniergrab bei Perusia Fabretti n. 1487 ff., vgl. besonders die zweisprachige inschr. 1496 = CIL. I. 1392 mit *Velimna* im etr., *Volumnius* im lat. text) entstanden. Die lautgesetze legen dem nichts in den weg, und die annahme Kellers (lat. volksetym. 13), bei der latinisierung von *Velaθri* habe volksetymologische anlehnung an *cōlare* mitgespielt, ist unnötig. Wahrscheinlich verhält sich die sache aber doch etwas anders, wenn auch volle klarheit nicht eher zu erlangen sein wird, als bis die lautgeschichte des etr. und seine stellung zu den übrigen ital. sprachen mit sicherheit bestimmt ist. Soviel scheint schon jetzt sicher zu sein, dass das etr. namensystem stark durch das der übrigen Italiker beeinflusst ist. Nun ist *Volumnius* an sich aus ital. sprachmitteln sehr wohl deutbar, es muss also mit der möglichkeit gerechnet werden, dass die entlehnung auf seiten des etr. liegt und dass etr. *Vel-* dem lat. *Vol-* ebenso entspricht wie z. b. in etr. *Velθurna* : lat. *Volturnus*, *Velscus* : *Volscus*, *Velsania* : *Volsinii*, *Veltni* : *Voltinius* (vgl. Fabretti glossar s. vv.). Welche von diesen namen urspr. italisch, welche etruskisch sind, lässt sich zur zeit nicht entscheiden. So viel ist aber sicher, dass bei denen unter ihnen, die etwa das lat. entlehnt hat, *Vol-* nicht auf *Vel-* zurückgehen kann; lat. *vel* lehrt, dass silbenschliessendes *l* auf *ve-* keinen einfluss ausübt (o. s. 4), und alle fälle mit *vol-* lassen sich aus idg. *ṷol-* oder *ṷl-* herleiten. Auf der anderen seite ist es wenig wahrscheinlich, dass im etr. wirklicher wandel von *rol-* zu *rel-* stattgefunden haben sollte. Nun ist im lat. *vel-* zu *vol-* geworden jedenfalls durch eine mittelstufe *vol-*, wobei *o* einen zwischen *e* und *o* liegenden *ö-*laut, zunächst ohne lippenrundung, bezeichnen mag. Im etr. aber mag sich hinter *e* in *vel-* ein ähnlicher laut verbergen — die griech. zeichen boten sicher-

lich nur ein höchst unvollkommenes mittel zur widergabe der
etr. laute — oder e mag wenigstens aus einem solchen laute
entstanden sein. Also kann *Velimnas* aus lat. *Vol-* entlehnt
sein und umgekehrt *Volaterrae* von den Römern in der form
Vola- übernommen sein, es braucht also auf lat. boden nur
noch den letzten schritt auf dem wege zu *Vōla-* getan zu haben.

3. Auf *cē-* können auch die *vō-* zurückgehen in *vōla*,
nach Fick 1⁴, 407 f. zu gr. γύαλον ἐγγύη, und in *vōlueris
vōlare vēli-vōlus*, die Benfey Or. Occ. 1, 602 anm. 767 zu ai.
garút- garudá- gestellt hat. Doch können sie auch ō- oder
tiefstufe vertreten. Ist die antike zusammenstellung von *vōle-
mum (pirum)* mit *vōla* (Servius zu Verg. Geo. 2, 88. Aen.
3, 233) richtig, so ist jenes jedenfalls erst auf lat. boden von
diesem aus gebildet.

Alle anderen fälle mit *vol-*: *Volcanus volgus volnus*[1])
volpes volsi volsus volsella voltur voltus volca dürfen, wie
vel lehrt, nicht aus *vel-* erklärt werden; wie schon bemerkt,
hindert nichts in ihnen allen *gol-* oder *ul-* zu grunde zu legen.

Es bleibt noch die frage zu beantworten, ob *cē-* auch
vor *ll* unter denselben bedingungen wie vor einfachem *l* zu *vō-*
geworden ist. An und für sich bedingt der wandel vor einfachem *l* nicht ohne weiteres auch den gleichen vor *ll*; bei
der längeren artikulationsdauer der geminata kann sehr wohl
die implosion palatal stattfinden, dann der zungensaum am
gaumen entlang nach hinten gleiten und die explosion guttural
erfolgen. Doch könnte für gleichheit der behandlung auf den
ersten blick *convollere* sprechen, nach Cornutus bei Cassiodor
GLK. VII, 149, 16 die ältere form für *convellere*. Cornutus
stellt das verhältnis von *convollere* : *convellere*, wenn wir *am-
ploctere* : *amplectere* auf sich beruhen lassen, dem von *vostra* :
vestra, *advorsa* : *adversa*, *votare* : *vetare* u. s. w. zur seite. In
diesen handelt es sich, wie weiter unten gezeigt werden wird,

---

1) *volnus*, zu ai. *vraṇá-*, vielleicht auch gr. οὐλή, muss wegen
des unterbleibens der assimilation von *-ln-* zu *-ll-* auf *volenos* zurückgeführt werden (Froehde Bezz. beitr. 3, 297 f. 7, 105). O. Hoffmann Bezz. beitr. 18, 292 hält für möglich, dass es auf *vḷnos* beruhe und dass die assimilation infolge des silbebildenden charakters
der liquida unterlassen sei. Indess wird diese annahme widerlegt
durch *tollo* aus *tḷnō* und *pullus* 'schwarzgrau, dunkelfarbig' aus
pḷnos zu gr. πελλός, kypr. πιλνόν.

um lautgesetzlichen wandel von *rĕ-* in *rŏ-* unter dem einflusse des folgenden consonanten. Dass aber silbenschliessendes *l* zu solchem wandel nicht die kraft besitzt, zeigen zur genüge *Volcanus volgus* u. s. w. Damit fällt auch die erklärung Corssens II² 158, *e* in *rellere* sei bedingt durch das folgende *ll*; dass die zum vergleiche angeführten *pellere remellere* lautgesetzlich *ĕ* an stelle von *ŏ* gesetzt hätten, ist unerweislich. So liegt es nahe *conrollere : convellere* aus einem alten paradigma **rollo rellis rellit* *rollumus u. s. w.¹) abzuleiten. Hiergegen aber sprechen wider andere erwägungen. Der zweite teil dieser studien wird den nachweis zu führen suchen, dass die flexion *cŏlo cŏlis* u. s. w. auf einer älteren *cŏlo* *quĕlis u. s. w. beruht. Danach müsste man auch bei *rollo rellis die durchführung der *ŏ*-form erwarten, um so mehr, als auch perf. und ptc. *ŏ* haben. Ferner zieht der ansatz von *rollo rellis mit notwendigkeit die erschliessung einer urspr. deklination *rollus relleris nach sich. Nun wissen wir aber durch *helus helusa* Paul. Fest. 71, 12²), dass die flexion *hŏlus hŏleris* durch ausgleichung aus *hŏlus* *hĕleris zu stande gekommen ist: denn *ĕ* kann nur vor gutturalem *l* zu *ŏ* geworden sein. Auch hier also würden wir auf einen unerklärlichen gegensatz in der verallgemeinerung je einer der beiden lautgesetzlichen stammgestalten geführt werden. Vor beiden schwierigkeiten schützt uns die annahme, dass *rĕ-* vor *ll* in allen fällen unverändert bleibt. Dann sind sowohl *rello* als *rellus* lautgesetzlich, und *conrollo* hat sein *o* vom perf. *conrolsi* bezogen. Allerdings ist eine derartige verschleppung der perfektvocalisation ins praes. ungewöhnlich (Froehde Bezz. beitr. 16, 217, doch vgl. u. über *vorto*). Indess liegen bei *rello* die verhältnisse insofern eigen-

---

1) Etymologisch samt *roltur* zu gr. ϝέλωρ (Leo Meyer vgl. gr. 1², 156) und vielleicht auch ἑλεῖν (verf. ztschr. 32, 279 ff.) gehörig. Auch nach den ausführungen Strachans class. review 1892, 257 f. kann ich mich nicht entschliessen ἕλωρ und ἑλεῖν von einander zu trennen. Str.'s verbindung von ἑλεῖν mit air. *tellaim* 'take away, steal' *do-sellaim entzieht sich, soweit sie das ir. wort betrifft, meiner beurteilung. Wenn aber Str. auch Osthoffs zusammenstellung von ἑλεῖν mit got. *saljan* wider zu ehren bringen will, so muss ich auch heute noch an den a. a. o. 280 ausgesprochenen semasiologischen bedenken festhalten.

2) Ich citiere Festus und Paulus Diac. nach der neuen ausgabe von Thewrewk de Ponor (Budapest 1889).

artig, als im perf. von alter zeit an zwei stammformen neben
einander im gebrauche sind: *colsi* und *celli*. Von diesen ist
letzteres zwar schon bei Plaut. Poen. 872 *derellisse*, Amph.
326 *intercelli* belegt und bei Cic. nach den sammlungen
Neues II² 503 herrschend, *colsi* dagegen findet sich zuerst
bei Laberius *praeculserat* nach Diomedes GLK. I, 372, 17
(Ribbeck² com. 300 fgm. XIV nach Bücheler *eculserat*).
Sprachgeschichtlich aber hat doch letzteres als die ältere form,
celli mit seinem *ll* als jüngere neubildung nach dem praes. zu
gelten. Nach dem nebeneinander von *colsi* und *celli* konnte
leicht auch im praes. neben *cello* gelegentlich *collo gestellt
werden; dauernd festgesetzt hat es sich nicht, und es mag in
diesem zusammenhange darauf hingewiesen werden, dass Plaut.
Truc. 288 der palimpsest *ecellam* hat.

Die anderen wörter mit *cell-* lehren für unsere zwecke
nichts. *cellico* beruht auf *cello*. *rellatio*, das Georges lex.⁷ aus
Gloss. Labb. anführt, hat sich durch das CGL. als unrichtig
herausgestellt: II, 261, 41 ταρταλισμός *titillatio rellitio*. Für
rellūmen (*vēlūmen*), das Georges mit Varro r. r. 2, 11, 9 belegt, schreibt Keil in seiner neuausgabe im anschluss an Scaliger *relamina* auf grund der codd. m und A (*uellam mina*)
und unter berufung auf CGL. II, 205, 29 *velamen* φάρσος
ἱμάτιον κάλυμμα (commentar p. 218). Endlich *pannucellium*
Varro l. l. 5, 114 muss aus dem spiele bleiben, da die stelle
verderbt und die bedeutung des wortes daher ganz unsicher
ist. Spengel will wegen der etymologie, die Varro giebt (*p.
dictum a pano et volvendo filo*), *panurollium* schreiben, aber
ich halte es gerade bei diesem zusammenhang, in dem das wort
steht, für sehr unwahrscheinlich, dass -*rollium* in -*cellium* hätte
entstellt werden können;

3. möglicher weise vor *qu* bezw. *c*:

rōco nach Froehde Bezz. beitr. 7, 120. Stolz² s. 257
aus **rēc-* = gr. Ϝεπ-. Auch Joh. Schmidt rechnet ztschr. 25,
15 mit dieser deutung, und vom physiologischen standpunkte
aus lässt sich nichts gegen sie einwenden. Der übergang kann
bereits in einer zeit erfolgt sein, als es noch *rēquō hiess, d. h.
als der nach gr. Ϝοπ- Ϝεπ- zu erwartende labialisierte guttural
noch nicht vom nom. sg. *rōcs* aus (Bersu s. 150) durch den
nicht labialisierten ersetzt war. Die möglichkeit des über-

ganges von _rĕqu-_ in _cŏqu-_ wird erwiesen durch _cŏquo_ aus *_quĕquō_; denn, wie im zweiten abschnitt gezeigt werden wird, ist der wandel von _quĕ-_ zu _cŏ-_ an genau dieselben bedingungen geknüpft wie der von _rĕ-_ zu _rŏ-_. Indess kann man sich mit rücksicht auf _sŏcors sŏcordia_[1]) aus _sē-cord-_ (vgl. _secordis: stultus fatuus_ Löwe archiv 1. 27) und auf _iŏcur_, das in Augusteischer zeit für _iĕcur_ eintritt (Neue 1² 560), auch dazu verstehen, dem _c_ vor hinteren vocalen die kraft zur verwandlung von _rĕ-_ in _rŏ-_ zuzuschreiben, obwohl _rĕ-_ vor silbenschliessendem _c_ unverändert bleibt: _rectis recto rexo rexillum_. Gegen diese lautmechanische erklärung spricht auch umbr. _suboco subocau(u)_ nicht, trotz v. Planta 1. 88 f., der deren ursprung aus *_sub-rēc-_ in abrede stellt, weil in allen anderen beispielen im osk.-umbr. _ŭe-_ erhalten sei. Denn die fälle, in denen im lat. _rĕ-_ lautgesetzlich zu _cŏ-_ geworden ist, sind im osk.-umbr. nicht belegt (über lat. _volt_ gegenüber umbr. _reltu_ s. o. s. 4), die beispiele aber, die v. Pl. beibringt, haben auch im lat. lautgesetzlich _rĕ-_, wie im folgenden dargetan werden soll. Jedoch hat v. Pl. insoweit recht, als für _rŏco_ umbr. _suboco_ auch andere erklärungen zulässig sind: entweder sind sie, wie er meint, direkt denominativa zu _rŏx rŏcis_, oder sie sind zwar aus *_rĕco_ entstanden, aber nicht auf rein lautlichem, sondern auf analogischem wege, indem der wurzelvocal in der qualität nach _rŏx rŏcis_ umgeformt wurde. Eine sichere entscheidung zwischen diesen möglichkeiten lässt sich nicht fällen, auch nicht mit hülfe von _praeco_ aus *_praivicō_ *_prai-rĕcō_ (Bersu s. 140). Hier kann der schwund des _v_ älter sein als der uns beschäftigende lautwandel. Die frage, ob dieser auch vom osk. und umbr. geteilt wird, muss somit offen bleiben, bis geeignetes material zu tage kommt.

Die aufgeführten fälle sind die einzigen, in denen _rĕ-_ lautmechanisch zu _rŏ-_ geworden ist. Geblieben ist es vor silbenschliessendem _c_ (_rectis recto rexo rexillum_), _g_ (_rĕgeo_), _h_ (_rĕho rĕhĕmens_), _t_ (_rĕtus_), _n_ (_Vĕnus vĕnero vĕnenum vĕnia_), _s_ (_vesper vexpix Vesta vestis vestigium Vesuvius vĕlum_ 'hülle' aus *_ves-lom_), _r_ (_verber vĕreor vergo verna verpa verres verrex; vĕru_), palatalem _l_ (_Velia_), _p_ (_vepres_). Es leuchtet ein,

---

1) Über die quantität der ersten silbe s. Havet MSL. 5, 442 ff.

dass im gegensatz zu diesen consonanten *m, gutturales l, qu*
bezw. *gutturales c* ihrer natur nach leicht im stande sind jenen
wandel hervorzurufen. Bei gutturalem *l* und *qu,* bezw. gutturalem *c* ist die hinterzunge tätig, und deshalb wird leicht auch
die artikulation des *e* soweit als möglich von dem mittleren
auf den hinteren teil der zunge verlegt: dies führt zu einem *ŏ,*
zunächst ohne lippenrundung. *m* dagegen legt lippenrundung
nahe, und so wird aus *ĕ* zunächst *ŏ,* dann weiter *ŏ.* Diese wirkung
der genannten consonanten auf *ĕ* lässt sich zum überfluss auch
in solchen fällen nachweisen, wo dem *ĕ* kein *e* vorhergeht:
hŏmo aus älterem **hĕmo* nach *hemonem* Paul. Fest. 71. 18.
nĕmo aus **nĕhĕmŏ; hŏlus* aus *hĕlus* Paul. Fest. 71, 12. *sŏlŭo*
aus **sĕ-lŭo, ŏlīva* aus **elaiva* = gr. ἐλαία; *sŏcors sŏcordia*
aus *sĕ-cord-, iŏcur* aus *iĕcur.* Damit ist denn auch gesagt,
dass bei dem wandel von *eĕ-* zu *rŏ-* das *g* nicht der treibende
faktor war, sondern höchstens als accessorisches moment mitwirkte.

Man hat nun freilich lautlichen wandel von *eĕ-* in *rŏ-*
auch vor den consonanten angenommen, vor denen in den oben
gesammelten beispielen *rĕ-* unverändert ist. Mit den fällen, die
dazu anlass gegeben haben, haben wir uns noch auseinanderzusetzen.

Wi(ndisch) verbindet litt. etbl. 1888, 668 *ōmentum* fragend mit ai. *vapa* 'eingeweidehaut, netzhaut', und Stolz[2] s.
257. 309 verhält sich nicht ganz ablehnend dazu. Auch wenn
wir von *vĕprēs* absehen, leidet die etymologie an zwei anderen
mängeln: abfall von anlautendem *v* vor *ŏ* ist ein höchst zweifelhafter lautvorgang[1]), und *summus* beweist, dass labial + *m*
nach kurzem vocal zu *mm* assimiliert wird. *rumentum: abruptio* Paul. Fest. 369, 12 geht vermutlich auf **rūp-mentum*
(vgl. *rūpi*) zurück, indem nach langem vocal die geminata vereinfacht wird. Derselbe unterschied in der behandlung findet
bei urspr. *gm* statt, das nach langem vocal zu einfachem *m*
wird, nach kurzem bleibt: *examen contamino jumentum* gegen

---

1) Von den beispielen, die man dafür anzuführen pflegt, ist
sicher *ulcus* zu gr. ἕλκος zu streichen. Es ist nicht gestattet *ϝ*ἕλκος
anzusetzen, wie Froehde Bezz. beitr. 14, 95 und Stolz[2] s. 257 tun,
da alle stellen bei Homer, die entscheiden, sich gegen *ϝ* sträuben
(E 361. Λ 267. 812. 834. Ξ 130. O 393. Π 523, 528. T 49). *ulcus* und
ἕλκος vertreten tief- und mittelstufe einer wzl. *elk.* Der auffällige
spiritus asper in ἕλκος beruht vielleicht auf anlehnung an ἕλκω.

agmen (Brugmann grdr. 1, 373), und nach den untersuchungen Wackernagels ztschr. 30, 293 ff. wahrscheinlich auch im griech. bei urspr. labial + u (πῆμα : ἆμμα). Mit dieser annahme steht *glama* aus *glab-ma* zu *glabo* im einklang. — Betreffs *omentum* stimme ich der zusammenstellung Kretschmers ztschr. 31, 453 mit *ind-es-uo*, umbr. *au-or-ihimu*, lit. *aũti* bei, wenn ich auch über die lautverhältnisse anders urteile als Kretschmer; vgl. u.

Von weiter reichender bedeutung ist die ansicht Froehdes Bezz. beitr. 14, 102. 104. wonach *rŏ-* in *rōto rorro* und vielleicht auch in *rorto roster* lautgesetzlich aus *rĕ-* entstanden ist. Veranlasst ist sie durch die neben den genannten wörtern stehenden formen mit *rē-*. Auch Stolz² s. 258 erklärt, es sei nicht immer möglich zu entscheiden, ob *rē-* oder *rŏ-* das ältere sei, ja s. 257 wirft er sogar die frage auf, ob nicht in *rēnia Vēnus rerber rerna rēreor resper Vesta restis* das *ē* jüngere lautgestaltung sei, d. h. *rē-* aus urspr. *rŏ-* durch die mittelstufe *rō-* hindurch entstanden sei. Es gilt also zuvörderst das verhältnis jener doppelformen mit *rŏ- rĕ-* aufs reine zu bringen.

Quintilian 1, 7, 25 berichtet, Scipio Africanus habe zuerst in den fällen wie *vortices vorsus rĕ-* gesagt, und Thurneysen hat ztschr. 30, 498 hervorgehoben, dass die epigraphischen zeugnisse diese angabe durchaus bestätigen, wofern man nur unter Scipio Afr. den jüngeren versteht. Mit recht nimmt Th. rein lautlichen wandel an. Wenn er diesen aber ebenso wie Havet MSL. 5, 13 an die bedingung geknüpft wissen will, dass dem *rŏ-* doppelconsonanz ausser *l* folge, so sieht man erstens die physiologische ratio der erscheinung nicht ein, zweitens sind damit die fälle nicht erschöpft, die in betracht kommen. Dieses sind:

1. *vorto* mit seinen ableitungen. Inschriftlich belegt sind: SC. de Bac. CIL. I, 196 (a. u. c. 568) *oinvorsei* 19. *arvorsum* 24. IX, 782 *arvorsu* 4. Tab. Bant. I, 197 (a. u. c. 631/32) *vorsus* 17. *advorsus* 8. *advorsum* 18. 25. L. repet. I, 198 (631/32) *advorsum* 30. *arvorsum* 59 bis. *arvorsario* 20. *advorsarium* 25. Sent. Minuc. I, 199 (637) *vorsum* 7. *controvorsicis* 1. *controvorsias* 42. *controrosias* 2. VI, 3824 (639) nach Mommsen eph. ep. 1875, 199 ff.) *vo[rsus]*. L. par. fac. I, 577 (649) *vorsum* 1 12. Ep. ad Tib. I, 201 (c. 650) *advortit* perf. 4. L. Ant. de Term. I, 204 (683) *advorsus* 1 10. I, 1143

corsu 8. In den hss. des Plautus und Terenz wechseln *cor-* und *ver-* in allen formen und ableitungen regellos; für den Ambr. lehrt dies ein blick auf den index in Studemunds apographon s. 523. Ritschl und die neueren herausgeber haben überall *vor-* durchgeführt. Die klassische zeit hat durchgehends *ver-*; die ältesten inschriftlichen zeugnisse sind: L. repet. I, 198 (631 32) *aversam* 3. Sent. Minuc. I, 199 (637) *controrersis* 45. L. par. fac. 1, 577 (649) *rersus* I 19. II 2. 7.[1] I, 603 (696) *rersus* 5. L. Julia I, 206 (709) *adrersus* 18. 97. *corti* auf der grabschrift des komödiendichters M. Pomponius Bassulus, der ausgangs des 1. jh. n. Chr. lebte (CIL. IX. 1164. 6 mit Mommsens adnot. zu 1164 und 1165), ist nachahmung der sprache des Plautus und Terenz so gut wie *ipsus* z. 7. *mortem sum potitus* z. 12 nach der herstellung Büchelers.

Nur bei zwei ableitungen hat sich *cort-* gehalten. Besonders interessant ist *divortium*. Dass auch dies im volksmunde den wandel mitgemacht hat, lehren *divertia* in der laudatio Turiae I 27. II 41 (Mommsen abh. d. Berl. ak. 1863, s. 461. 463), die nach Mommsen aus den jahren 8—2 v. Chr. stammt, und die lesarten des Medic. Cic. ad fam. 2, 10, 2 *aquarum divertiis*, ad Att. 5, 20, 3 *aquarum divertio*, denen Bücheler rh. mus. 11, 510 zu ihrem rechte verholfen hat. Dennoch ist *divortium* allgemein üblich geblieben: offenbar hat die kanzleisprache in dem worte, das in seinen beiden bedeutungen: 'ehescheidung' und 'weg- wasserscheide' juristischer terminus technicus war, an der alten form festgehalten und auch die umgangssprache dauernd beeinflusst wie in *poena foedus* (Wackernagel ztschr. 33, 55). Hat Tacitus Agr. 19, 5 wirklich *devortia itinerum* geschrieben, wie seit Lipsius alle herausgeber[2] für das überlieferte *divortia* wegen der bedeutung 'umwege' lesen, so hat ihm bei der bildung dieses ἅπαξ λεγόμενον trotz *deverticulum* (Ann. 13, 25) und *devertere* (Hist. 2, 64. 100. 3, 11) *divortium* als richtschnur gedient. — Ferner läuft neben *Vertumnus* die schreibung *Vortumnus* ein-

---

1) Doch sind dies keine klassischen zeugen, da die inschrift von Puteoli nach Mommsen in der kaiserzeit restauriert worden ist.

2) Anders nur C. Peter in seiner ausgabe des Agr. (Jena 1876), doch ist seine rechtfertigung der überlieferten lesart nicht überzeugend.

her (*Vort-* CIL. VI, 803. 804. IX. 327. 2320 zum 13. august. 4192 zum selben datum — *Vert-* V. 7235. IX, 5892), was bei dem namen zumal eines gottes nicht wunder nehmen kann, vgl. *Volcanus* in der kaiserzeit u. a. (Thurneysen ztschr. 32, 560). — Dass auch *vortex* sich neben *vertex* erhalten habe, folgt aus den tüfteleien der grammatiker über die bedeutungsverschiedenheit (Caper GLK. VII, 99, 11: *vortex fluminis est, vertex capitis*) nicht. Wo diese ihren ausgangspunkt haben, darauf führt Charisius GLK. I, 88. 16 ff., der seinerseits *vertex* von *vertere*, *vortex* von *vorare* herleitet und dann fortfährt: vult Plinius *verticem* immanem vim impetus habere, ut *ingens a vertice pontus, vorticem* vero circumactionem undae esse, ut *et rapidus vorat aequore vortex*. Die citate sind aus Verg. Aen. 1, 113 ff. ausgehoben:

unam, quae Lycios fidumque vehebat Oronten,
ipsius ante oculos ingens a vertice pontus
in puppim ferit: excutitur pronusque magister
volvitur in caput; ast illam ter fluctus ibidem
torquet agens circum et rapidus vorat aequore vortex,

wo auch von unseren hss. noch R γ b c den wechsel der form bewahrt haben. Es ist ohne weiteres klar, dass lediglich dieser wechsel, den der dichter beliebt hat, den grammatikern anlass zu ihren theorien gegeben hat, ebenso klar aber, dass sie am ziel vorbeigeschossen haben und der grund, weshalb der dichter an der zweiten stelle zu der altertümlicheren form gegriffen hat, ganz wo anders zu suchen ist: in dem gleichklange von *vortex* mit *vorat*. Sonst ist bei Vergil nur noch Georg. 3, 241 im Med. *vorticibus* (*vert-* P R γ b c) überliefert, und dies ist auf eine linie zu stellen mit *vortere vorsus*, die er gelegentlich braucht (Ribbeck prolegg. 436), und dem streben entsprungen der diktion eine altertümliche färbung zu geben. Bei anderen autoren ist, wie es scheint, *vortex* nicht nachzuweisen, vgl. die von Georges lex. d. lat. wortf. s. v. angeführte litteratur.

2. *vorro*: im Ambr. kommen vor *convorram* Stich. 374. *vorsa* Pseud. 164; daneben *converre* Stich. 351, *converri* perf. Stich. 389. Klassisch *verro versus*. *vorruncent* Afran. 64, wie Ribbeck[2] an stelle des bei Nonius 185, 26 überlieferten *avorruncent* schreibt; sonst überall *verrunco*.

3. *voster*: Ep. ad Tib. CIL. I, 201, 8. 9. 13; in den

hss. des Plautus und Terenz. Enn. trag. R.² 158 u. ö. Klassisch *rester*. *roster* auf einer inschr. aus der kaiserzeit CIL. V, 7537 steht in einem hexameter, ist also archaismus. Vulgärlat. *roster*, auf das die roman. sprachen (sard. *bostru* span. *vuestro* prov. *vostre* franz. *vôtre* rum. *rostru* ital. *vostro*) zurückweisen (Gröber archiv 6, 148), ist erst wider aus *vester* unter dem einflusse von *noster* und zugleich von *vos* entstanden. Dass man sich die sache so zu denken und nicht etwa anzunehmen hat, dass neben 'hochlateinischem' *vester* sich in der volkssprache das alte *voster* allzeit erhalten habe, ergiebt sich daraus, dass den roman. sprachen *vertere versus*, nicht *vortere vorsus* zu grunde liegt (Gröber a. a. o. 141).

4. *vōto*: durchweg im Ambr. nach Studemund apogr. p. 523 und als alte form bezeugt von Nonius 45, 5. Cornutus bei Cassiodor GLK. VII, 149, 17. Klassisch *vēto*; ältester inschriftlicher beleg *vētet* lex agr. CIL. I, 200, 40 (a. u. c. 643). Auf *votat* in dem Pompejanischen manerepigramm CIL. IV, 1173 nebst add. möchte ich kein allzu grosses gewicht legen, da dieselbe inschrift auch *noscit* = *nescit* hat (oder = *nonscit?*). Hat der schreiber des epigramms es wirklich mit absicht gesetzt, so hat er seinen versen wohl einen altertümlicheren anstrich geben wollen.

5. *Vōturios* von Charisius GLK. I, 193, 7 als alt bezeugt und auf zwei inschr. aus dem ägyptischen Theben CIL. III, 68. 69 belegt, die nach Letronne recueil des inscr. grecques et lat. de l'Egypte 2, 287 frühestens aus der zeit des Ptolemaeus Auletas (1. jh. v. Chr.) stammen. CIL. IX. 1534. XII. 913. 1711 kann es nicht als unzweifelhaft beglaubigt gelten. *Veturius* CIL. I. 1100 und sogar schon l. 372 auf münzen, die von Mommsen röm. münzwesen s. 475. 555 u. 169 in das erste drittel des 7. jh. gesetzt werden; in der kaiserzeit ist es die allein gangbare form, vgl. die indices zum CIL. Dagegen hat sich bei dem namen der tribus *Voturia* die schreibung *Vot.* immer behauptet: CIL. I. 1029. 1057. 1082. III. 424 (auch im gr. text OVOTOVPIA). V. 936. 937. 5100. 5126 (nach dem tode Trajans). 5128 ff. 5978. X. 1403 c 17 (neben *Veturius* c 15). 1758. 7224. XI. 1224. 1241. 3257. XIV. 72. 349. 358. 412. 415. 417. 426. 1073. 1166. 1393. 1748. CIRhen. 1204. 1516 (neben *L. Veturius*). Dass in der lebendigen sprache auch dieser name sich dem wandel nicht

entzogen hat, lehrt die nebenherlaufende, wenn auch viel seltenere schreibung *Vet.* CIL. III. 4502. XIV, 230. CIRhen. 1197. Also ist nur im schreibgebrauch die alte, offizielle form des namens fortgeführt worden; vgl. die stehende schreibung *OVF. = Ufentina*. In dem *Voturios* der beiden ägypt. inschr., der sich mit stolz als *Romanus* bezeichnet, haben wir es mit absichtlicher altertümelei zu tun, wie schon die endung zeigt.

Fassen wir auch hier die consonanten ins auge, die auf *ṛŏ̭-* folgen, so handelt es sich um *r, s, t*. Von *r* wissen wir aus den zeugnissen des Terent. Maur., Mar. Victor. u. a. (Seelmann s. 307), dass es zungenspitzenlaut, nicht etwa uvular gewesen ist. Ebenso ist bei *s* und *t* der vorderste teil der zunge tätig, und so ist es physiologisch ganz erklärlich, dass vor den drei lauten schon die artikulation des vorhergehenden vocals von dem hinteren teil der zunge weiter nach vorn verlegt wurde. Dass aber auch die anwesenheit des *r* für den wandel notwendig war, ergiebt sich daraus, dass die composita mit *rorsum*, die das *r* lautgesetzlich eingebüsst hatten, ihn nie mitgemacht haben: *deorsum seorsum*.

Abgesehen von den bereits im vorhergehenden erledigten sind mir beispiele, in denen *rŏ̭- vor r, s, t* geblieben wäre, nicht bekannt, bis auf zwei: *roro rorago*. Sie unterscheiden sich von *rorto rorro* und ableitungen insofern, als das *r* in ihnen zur folgenden silbe gehört, in seinem artikulationscharakter also von deren dunklem vocal beeinflusst war.

Dagegen hat man, gestützt auf die obigen beispiele, auch in anderen wörtern *rer- res-* auf *ror- ros-* zurückgeführt, in denen die letzteren nicht wirklich belegt sind.

Mit recht in *acerta* 'felleisen, mantelsack' (Stolz [2] s. 258). Freilich die übliche ansicht, es sei aus gr. ἀορτήρ entlehnt (Weise gr. wörter im lat. s. 31 anm. 1. 68. 357. Stolz a. a. o. Keller lat. volksetym. 98), ist unrichtig. ἀορτήρ ist ein im wesentlichen episches wort und bedeutet 'wehrgehenk, degengehenk'; ausserhalb des epos findet es sich nach den lexx. nur bei Dio Chrysost. in ἀορτῆρες ἵπποι = σειραῖοι παράσειροι. Dagegen stimmt zu *acerta* in der bedeutung vollkommen ἀορτή, das nach Pollux 7. 79. 10, 137 ff. einen kleidersack bezeichnet; vgl. auch Suidas s. v. ἀορτήν. Die annahme Weises und Kellers (auch Stolzens a. a. o. anm. 1), *acerta* sei in volksetymolo-

gischer anlehnung an *avertere* umgestaltet. ist nach den obigen
auseinandersetzungen überflüssig. Das *r* des lat. wortes ist
auf eine linie mit dem in *Oinomaros* CIL. I. 60. *Menolari* 1,
1213. *Amphiorari* III, 6507. *Nicolarus* X, 3073 zu stellen.
Entweder stammt es aus dem griech., d. h. diese wörter sind,
wie für die namen auf *-laros* schon Usener jhb. 91 (1865,
230) behauptet hat, zu einer zeit entlehnt, als in dem griech.
dialekt, der sie übermittelte, intervocalisches *ƒ* noch gesprochen
wurde, und diese möglichkeit ist wegen *Achri* = Ἀχαιοί,
oliva = ἐλαία auf alle fälle im auge zu behalten. Oder *r* ist
erst auf lat. boden erwachsen. Dem historischen latein ist die
lautfolge *ao* unbekannt. In griech. lehnwörtern wurde sie da,
wo *ao* am silbenschlusse stand, durch das naheliegende *au*
widergegeben: *Laucoon Laudamia Laudice Laumedo lau-
tumiae* (Schuchardt vocal. 2, 143 f.). womit man etwa die
arkad. gen. sg. auf *-αυ*: Ἀπολλωνίδαυ Ζαμίαυ, böot. Σαυγένεις
und anderes bei G. Meyer gr. gr.² § 120 vergleiche. Wo dem
ao ein zu derselben silbe gehöriger consonant folgte, konnten
die beiden laute nicht zu einer gleichen einheit verschmelzen,
und es stellte sich beim übergange von *a* zu *o* leicht ein *v*
ein. *Menolavi* nach *-laros*.

Nach de Saussure bei Havet MSL. 5, 43 beruhen *vespa*
auf *vospa = lit. *vapsà* altbret. *guohi* [altbulg. *vosa* ahd. *wafsa*
ags. *wæfs wæps*]; *verres* auf *vorses zu ai. *vŕ́ṣan-* gr. ἄρσην:
vermis auf *vormis = got. *vaúrms*; *verbum* auf *vorbom =
got. *vaúrd* preuss. *wirds*; *verbena verber* auf **vorb-* zu lit.
virbas [altbulg. *vriba*] 'rute' gr. ῥάβδος; *verruca* auf *vorsuca
zu lit. *virszus* altbulg. *vrichu* 'oberes, spitze'. Für *verbum
vermis* nehmen dies auch Schweizer-Sidler ² s. 14 und Froehde
Bezz. beitr. 14. 104 anm. an. Für einige der genannten wörter
lässt sich diese erklärung als positiv unmöglich erweisen. Vor
allem für *verbum*. Wir haben gesehen, dass sich der übergang
von *vŏ-* in *vĕ-* zeitlich genau bestimmen lässt und dass Plautus
und Terenz noch durchaus die formen mit *vŏ-* gebrauchen.
Also hätten sie auch noch *vorbum sagen müssen. So massenhaft aber in ihren codices bei den oben besprochenen fällen
noch *vŏ-* erhalten ist, niemals heisst es anders als *verbum*,
und der zufall müsste ein wunderliches spiel getrieben haben,
wenn er gerade von *vorbum jede spur getilgt haben sollte.
Zum überfluss wird jeder zweifel niedergeschlagen durch die

epist. ad Tib. CIL. I. 201 (c. 650 a. u. c.). die noch *aduortit* z. 4. *uoster* 8. 9. 13. aber *uerba* 9 hat. Auch die lex repet. 1, 198 (631/32) hat *uerba* 37. 71 neben fünfmaligem -*uors*-, doch hat sie auch schon einmal -*uers*- (o. s. 19 f.). Also muss *uerbum* eine stärkere vocalstufe neben *uaúrd uirds* darstellen. Folgen wir Joh. Schmidt pluralbild. 197. so hat es seine genaue entsprechung in lit. *uardas*, dessen *ua-* auf *ue-* zurückgehen soll wie in *uabalas uakaras uasara uapsà*. Doch kann ich dem nicht beistimmen wegen lit. *uérgas* 'sklave' neben altbulg. *uragŭ* aus *uorgos 'feind', in dem die lautverhältnisse genau ebenso liegen wie in dem vorausgesetzten *uerdas, abgesehen von der verschiedenheit der accentqualität, die indess schwerlich von bedeutung ist. Auch *uapsà* liegt keine veranlassung vor aus *uepsa herzuleiten, da die ablautsstufe *uops*- in den angeführten formen der anderen sprachen zu tage tritt: insbesondere ist bei altbulg. *uosa* im hinblick auf *uesna* fraglich, ob es aus *uepsa hergeleitet werden darf. Demnach werden wir Schmidts lehre (a. a. o.): '*ue* ist [im lit.] durch *uo hindurch zu *ua* geworden, wenn in der folgenden silbe *a* steht durch den zusatz einzuschränken haben: und wenn es von diesem nur durch einfachen consonanten getrennt ist, also in offener silbe steht. - - Wir kommen somit über den dreifachen ablaut *uerdhom *uordhom *urdhom nicht hinaus.

Auch *uerber* und seine derivate sind bei Plautus widerholt, *uerres* wenigstens einmal belegt, *uerrūca* schon aus Cato (bei Gellius 3, 7, 6) überliefert; auch bei ihnen ist es also wahrscheinlicher, dass sie altes *uer-* fortführen. Vgl. zu *uerres* altbaktr. *varśni-* und für das verhältnis zu ai. *ŕ̥śan- ŕ̥ṣabháis* altbaktr. *arśan-* gr. ἔρσην (lesb. ion. kret. epidaur. messen.) neben gr. ἄρσην ai. *r̥ṣabháis*. Dagegen ist nach Georges⁷ s. vv. *uespa* zuerst bei Varro, *uermis* zuerst bei Lucrez belegt, es hindert also nichts ihre *uĕ-* auf ältere *uŏ-* zurückzuführen, doch zwingt auch nichts dazu.

Havet MSL. 4, 311. 5, 43. 6, 21 führt auch *uenum* wegen ai. *vasnás* gr. ὦνος auf *uosnom zurück; Keller z. lat. sprachgesch. 1. 136 schliesst sich dem an. Dagegen spricht die tatsache, dass die ersatzdehnung älter ist als der übergang von *uŏ-* in *uĕ-*. Zudem werden beide gelehrte direkt widerlegt durch *uomis uomer* aus **uocsm- uosm-* zu ahd. *waganso* 'pflugschar', gr. ὄφατα· δεσμοὶ ἀρότρων. Ἀκαρνᾶνες. ὀφνίς· ὕννις.

ἄροτρον Hes., preuss. *wagnis* 'sech, pflugmesser' (Bugge Bezz. beitr. 3, 121. Fick ib. 12, 162. Bezzenberger ib. 12, 168). Über *renum* vgl. ztschr. 29, 81 f.

Aus dem, was über *verbum verber* auseinandergesetzt ist, folgt nun auch, dass Stolzens frage, ob nicht in *vēnia Venus verber verna vereor vesper Vesta vestis vē-* jüngere lautgestaltung sei (o. s. 19), zu verneinen ist. Alle diese wörter sind mehr oder minder häufig schon bei Plaut. und Ter. belegt, bei keinem aber begegnet je eine lesart mit *vŏ-*. Vgl. ausserdem *Venos* auf den beiden alten spiegeln CIL. I, 57. 58.

Setzen also sie und somit auch *vĕtus* altes *vĕ-* unmittelbar fort, so wird schon dadurch Frohdes ansicht der boden entzogen, dass in *vorto vorro voster vōto vŏ- aus vĕ-* entstanden sei. Wie unwahrscheinlich wäre es nicht auch, wenn vor denselben consonanten, die nachweislich an dem übergange von *vŏ-* in *vĕ-* die schuld tragen, in einer älteren periode umgekehrt *vĕ-* zu *vŏ-* geworden sein sollte! In der tat lassen ihre *vŏ-* allesamt anderen erklärungen raum. *voster* gegenüber umbr. *restra* hat sein *o* von *noster* bezogen, wie umgekehrt osk. *nistrus* Zvet. III. 129. 2 sich im vocal nach *restr-* gerichtet hat, falls Bugges deutung als 'nostros' gegenüber der von Bücheler als 'propiores' das richtige trifft (Brugmann grdr. 2, 828 f.; auch Frohde a. a. o. 104 anm. hält dies für möglich). Auch *rōs* wird mitgewirkt haben. Das wort hat also folgenden merkwürdigen entwicklungsgang durchlaufen (vgl. o. s. 22): urit. *vestro-* wird durch analogiebildung lat. *voster*, dies lautgesetzlich wider *vester* und dies durch abermalige wirkung derselben analogie widerum *voster*. Bei *rŏtare* sehe ich überhaupt keinen grund, weshalb es auf **rŏt-* zurückgeführt werden müsste, auch wenn, wie mir wahrscheinlich, die zusammenstellung mit ἐτός ἐτώσιος das richtige trifft (Kern ztschr. 8, 400 und, ohne auf diesen rücksicht zu nehmen, Havet MSL. 6, 109 f.)[1]. Man

---

[1] Die etymologien Kellers jhb. 107, 602 und jetzt z. lat. sprachgesch. 1, 132 und v. Plantas 1, 337 sagen mir weniger zu. Keller betrachtet Petrons *retuere* 47. 53 als alte, echte form des wortes. Indess ist es offenbar erst vom perf. *retui* aus nach den verben auf *-uo* neugeschaffen, wie umgekehrt *retavit* Pers. 5, 90 u. sp. vom praes. aus nach dem allgemeinen schema der verba auf *-āre* gebildet ist.

vergleiche das in seiner flexion ganz gleichartige *dōmare*, das sein *ō* ebensowenig erst im sonderleben des lat. erworben hat.

Nicht mit völliger sicherheit lässt sich über *corto corro* urteilen, vor allem deshalb, weil wir über den formenstand der plautinischen epoche nicht absolut zuverlässig unterrichtet sind. Es ist schon o. s. 20 bemerkt worden, dass in den hss. in den formen und ableitungen von *corto o* und *e* regellos durcheinander gehen und dass Ritschl und seine nachfolger *o* durchgeführt haben. Froehde aber hat a. a. o. die vermutung ausgesprochen, dass doch *certo* u. s. w. nicht völlig ausgestorben gewesen seien, und diese vermutung ist immerhin nicht ganz von der hand zu weisen. Freilich nicht aus dem von Froehde geltend gemachten grunde, sondern mit rücksicht auf die ital. schwesterdialekte des lat. Diese zeigen die stammformen *cert*- und *cort*- ganz so verteilt, wie wir nach dem ablautschema der verwanten sprachen erwarten müssen: einerseits umbr. *covertu* 'convertito' = ai. *cartate* got. *hairþa*, osk. ϝερσορει mit der bei den nom. ag. mit suffix -*tor*- regelrechten starken wurzelstufe (J. Schmidt ztschr. 25, 28, verf. ldg. forsch. 3, 95 f.), andererseits umbr. *ku-curtus* 'converteris' nebst *cocortuso* 'reverterint', die vom perf. aus = ai. *cacarta* got. *harþ* oder ai. *cacrtima* got. *caúrþum* gebildet sind, osk.-umbr. *corsus* umbr. *trah-vorfi* = ai. *cṛttás*. Auffallend ist nur osk. *ümi-ceresim* für zu erwartendes *-*corosim*: vermutlich hat anschluss an das praes. stattgefunden. Im älteren lat. sind inschriftlich belegt nur formen vom perfekt- oder participialstamm mit altberechtigtem *cor*-, aber leider keine praesensformen (o. s. 19 f.). Es ist also immerhin nicht unmöglich, dass auch im altlat. derselbe zustand wie im osk.-umbr. geherrscht hat und dass erst die gelehrten, die sich mit der sprache des Plautus und Terenz beschäftigten und in den perfekt- und participialformen an stelle des von ihnen gesprochenen *cer- cor-* fanden, dieses *cor-* auch in die praesensformen einführten. Wahrscheinlicher aber bleibt doch, dass *cor-* wirklich in der lebendigen sprache auch dem praes. und den mit ihm urspr. gleich vocalisierten bildungen zukam, und dann kann es nur durch übertragung aus dem perf. und ptc. dahin gelangt sein, wenn auch sonst eine derartige verschleppung sich nicht nachweisen lässt (doch s. o. s. 14 ff. über *concollere*). Das gleiche gilt von *corro*, dessen *ro-* seine quelle in dem vorauszusetzenden perf.

*<u>vorri</u> ptc. *vorsus* hat. Dass dies *ro-* in der gesprochenen sprache auch in urspr. *rerrunco* eingedrungen ist, ist mir trotz des einmal bei Afran. R.² com. 64 belegten *rorrunco* nicht wahrscheinlich. Überall sonst ist die alte formel, in der dies verbum gebräuchlich war, nur in der form *bene rerruncent* überliefert: so in den bei Nonius 185, 26 aus Pacuvius und Accius erhaltenen stellen, in der dichterstelle bei Cic. de div. 1, 45, bei Liv. 29, 27, 2, und gerade in der feierlichen formel müssten wir erwarten, dass die alte form weitergeführt würde. In dem Afraniuscitat aber: *exponitor, rorruncent cum syrma simul* haben wir es, wie Ri<u>bb</u>eck erkannt hat, mit einer scherzhaften verquickung von *rerruncare* mit *rorrere* zu tun.

So bliebe als beispiel des überganges von $c\breve{o}$- in *ro-* vor anderen lauten als *m*, gutturalem *l*, *q (c)* nur noch *Võturios Võturia* übrig, wenn deren enge verbindung mit *retus reter-is* richtig ist. Dahin geht allerdings, wie es scheint, die allgemeine meinung, von C<u>or</u>ssen ztschr. 2, 10 bis zu <u>Thurneysen</u> ib. 30, 486. Was uns aber dazu zwingt, sehe ich nicht, ja, das $\bar{u}$ der zweiten silbe legt gegen sie direkt widerspruch ein; denn entstehung aus $\bar{o}$, wie sie C<u>or</u>ssen II² 87 annimmt, kommt in dieser stellung sonst nicht vor; über die desiderativa auf *-tūrire*, die angeblich auf *-tōr-* zurückgehen, s. Kretschmer ztschr. 31, 464. Beide schwierigkeiten rechtfertigen es zur genüge, wenn ich *Võturios* ganz von *rētus* trenne und ihm altererbtes $c\breve{o}$- zuschreibe. Ob es mit *rõto* in verbindung zu setzen ist, muss dahingestellt bleiben.

II.
Der wandel von *quĕ-* in *cŏ-*.

Johannes Schmidt hat zuerst gelehrt, dass *quĕ-* in einer reihe von beispielen zu *cŏ-* wird (ztschr. 23, 270, 25, 94). Dagegen hat Osthoff perf. 581 ff., gestützt auf andere fälle, in denen *quĕ-* unverändert bleibt, diesen wandel gänzlich in abrede gestellt. Irre ich nicht, so decken sich die bedingungen, unter denen *quĕ-* einerseits zu *cŏ-* wird, andererseits unverändert bleibt, mit denen, unter welchen *rĕ-* einerseits zu *rŏ-* wird, andererseits bleibt.

quĕ- wird zu *cŏ-*:

1. vor *m*: *combrētum* 'eine binsenart' aus **quenpr-*, jünger **quemfr-* zu lit. *szvendrai* 'eine art schilf' (Bezzenberger-Fick Bezz. beitr. 6, 237):

2. vor gutturalem *l*: *cŏlo* = ai. *cárati* gr. πέλω πέλομαι (Benfey ztschr. 8, 90 ff. Froehde beitr. z. lat. etym. XIII. Curtius grdz.⁵ 470) nebst *cŏlōnus*; *ac- agri- amni- in-cŏla* aus **-quĕla*, wie *inquĭlīnus* beweist. *inquĭlīnus* und *Esquĭliae* lehren, dass auch hier derselbe gegensatz zwischen gutturalem und palatalem *l* obwaltet, der oben s. 3 für wandel und erhaltung des *rĕ-* als bedeutsam aufgedeckt ist. Brugmann grdr. 1, 322 und Stolz² s. 289 wollen aus *inquĭlīnus* folgern, dass der übergang von *quĕ-* in *cŏ-* jünger sei als die schwächung von *ĕ* zu *ĭ* in unbetonter silbe; wäre dies aber der massgebende grund, so müsste es auch **inquĭla* heissen. *-cŏla* verdankt übrigens sein *-ol-* statt des in unbetonter silbe lautgesetzlich zu erwartenden *-ul-* (*sedŭlus tetŭli* u. s. w. W. Meyer-Lübke abh. zu ehren Schweizer-Sidlers s. 16) der anlehnung an *cŏlo*. Dessen eigene flexion *cŏlō cŏlis* u. s. w. ist aus urspr. *cŏlō *quĕlis* u. s. w. ausgeglichen;

3. vor *qu*: *cŏquo* aus **quĕquō *pĕquo*: ai. *pácati* altbulg. *peką* (Curtius grdz.⁵ 465). Über die in älterer zeit belegten formen mit *quŏqu-* s. Bersu 60 anm. 4 ff.

Dagegen ist *quĕ-* unverändert geblieben, bezw. sekundär

zu *quĭ-* geworden im silbenanslaut (*que queo quinque*), vor silbenschliessendem *e* (*con-quesi*), falls dies nicht *e* hatte Osthoff s. 584), *l* (*tri-quĕtrus*), *u* (*con-ve-quīnisco quīnque*), *s* (*questus quisquīliae*), *r* (*quercus quernus quĕror querquedala quīris quīrites Quīrīnus*).

Joh. Schmidt hat auch in anderen fällen als den oben genannten übergang von *quĕ-* in *cŏ-* angenommen. Zwei von diesen sind jedoch nicht zu halten. *cuius cui*, die er auf *quoius *quoi zurückführt, sind nach ausweis der historischen belege, die Bersu 54 f. gesammelt hat, aus *quoius quoi* entstanden. Bersu schreibt den wandel dem einfluss von *cum cumque cur* einerseits, *huius huic* andererseits zu. ich sehe indess nichts, was hindern könnte ihn als einen rein lautlichen aufzufassen, so gut wie *huius huic* aus *hoius hoic* entstanden sind. Wenn *huius huic* schon aus der zeit Caesars, *cuius cui* erst aus der des Augustus bezeugt sind, so erklärt sich die längere bewahrung des *o* in *quoius quoi* aus dem ihm vorhergehenden *qu*. — *gula* leitet Schmidt aus *guela her wegen ahd. *chela*. Dies weist jedoch auf guttural ohne labialen nachklang, und so wird Osthoff s. 586 recht haben, wenn er *gula* auf idg. *gllā mit reducierter wurzelsilbe zurückführt. — Auch zwei weitere beispiele, die Bersu s. 151. 152 hinzugefügt hat, gehören nicht hierher: *curro* und *gurdus*. *curro*, das B. zu gr. πορεύειν got. *faran* stellt, soll auf *querro beruhen wegen *equirria* aus *equiquirria nach Leo Meyer vgl. gramm. 1. 281. Ist die herleitung von ἐπίκουρος aus *ἐπί-κορσος und die verbindung mit *curro*, die ich ztschr. 30, 600 f. vorgeschlagen habe und die auch Prellwitz in sein etym. wtb. d. griech. spr. s. 98 aufgenommen hat, richtig, so haben wir die wurzel mit nicht labialisiertem guttural anzusetzen. *curro* also aus *krso zu erklären; *equirria* lässt sich wohl auch aus *equicirria begreifen[1]). — *gurdus* verbindet Bersu mit gr. βραδύς, ai. *jaḍa-* ved. *jaḍhu-* 'stumpfsinnig'. Bei der gleichsetzung von ai. cerebral mit eur. *r* + dental ist zum mindesten grosse vorsicht geboten. Da nun noch dazu die ältere form des ai. wortes aspi-

---

[1]) Brugmann grdr. 2, 1025 stellt auch *accerso* zu *curro*. Wenn diese etymologie zutreffend ist, so würde sie eine starke stütze für die obigen ausführungen abgeben. Doch erscheint sie mir sehr unsicher. Ganz anders über *accerso* Thurneysen ztschr. 32, 571 f.

rata zeigt, so muss die heranziehung der ai. formen als höchst zweifelhaft gelten. Nach gr. βραδύς aber liegt es am nächsten *gurdus* aus *gurdnus mit *ur* = *r̥* wie häufig und schwund des *g* vor diesem *ar*. wie in *urgēre* : lit. *ger̃žiu* zu erklären (vgl. dazu Froehde Bezz. beitr. 14, 105).

Dagegen kann in zwei anderen beispielen, die Joh. Schmidt beibringt, *cŏ-* nicht anders als aus **quĕ-* erklärt werden: *coxim* 'hockend' aus *quecsim (Schm. *quectim) zu *con-qui-ni-c-sco, *con-cŭ-tio con-cussus* aus *con-quĕtio *con-quessus, den regelrechten schwächungen aus **con-quătio -quassus*. Osthoff's gegenbemerkungen können diese deutungen nicht erschüttern. Wenn er *con-cŭtio con-cussus* gegenüber *quătio quassus* daraus erklärt, dass urspr. ablaut *quătio quassum* : *cussus im simplex und den compositis verschieden ausgeglichen sei (s. 585 f.), so sucht man dafür vergebens nach analogien im lat. Weiter die annahme, *coxim* sei für *quexim infolge volksetymologischer anlehnung an *coxa* 'hüfte' eingetreten (s. 584), muss als ultimum refugium bezeichnet werden und nimmt keine rücksicht auf *in-coxare* 'niederkauern' Pompon. R.[2] com. 97 (*incoxari nate*), bei dem sie doch wohl ausgeschlossen ist[1]. Gerade *incoxare* aber weist, wie mir scheint, den richtigen weg.

In *cossim*[2]) fällt ausser dem *cŏ-* auch das *-sim* auf, statt dessen man *-tim* erwartete. Osthoff meint, es sei zu *con-queri* erwachsen nach mustern wie *cessim sensim* neben *cessi sensi*. Diese annahme hält vor genauerer prüfung nicht stand. Wer sich die mühe nimmt, die materialien zur bildung der adverbia auf *-tim -sim* durchzuarbeiten, die Leo Meyer ztschr. 6, 300 ff. Corssen krit. beitr. 280 ff. Neue II[3] 549 ff. A. Funck archiv 7, 485 ff. 8, 77 ff. aufgehäuft haben, wird finden, dass die aus-

---

1) Etymologische zusammengehörigkeit von *coxa* mit *con-ocquinisco*, für die sich Benfey und Vaniček und neuerdings noch Fick wtb. 1[4], 381 ausgesprochen haben, lehnt Osthoff mit recht ab. Sie wird jetzt durch cymr. *coes* 'crus, tibia' air. *coss* 'fuss' (Bezzenberger beitr. 16, 246) als unmöglich erwiesen, da im britannischen sprachzweige idg. *q* als *p* erscheint.

2) Diese form allein ist belegt: Pompon. 129 R.[2] und Apul. Met. 3, 1, der sie aus alten quellen hat; Varro sat. Men. 471 Büch., wo bei Nonius 247, 31. 276, 8 ebenfalls *cossim* überliefert ist, hat Bücheler unzweifelhaft richtig *cessim* geschrieben. Das wort ist eben durchaus in der vulgärsprache geprägt und hat in die schriftsprache niemals eingang gefunden.

wahl zwischen *-tim* und *-sim* sich von den ältesten zeiten bis zu den letzten vertretern der latinität ausnahmslos danach richtet, ob das pte. perf. pass. bezw. das supinum des zugehörigen verbum *t* oder *s* hat, dass *-tim* sehr häufig da steht, wo das perfekt auf *-si* ausgeht, andererseits *-sim*, wo das perf. nicht mit *-si* gebildet ist. Ich führe einige beispiele an, die das belegen: einerseits *contemptim* seit Plaut. neben *contemptus contempsi*, *efflictim* seit Naevius neben *efflictus effixi*, *ductim* Plaut. neben *ductus duxi*, *tractim* Plaut. neben *tractus traxi*. *con- seiunctim* seit Cic. neben *iunctus iunxi*, *directim* Apul. neben *directus direxi*, *praestructim* Tert. neben *praestructus praestruxi*, *succinctim* Claud. Mamert. neben *succinctus succinxi* u. s. w., andererseits *confūsim* Varr. l. l. 9. 4 neben *confūsus confudi*, *cursim* Plaut. neben *cursum cucurri*, *expulsim* Varro sat. Men. 456 neben *expulsus expuli*. Sprachhistorisch ausgedrückt heisst das: unter den verbalsubstantiven auf *-ti-*, die, wie schon Pott und Bopp erkannt haben, den grundstock unserer adverbien ausmachen, waren einige von wurzeln, die auf dentale ausgehen, in denen also lautgesetzlich wie im sup. und pte. *-ss-* entstehen musste. Von diesen musterbeispielen aus bildete sich das gefühl heraus, dass *-tim* und *-sim* jeweilig mit *-tum* und *-sum*, *-tus* und *-sus* hand in hand gehe, und danach richteten sich die neubildungen. Nur ein beispiel, abgesehen von *cossim*, fügt sich der regel nicht[1]: *taxim*, das ebenfalls nur der vulgärsprache angehört hat und nur in verbindung mit *tacitu(lu)s* bezeugt ist: Pompon. 23 R.² Varro sat. Men. 187. 318. *tactim*, das zu erwarten wäre, wird von Probus GLK. IV, 153, 1 erwähnt, belegt aber ist es, wie es scheint, nicht. Eine solche ganz vereinzelte abweichung muss ihren besonderen grund haben, und ich denke, wir werden ihn in der anlehnung an *taxare* sehen dürfen, das durch die eigentümliche bedeutungsentwicklung, die es durchgemacht

---

. 1) Rätselhaft in seiner bildung ist *ricissim*. Was Corssen krit. beitr. 288 vorbringt, befriedigt nicht, zu geschweigen von Savelsbergs aufstellungen rh. mus. 26, 396. Erwähnt mag sein, dass die schwesterform *ricissatim*, die sich nachher verloren hat, zum mindesten ebenso alt wie *ricissim* zu sein scheint; sie findet sich schon Naev. 47 M. Plaut. Stich. 532. Poen. 46. (Trin. 173?). Danach wäre wohl zu erwägen, ob *ricissim* nicht erst daraus gekürzt ist. — *cubitissim*, das mit Plaut. Cas. 923 belegt wird, ist gänzlich unsicher, da die betr. stelle heillos zerrüttet ist. Schöll schreibt *cubitis im* ...

hat, ebenfalls in die kreise des volkes verwiesen wird, aus denen es erst in den beiden bildlichen bedeutungen, die es gewonnen, in die sprache der gebildeten emporgestiegen ist. In derselben weise wird *cossim* nicht bloss sein *s.* sondern auch sein *cŏ-* für *quĕ-* von *incoxare* und ähnlichen bildungen bezogen haben. Ja, man darf wohl fragen, ob nicht direkt ein ptc. *con-oc-in-coxus bestanden habe mit der activischen bedeutung, die bei den ptc. auf *-tus* nicht selten ist (Neue II² 334 ff.). Dass ein solches nicht bezeugt ist, macht nichts aus bei den höchst spärlichen belegstellen, die für diese in die feinere umgangssprache nicht aufgenommenen verba überhaupt vorhanden sind, und seine ansetzung wird auch durch *incoxare* selbst, wenn auch nicht erfordert, so doch nahe gelegt.

Gewinnen wir aber auf diese weise *incoxare* **-coxus* als die quellen des *cŏ-*, so rückt dies auf eine linie mit dem *că-* von *concătio*, insofern sowohl *cŏ-* als *că-* in urspr. unbetonter silbe steht. Nun ist *-cĕ-* in unbetonter mittelsilbe sehr vielfach zu *-ŏ-* geworden, wie im dritten teile dieser untersuchungen nachgewiesen werden soll. Also wird es wahrscheinlich, dass auch in *incoxo concătio* der wandel von *quĕ-* in *cŏ- că-* durch die unbetontheit verschuldet ist, wie dies für *concătio* schon Thurneysen herkunft und bildung der verba auf *-io* s. 51 vermutet hat. *ă* in *concătio* für *ŏ* wird in den formen mit *s + s* (*concassus* u. s. w.) entstanden und von da ins praes. eingeführt sein (Bersu s. 132).

Unter den beispielen mit erhaltenem *quĕ-*, die o. s. 29 aufgeführt sind, haben einige *quĕ-* in einer silbe, die zur zeit, als der hauptaccent durchgängig die erste wortsilbe traf, unbetont war. Indess glaube ich nicht, dass sie die eben entwickelte theorie über die herkunft des *cŏ-* widerlegen können. Bei *conquexi* kommt, wie schon oben angedeutet, in betracht, ob *e* nicht lang ist wie in *rexi texi* u. a. *querquĕrus quisquiliae* haben *-quĕ- -qui-* unverändert behalten, weil sie auch dem sprachgefühl als die reduplicierten bildungen gegolten haben werden, die sie wirklich waren. *tri-quĕtrus* kann sein *quĕ-* einem uncomponierten *quĕtros verdanken, dessen erschliessung durch ags. *hwet* ahd. *waz*, got. *hrass* ahd. *was* 'scharf', ahd. *wezzen*, die Bersu s. 151 und Thurneysen ztschr. 32, 565 verglichen haben, nicht verhindert wird: germ. *ă* kann idg.

ŏ sein. Die combinationen Thurneysens, um derentwillen er
germ. *ā* = idg. *ō* setzt und *triquetrus* aus *tri-quŏd-ros erklärt, überzeugen mich nicht. So mögen auch *con-oc-qui-
nisco* auf grund des simplex *quinisco und ähnlich *con- inquinare* unter dem einfluss von *quoinire, der mutterform des
von Paul. Fest. 35, 31 aufbewahrten *canire: est stercus facere,
unde et inquinare* (Bersu s. 122), erhalten sein. Im wort-
auslaut und vor vocal ist unbetontes *quŏ* lautgesetzlich geblieben: -*que quinque*; *laqueus laquear torqueo*.

Joh. Schmidt hat a. a. o. auch *cottīdiē* unter vielfachem
beifall auf *quŏtitei-die zu altbaktr. *caiti* zurückgeführt. Jedoch hat schon Osthoff s. 582 ausgeführt, dass die stammform
quŏ- sonst im ital. nirgends nachzuweisen ist und dass osk.
pieis piei, in denen Schmidt sie sucht, sehr wohl die stammform *quī-* enthalten können, wobei dahingestellt bleiben mag,
ob die entstehung der osk. formen im einzelnen so vor sich
gegangen ist, wie Osthoff oder wie Brugmann grdr. 2, 780 f.
sie sich denkt, oder ob wir endlich an die theorie Joh. Schmidts
bei Bersu s. 136 über die herkunft von lat. *quoius quoiei* anzuknüpfen haben. Indess hat Osthoff nichts beigebracht, was
die ständige schreibung *cottīdiē* gegenüber dem *qu* der anderen ableitungen aus dem interrogativ-indefinitstamm (Bersu
90 ff.) rechtfertigen könnte. Ich sehe ihren grund darin, dass
im vorhistorischen latein der labiale nachklang des gutturals
vor *o* geschwunden ist. Ich halte nämlich die dahin gehende
meinung Bersus, trotzdem ihr vielfach widersprochen ist, mit
gewissen einschränkungen für richtig, muss aber um die erlaubnis bitten, die nähere begründung dafür bis zum schlusse
des nächsten abschnittes verschieben zu dürfen. *cottīdiē* war
durch die bedeutung, die es gewonnen hatte, von den anderen
ableitungen des interrogativ-indefinitstammes isoliert genug,
dass es die restitution des *qu*, die die formen mit *quŏ-* er-
fuhren, nicht mitmachte; die verbindungen *quotannis quotca-
lendis quotdiebus quotmensibus* sind gegenüber *cottīdiē* erst
jüngeren ursprungs (Wackernagel ztschr. 29, 146 f.).

Zum schluss sei darauf hingewiesen, dass auch die ital.
schwestermundarten eine ähnliche und auf ähnlichen gründen
beruhende verschiedenheit in den schicksalen des urspr. *quă-*
kennen, wie sie in diesem abschnitt für das lat. aufgezeigt ist:

in *pompe, das aus osk. púmperia Πομπτιες umbr. pumperias zu erschliessen ist, und osk. petiro- umbr. petur-. v. Planta 1, 88 hat sie richtig erklärt. Eine abweichung vom lat. findet insofern statt, als einmal *quĕ- nicht zu cŏ-, sondern nur zu *quŏ- wird, sodann in urspr. *quenque -qu- seinen verdunkelnden einfluss über das n hinweg geltend macht, wozu es im lat. nicht im stande gewesen ist.

III.

Der schwund des *v* zwischen vocalen.

Dass *v* zwischen vocalen nicht selten ausfällt, ist eine beobachtung, mit der man immer gerechnet hat, ein systematischer versuch aber verbleiben und schwinden des lautes auf feste regeln zu bringen ist meines wissens nur von Stolz gemacht worden. Dieser hat lat. gr.[1] § 14 und Wiener stud. 8, 149 f. behauptet, *v* bleibe erhalten, wo der indogermanische accent auf der folgenden silbe, es schwinde, wo er auf dem vorhergehenden vocal gelegen habe. Durch Brugmanns widerspruch (grdr. 1, 549) veranlasst, erklärt er in der zweiten auflage der lat. gr. § 73 anm. 2 diese ansicht für fraglich, weil die zurückziehung des accents auf die erste silbe schon allgemein italisch sei. Ihre unhaltbarkeit darzutun genügt es auf *nŏvus* = gr. νέος ai. *návas*, *nŏvem* = gr. ἐννέα ai. *náva*, *ŏvis* = gr. ὄϊς ai. *ávis* hinzuweisen.

Tatsächlich liegen die dinge nicht so einfach, dass sich die in betracht kommenden fälle unter eine formel bringen liessen. Vielmehr sind verschiedene erscheinungen aus einander zu halten, die weder physiologisch noch historisch unter einander im zusammenhang stehen. Ich versuche in den folgenden capiteln diese scheidung durchzuführen.

1. Ausfall des *v* vor *ŏ* und daraus entstandenem *ū*.

Schon Thurneysen hat ztschr. 28, 155 erkannt, dass intervocalisches *v* vor *o* ausfällt. Er hat jedoch zwei vorgänge mit einander vermischt, die historisch gar nichts mit einander zu tun haben: den schwund des *v*, der im historischen latein um den ausgang der republik und den beginn der kaiserzeit vor dem aus einem *ŏ* der republikanischen zeit entstandenen *ū* eintritt, und den schwund des *v* vor *o*, der bereits der vorhistorischen periode der lat. sprache angehört. Brugmann grdr. 1, 153 f. und Stolz[2] s. 262 sind über Thurneysen nicht hinausgekommen, und auch Froehde hat in einem aufsatze, der diese fragen behandelt (Bezz. beitr. 14, 80 ff.), den historischen gesichtspunkt noch nicht mit genügender schärfe durchgeführt. Es wird der klaren darstellung förderlich sein, wenn ich mit dem in historischer zeit sich abspielenden vorgange beginne.

1. Ausfall von v vor o im historischen latein.

Während o vor $s\ m\ nt$ in den endungen des nomens und verbums in der ersten hälfte des 6. jh. der stadt allgemein zu u wird, ist es unverändert geblieben, wenn ihm u oder v vorangeht. In dieser stellung hat es den gleichen wandel erst zwei jahrhunderte später, im beginn des 8. jh. der stadt, durchgemacht (Corssen II² 97 ff.), und eine schreibung wie *rivous* CIL. I, 1418, 15 kann uns den übergangszustand veranschaulichen, in dem der schreiber die alte orthographie *rivos* nicht mehr ausreichend fand, aber auch noch nicht geradezu *rius* zu schreiben wagte[1]). Die ältesten beispiele, die direkt u haben, sind für uo: *suum* in der lex Julia (a. u. c. 709) CIL. I, 206, 32 neben *suom* z. 34. *duumvir* I, 1235. *mortuus* in den Capitolinischen consularfasten, die nach Borghesi (vgl. Henzen CIL. I p. 422 und Mommsen Hermes 9, 267 ff. Hülsen ib. 24, 185 ff. gegen Hirschfeld ib. 9, 93 ff.) zwischen 718 und 724 a. u. c. niedergeschrieben sind, zum jahre 294. 296. 709, daneben *mortus* zum jahre 578; für vo: *rivus* CIL. I, 1276²). *Scaevola* fast. Capit. zum jahre 579. 580, daneben *aevum* CIL. I, 1220 = IX, 1837. *rius* I, 1223 = IX, 1927. Auf denkmälern aus älterer zeit findet sich u zweimal: *duumvirum* in der lex par. fac. (a. u. c. 649) CIL. I, 577. I 8. III 6 (neben *perpetuom* II 16); hier erklärt es sich aus der jüngeren widerherstellung dieser inschrift in der kaiserzeit (Ritschl opusc. 4, 179); und *FLAVS* CIL. I, 277 auf einer münze, die Mommsen (röm. münzwesen s. 512 u. 72 in verbindung mit s. 475) in die zeit

---

1) Auch auf einer inschrift von Abella CIL. X, 1209 ist die schreibung *rivous* überliefert, von Mommsen jedoch im text durch *rivos* ersetzt. Es handelt sich hier um ein schwanken des steinmetzen zwischen den orthographien *rivos* und *rius*, die lange neben einander in geltung waren.

2) Mommsen bemerkt zu dieser schreibung: fuitne in lapide *rius*?, scheint jetzt aber seinen zweifel aufgegeben zu haben. Wenigstens giebt er CIL. IX, 2520, wo die inschrift wider abgedruckt ist, *rivus* ohne jede bemerkung.

zwischen 550 und 600 a. u. c. setzt; der auf ihr genannte münzmeister ist nach einer vermutung Borghesis der praetor des jahres 570 C. Decimius Flavus. Was von dieser form zu halten sei, ist sehr unsicher, auf keinen fall aber ist sie mit dem wandel von *eo* zu *u* im beginn des 8. jh. in verbindung zu setzen: das verwehrt der zeitraum von über 100 jahren, der sie von diesen trennt, und die ausnahmslose schreibung *-eo-*, die während dieses zeitraumes herrscht. Es ist möglich, dass sie einen rest des vorhistorischen wegfalls des *e* vor *o* darstellt, der uns noch beschäftigen wird. Indess ist mir das nicht wahrscheinlich, und ich möchte eher die schreibung *FLAVS* für *FLAV(O)S* in parallele stellen mit *PRBOVM* für *PR(O)BOVM* auf münzen von Suessa CIL. I, 16, darin also ein beispiel der von Ritschl opusc. 4. 479 ff. besprochenen 'vocalunterdrückung in der schrift' sehen.

Kehren wir zu den schreibungen aus dem anfang des 8. jh. zurück, so fällt auf, dass neben *-uu- -eu-* blosses *-u-* steht. Diese doppelheit setzt sich durch die folgenden jahrhunderte fort, wenn auch die schreibung *-uu- -eu-* die mit blossem *-u-* bei weitem überwiegt. Auf die schreibungen *-u-* für zweisilbiges *-uu- (aeditus Ingenus perpetus* u. s. w.) des näheren einzugehen liegt ausserhalb unserer aufgabe. Im wesentlichen hat schon Schuchardt vocal. 2. 443. 464 ff. den richtigen standpunkt bei ihrer beurteilung eingenommen: *u* ist in unbetonter silbe vor dem folgenden vocal verflüchtigt worden. Dass die erscheinung so und nicht mit Corssen II² 711 ff. als contraktion der beiden *u* zu *ū* aufzufassen ist, lehrt die tatsache, dass *u* auch vor anderen vocalen als *u* geschwunden ist: *quattor innoca fructosus Ianarius Febrarius* u. s. w. Wenn Corssen als in seinem sinne entscheidend spätlat. *sus = suus* (z. b. CIL. X, 7596. Gai cod. Veron. [saec. V.] s. 150, 17. *sum* 61, 22. 124. 19. 135, 8. *tum = tuum* 72, 14. 151, 15 des Studemundschen apographons) geltend macht, in dem das erste *u* doch hochtonig gewesen sei, also nicht vor dem unbetonten zweiten habe schwinden können, so ist darauf aufmerksam zu machen, dass *suus tuus* im satzzusammenhang den accent vollständig verlieren konnten. Vgl. auch *so = suo* CIL. V, 2007. *tis = tuis* XI, 3771, 18. Von diesen spätlat. formen sind die altlat. *tis = tui* gen. sg. Plaut. Trin. 343 u. ö. *sis = suis* Enn. Ann. 151 M. (Lucr. 3, 1023 Bern.) *sas = suas* id. ib. 102 M.

sos = *suos* Fest. 428, 19 wahrscheinlich zu trennen; in ihnen ist der verlust des *u* wohl schon aus idg. urzeit überkommen (Wackernagel ztschr. 24, 592 ff. verf. ib. 32, 278). Halten wir uns also nur an die wörter mit consonantischem erstem *u*, so fragt sich, ob das schwanken zwischen *VV* und *V* rein graphischer natur ist oder auf einem wirklichen schwanken der aussprache beruht. Bevor wir aber darauf eingehen, sind noch ein paar worte über die dritte orthographie *VO* erforderlich, die sich neben den beiden anderen allezeit behauptet hat, deshalb weil sowohl Corssen II² 102 als auch Brambach (die neugestalt. d. lat. orth. 87 ff.) aus ihr den schluss gezogen haben, dass das auslautende *ō* der *ŏ*-stämme nach vorhergehendem *u* und *r* niemals ganz aus dem sprachgebrauch geschwunden sei.

Ich halte diese folgerung für unberechtigt. Wenn die Capitolinischen consularfasten schon durchweg -*ru*- -*uu*- (sammlung der belege bei Brambach 319 f.) und Augustus in seinem rechenschaftsbericht *riuum* (Mon. Ancyr. IV, 12) *uiuus* (IV, 16) *suum* (I, 4) *annuum* (I, 35) schrieb, andere denkmäler der Augusteischen zeit und der nächsten jahrzehnte dagegen, wie die akten der ludi saeculares vom jahre 17 v. Chr. (Eph. epigr. VIII, 225 ff.)[1], die laudatio Turiae, das edikt des Augustus über die wasserleitung von Venafrum (CIL. X, 4842), die gemeindebeschlüsse von Pisae zu ehren des L. und C. Caesar (CIL. XI, 1420. 1421) u. a. -*uo*- -*ro*- bieten, so haben wir in diesen schreibungen nichts als ein beispiel für die tausendfältig zu beobachtende erscheinung, dass trotz veränderter aussprache die orthographie conservativ bleibt. Bezeichnend in dieser hinsicht ist die rede des kaisers Claudius an die Gallier (Boissieu inser. de Lyon p. 136), in der neben *dirus* II, 2. *patruus* II, 2. *arduum* II, 38 doch noch ein *dirom* II, 33 einfliesst. Es kann nicht wunder nehmen, wenn die alte schreibung noch jahrzehnte, ja jahrhunderte lang fortgeführt wird, und es ist vor allem begreiflich, dass offizielle aktenstücke sich ihrer mit vorliebe bedienen; wird doch durch den altertümlichen anstrich derselben der feierliche eindruck erhöht,

---

[1] Das einzige beispiel in diesen ist der name *Scaevola* 107. 150, in dem die alte orthographie beibehalten ist wie z. b. in *quoi* 100 und den *ei* *i*, die Mommsen s. 273 zusammenstellt.

den sie zu machen bestimmt sind. So steht, um nur einige beispiele herauszugreifen, aus der zeit Domitians auf dem aes Malacitanum CIL. II. 1964 II 13 *dirom Augustum et dirom Claudium et dirom Vespasianum Aug. et dirom Titum Aug.* IV 55 *rucnom.* (IV. 15 *reliquom*), auf dem aes Salpensanum CIL. II, 1963 I 30. II 1 dieselbe nennung der vier verstorbenen kaiser, nur dass sich beide male je ein *dium* eingeschlichen hat, auf das wir im folgenden zurückkommen werden. II 21 *servom suom*; auf der bronze aus dem metallum Vipascense CIL. II suppl. 5181, die ebenfalls wahrscheinlich der 2. hälfte des 1. jh. entstammt, I 34 = II 26 *clarom.* Derselbe gesichtspunkt gilt für die grabschriften mit ihren massenhaften *ciros*[1], insonderheit für die poetischen, die auch in der lautgebung über die ausdrucksweise des täglichen lebens hinausstreben, z. b. CIL. IX. 60, 6 *saerom.* 5041 *octarom* (neben *-ei- = -i-, quoi = cui*). X, 4041 *exiguom.* 7576. XIV. 3709. 3826 *aerom.* Dazu kommt aber noch ein weiterer umstand, der die hartnäckige behauptung der alten orthographie erklärt: eine bestimmte grammatikerschule bediente sich ihrer, um gewisse differenzen der aussprache auch graphisch zum ausdruck zu bringen, und hat mit ihrer theorie auch die praxis bis zu einem gewissen grade beeinflusst.

Dies lehren die zeugnisse der grammatiker. In den catholica zwar, die unter dem namen des Probus gehen und nach Keil ihrem kerne nach ihm wirklich angehören, werden *-ros* und *-rus* als gleichberechtigt neben einander gestellt und promiscue gebraucht: GLK. IV, 19, 13 *ros* vel *rus* secundae sunt declinationis... hic *cerros* vel *cerrus*.., *nerros* vel *nervus*: ib. 31, 2: *ros rus* supra docui quod secundae sunt declinationis, *ri* faciunt genetivo *cerros cerri, servus servi.* Quintilian aber berichtet uns 1, 7, 26: nostri praeceptores *servum cervumque u* et *o* litteris scripserunt, quia subiecta sibi vocalis in unum sonum coalescere et confundi nequiret, nunc *u* gemina scribuntur ea ratione quam reddidi: neutro sane modo vox quam sentimus efficitur. Nec inutiliter Claudius Aeolicam illam ad hos usus litteram adiecerat. Corssen II² 101 anm. behauptet,

---

1) So erklärt sich auch *stlocus* auf der grabschrift CIL. V, 7381, die Mommsen ihrem schriftcharakter nach dem 2. jh. n. Chr. zuweist.

dieses zeugnis allein habe wert, die übrigen grammatiker
brächten nichts neues und stichhaltiges. Allein sowohl diese
stelle wie auch die, auf welche sich der schriftsteller bezieht,
1, 4, 11: quaeret hoc etiam quo modo duabus demum vocali-
bus in se ipsas coeundi natura sit, cum consonantium nulla
nisi alteram frangat. Atqui littera *i* sibi insidit: *coniicit* enim
est ab illo *iacit*, et *u* quo modo nunc scribitur *uulgus* et *seruus*,
beide stellen, finde ich, setzen einem vollen exakten verständnis
schwierigkeiten entgegen. Nach dem wortlaut: *in unum sonum coalescere et confundi*, bezw. *in se ipsas coeundi*: *littera
i sibi insidit* liegt es am nächsten, dass Qu. habe sagen wollen:
uu verschmelze zu einem einzigen laut. Dazu passt aber die
schlussbemerkung nicht, dass Claudius für diese fälle sehr
zweckmässig das digamma eingeführt habe; denn wenn Claudius für -*uu*- -*ɟu*- schrieb, so ist klar, dass er nichts weniger
beabsichtigt hat als damit einen einzigen laut auszudrücken.
Soll aber *in unum sonum* so viel wie *in unam syllabam* bedeuten, also 'einen einheitlichen lautcomplex' bezeichnen, so ist die
ganze ausdrucksweise jedenfalls ungewöhnlich. Volle klarheit
über das, was Quintilian gemeint hat, gewähren uns andere
grammatikerzeugnisse, und sie unterrichten uns, wie ich glaube,
auch über die persönlichkeit der 'nostri praeceptores' des genaueren.

Die meisten der hierhergehörigen äusserungen hat Brambach s. 97 ff. aufgeführt. Vergleicht man sie mit einander, so
zeigt sich, dass sie mit wenigen ausnahmen den gleichen standpunkt vertreten, und es ist unzweifelhaft, dass sie, abgesehen
von diesen ausnahmen, im letzten grunde auf dieselbe quelle
zurückgehen. Es ist daher unnötig sie alle auszuschreiben,
und es genügt die beiden herzusetzen, die, wie mir scheint,
am meisten aufschluss geben, das des Velius Longus (aus der zeit
Trajans) GLK. VII, 58, 4 ff. und des Papirianus (aus dem ende
des 4. oder aus dem 5. jh. nach Brambach s. 55), wie es durch den
auszug des Cassiodorius GLK. VII, 161, 4 ff. erhalten ist. Brambach s. 97 anm. 2 meint zwar, Papirianus referiere bloss die auseinandersetzungen des Velius Longus, jedoch hat P. einen passus,
der bei diesem und bei allen anderen fehlt und der gerade von
grosser bedeutung ist. Velius Longus sagt: a plerisque supe-
riorum *primitiuus* et *adoptiuus* et *nominatiuus* per *r* et *o*
scripta sunt, scilicet quia sciebant vocales inter se ita con-

fundi non posse, ut unam syllabam [non]¹) faciant, apparetque
eos hoc genus nominum aliter scripsisse, aliter enun-
tiasse. Nam cum per *o* scriberent, per *u* tamen enuntiabant.
Sed ratio illos praesumpta decepit: ante enim respicere debe-
bant, an hae duae vocales essent. Sed cum in superiore dis-
putatione demonstraverimus *v* totiens consonantis vim habere
quotiens pro eo ponitur, quod apud Graecos dicitur digamma,
nihil vetat hic quoque tantum speciem *v* litterae animadvertere,
sed tamen aliam potestatem. Sic *nominativus* duas quidem *v*
litteras habebit, sed priorem pro consonante, posteriorem pro
vocali scilicet positam. — Papirianus: *Vulgus vultum parvum
torvum sunt qui putant per duo u scribi non debere, quod
similis vocalis vocali adiuncta non solum non cohaereat, sed
etiam syllabam augeat, ut est vacuus ingenuus occiduus exiguus perspicuus et in verbis metuunt tribuunt statuunt*. Sed
Velius Longus per rationem praesumptam decipi eos putat qui
primitivus et *adoptivus* et *nominativus* et talia per *u* et *o*
scribant u. s. w.; folgt ein referat über die eben ausgehobene
stelle des Velius Longus. Wer die waren, die Papirianus bezw.
dessen quelle im ersten satze im auge hat, wird sofort klar,
wenn man daneben folgende stelle aus Cornutus hält, die gleichfalls Cassiodorius GLK. VII, 150, 5 aufbewahrt hat: alia sunt
quae per duo *u* scribuntur, quibus numerus quoque syllabarum
crescit. Similis enim vocalis vocali adiuncta non solum non
cohaeret, sed etiam syllabam auget, ut *vacuus ingenuus occiduus exiguus*. Eadem divisio vocalium in verbo quoque est ut
metuunt statuunt tribuunt acuunt. Dieser satz ist aus dem
zusammenhang herausgerissen, es leuchtet aber nach den worten
Papirians ein, dass der vorhergehende satz, auf den der anfang *alia sunt* zurückweist, nichts anderes enthalten haben
kann als die anweisung, dass *volgus voltus parvom torvom
primitivos adoptivos nominativos* mit *vo* zu schreiben seien.
Cornutus also hat die lehre aufgestellt oder wenigstens vertreten, dass *VV* zu schreiben sei nur, wo beide laute verschiedenen silben angehören, dagegen *VO*, wenn sie eine silbe
bilden. Dass er damit der aussprache des lebens nicht gerecht
wurde, lehrt nicht nur die dahin gehende beschuldigung des

---

¹) Dass *non* sinnlos und deshalb zu streichen ist, hat Brambach 97 anm. 2 richtig bemerkt. Keil klammert es denn auch ein.

Velius Longus bezw. seiner quelle, sondern auch Augustus, der, wie schon bemerkt (s. 39), so gut *riuum uiuus* schrieb wie *suum annuum*. Der grund, durch den Cornutus bewogen wurde, war aber auch gar nicht die wirkliche aussprache, sondern das rein theoretische bedenken, das gleiche zeichen unmittelbar hinter einander in derselben silbe in verschiedener funktion als consonant und vocal zu verwenden, und er benutzte die alte schreibweise, um die ihm wünschenswerte unterscheidung zwischen zweisilbigem und einsilbigem VV zu erzielen.

Nun geht zwar aus der oben angeführten stelle des Quintilian hervor, dass zu seiner zeit die gelehrten sich allgemein von dieser theorie des Cornutus abwanten, und wir können auch den grund dafür einer stelle in Donats commentar zu Ter. Andr. 1. 2. 2 entnehmen: Et *Dauus* non recte scribitur. *Dauos* scribendum, quod nulla littera vocalis geminata unam syllabam facit. Sed quia ambiguitas vitanda est nominativi singularis et accusativi pluralis, necessarie pro hac regula digamma utimur et dicimus: DaFus serFus corFus. Hier wird also die begründung des Cornutus anerkannt, sein vorschlag aber als unpraktisch bezeichnet, weil er zu zweideutigkeiten führe, und das von kaiser Claudius erfundene hülfsmittel acceptiert. Es ist klar, dass dies raisonnement, auf das auch die worte Quintilians hindeuten, auf das 1. jh., genauer die zeit zwischen Claudius und Quintilian, zurückgeht. Auf die orthographische praxis aber hat die lehre des Cornutus doch ihren einfluss ausgeübt. Am deutlichsten tritt dies zu tage bei Fronto, der bei seinen archaisierenden bestrebungen auf sie zurückgegriffen und die von ihr geforderte unterscheidung zwischen zweisilbigem VV und einsilbigem VO wirklich angewendet hat. Dies lehren die schreibungen des codex Bobiensis, die Weissbrodt im Braunsberger index lect. sommersem. 1872. s. 18 f. gesammelt hat. Weissbrodt hat a. a. o. s. 17 f., ferner in den Braunsberger indices wtsem. 1879/80 s. 8 anm. und wtsem. 1883/84 s. 16 auch eine anzahl von inschriften zusammengestellt, die diese orthographie befolgen, z. b. CIL. VI, 12649 *riuos claros*, aber *mortuus*. X, 1880 *Primitiuos*, aber *perpetuus* (c. 165 n. Chr.). XIV, 98 *diuos*, aber *suus* (139 n. Chr.). Dass diese scheidung nicht auf zufall beruht, geht daraus hervor, dass die umgekehrte schreibung, zweisilbiges VO neben einsilbigem VV,

nirgends vorkommt. Also hat die orthographie des Cornutus
in weiteren kreisen verbreitung gefunden. Weissbrodt will
allerdings in diesen schreibungen mehr als bloss orthographische
gewohnheit sehen. Er meint, es sei tatsächlich zweisilbiges
uo sehr viel eher in *uu* übergegangen als einsilbiges *vo*, ja
das letztere habe den wandel überhaupt nur in sehr seltenen
fällen durchgemacht, und erst die grammatiker hätten ihren
analogistischen neigungen zu liebe den in der sprache bestehenden unterschied verwischt. Dass diese anschauung über
das wirken der grammatiker in unserem falle irrig ist, haben
hoffentlich die bisherigen auseinandersetzungen bewiesen. Direkt widerlegt wird W. durch das mehrfach erwähnte, von
ihm gar nicht berücksichtigte monumentum Ancyranum mit
seinen gleichmässigen *rivum uiuus suum annuum*. In der tat
gehören die inschriften, die W. beigebracht hat, soweit sie
mit sicherheit oder wahrscheinlichkeit datierbar sind, alle der
2. hälfte des 1. oder dem 2. jh., also der zeit nach Cornutus,
an mit ausnahme von zweien. Von diesen aber hat das edikt
des kaisers Augustus über die wasserleitung von Venafrum,
aus dem W. nach den früheren lesungen Mommsens und Hen-
zens *rivos* z. 45, *rivom* z. 21, aber *cacuum* z. 23 giebt, nach
der neuesten, unter sehr viel günstigeren äusseren verhältnissen
ausgeführten lesung Mommsens, die CIL. X, 4842 veröffent-
licht ist, auch in dem letztgenannten worte *r[acuo]m*. Auf
den cippi aus der zeit des Augustus, die neben dieser wasserleitung aufgestellt waren und von denen vier exemplare gefunden sind, CIL. X, 4843, steht allerdings *rivom* neben *ra-
cuus*, aber ich kann nach allem bisher auseinandergesetzten
darin nur einen zufälligen wechsel in der orthographie der
vorlage, nach der die inschriften gearbeitet sind, erkennen und
erinnere an den ebenso zufälligen wechsel zwischen *divom* und
dirus patruus arduum in der rede des kaisers Claudius
(o. s. 39).

Wenden wir uns nun zu den beiden anderen schreibungen
-*ru*- und -*u*- und der frage nach ihrem gegenseitigen verhältnis.
Schuchardt hat vocal. 2, 471 f. 3, 300 für die seltenere und von
den normen der litterarischen sprache abweichende schreibung
-*u*- material zusammengetragen. Es ist natürlich, dass wir mit
den hülfsmitteln, über die wir heutzutage verfügen, diese samm-

lung beträchtlich vermehren können, und ich stelle hier zunächst zusammen, was sich mir besonders aus dem CIL. ergeben hat, um zu zeigen, in welchem umfang jene schreibung auftritt und dass sie während der ganzen kaiserzeit in übung ist[1]). Ich bringe zunächst die belege, die sich datieren lassen:

aeum CIL. I, 1220 (vor Caesars tod).

Annaus CIL. V, 8288 (litteris vetustis; die inschr. hat noch *eidem*).

Argius II, 5941 (Hadrianische zeit); derselbe mann in derselben namensform 3424, dagegen als *Arginus* 3423 (nach Hübner wahrscheinlich Trajanische zeit).

aus VIII, 8637 (christl. inschr. 527 n. Chr.?).

Bataus CIRh. 1517 (nach Claudius).

dium II, 1963 I 30. II 1 auf dem aes Salpensanum aus der zeit Domitians je einmal in der doppelten aufzählung der vier verstorbenen kaiser neben dreimaligem *dirom* (o. s. 40).

Flaus II, 5266 (2. jh.).

Frisiaus VII, 68 (ende des 1. oder anfang des 2. jh.).

fugitiuum instrum. Dac. VII in CIL. III p. 940, int. 6 (142 n. Chr.); doch steht ext. 10 *fugitiuum*, und da instr. VI p. 936 int. 7 *fugitium* für *fugitiuam* ext. 11 verschrieben ist, so wird auch hier schreibfehler vorliegen.

Genetius III, 4150 v 15 (188 n. Chr.).

nouum XIV, 2410 (158 n. Chr.).

octauum Boissieu inser. de Lyon 421, XII (nicht später als das 2. jh.).

Primitius instr. Dac. V CIL. III p. 934 int. 7. ext. 5 (162 n. Chr.). X, 1594 (zeit des Marc Aurel). X, 3699 II 32 (neben *Primitiuus* I 7; 251 n. Chr.). II, 1198 (3. jh.). V, 4488 (Constantinische zeit).

Raus VI, 2010 a 23 (zwischen 180 und 184 n. Chr.).

---

1) Ich habe band XI, 1 und XIV ganz durchgelesen, um ein bild von der relativen häufigkeit der schreibung -*u*- zu bekommen, und von den anderen bänden die indices durchgearbeitet. Nur für band VI, der noch nicht vollendet ist und bei dem die indices noch ausstehen, muss ich mich auf gelegentlich gefundenes beschränken: die zeit, die die durcharbeitung dieser ungeheuren inschriftenmasse erfordert hätte, hätte in keinem verhältnis gestanden zu dem neuen, das sich voraussichtlich daraus zu dem aus den übrigen bänden gewonnenen resultate hätte hinzufügen lassen.

cius I, 1223 (vor Caesars tod). II, 5780 (1. jh.). XII, 789 (beginn des 1. jh.). 2356 (beginn des 1. jh., nach Hirschfeld noch aus Augusteischer zeit). 2473 p. 4123 (beide 1. jh.). 4197 (2. jh.). inscr. de Lyon 306 VIII (ende des 2. bis anfang des 3. jh.). VI, 417 (ungefähr aus der zeit Galliens, mitte des 3. jh.).

cotium XI, 1354 (255 n. Chr.).

Noalas in den itineraren von Gades bis Rom, die in den warmen bädern in der nähe von Vicarello in 4 exemplaren gefunden sind und die nach Nissen ital. landeskunde 1, 23 f. etwa aus dem 3. jh. stammen, XI, 3281 i 14. ii 3. 3282 i 14. ii 3. 3283 i 14 neben *Nocolas* 3284 i 16 (*Nora* 3284 ii 3).

Undatierbare belege:

Accaus, ein pälignischer name, IX, 63. 3164. 3188. 3396 neben *Accari* IX, 3059. XII, 5975. *Accaro* IX, 3165. 3189, aber *Accai* IX, 5367 wohl vom nom. aus; fem. *Acca* aus *Accara neben dat. *Accarae* IX, 5371. Ich schliesse zwei gleichgebildete namen sofort an:

Annaus IX, 3097, 1. *Annau* 3204 neben *Annaco* 3097, 8. 3106. 3169.

Cariaus V, 3922 (inschr. aus Verona; cf. Mommsen röm. forsch. 2, 3 anm. 1).

Aestius II, 2310.

Araus II, 502 neben *Arari* 760. *Araeorum* 429.

aus VIII, 1977. IX, 748, 6. 7. XIV, 2537.

Bataus XI, 1070. CIRh. 825 i 13.

conditium XIV, 1172. 1708.

Datius II, 830. VIII, 207. 4802. 7744. 10587. X, 3483.

Festius III, 846.

Flaus II, 950. 2774. 2847. 2852. 4332. 4970, 199. 5211. 5561. III, 3221. VIII. 9422. XI, 1369 a. CIRh. 134.

Lascius II, 2988. VIII, 5022. IX, 3473. 3732.

noum II. 4969, 3. IX, 6081, 1. X, 8053, 5 b. d. e. h.

Primitius II. 319. 544. 2325. 2766. III, 4288. 4991. 6010, 171. V, 166. 4173 (neben *Iurentius*). 4760. 5537. VIII, 1886. 1910. 3158. 7313. IX, 4238. X, 7538. XII, 833. 1036. 1636 a. 3773.

Vellaus VII, 1072.

rius II, 3070. V, 134. 1807. 5307. 7623. VI, 3574. 5767.

VIII, 5469. IX, 3190. 5392. X, 1816. 4589. 5151. 6456.
XI, 1136. 3189. XII, 352. 522. 605. 1740. 1948. 2043.
2244. 2501. 2707. 3770. inscr. de Lyon 388 I. 429
XXVII. 491 XX. 501 II. 513 LXIII. 527 CXXI.
ciunt XIV, 2531. Bull. épigr. d. l. Gaule II p. 281 XLIV.
auneulus II, 713. 827. 845. 5708. 5713. 5716. 5718. 5720.
III. 908. V, 1281. 4444. 4748. VI. 2774. VIII, 2988.
3687. 9616. IX. 2335. 3040. 3598. X. 6400. 8 add. XII,
1951. 3694. CIRh. 2099. inscr. de Lyon 504 XVII.
aula = acula VIII, 4120.

Was die relative häufigkeit von -*u*- angeht, so habe ich
in CIL. XIV 27 -*cu*- (die schreibung -*bu*- mit eingerechnet)
gegen 5 -*u*-, in XI, 1 28 -*cu*- gegen 10 -*u*- gezählt.

Auch in den hss. z. b. des Vergil und Horaz steht -*u*-
zuweilen, fast immer aber ist es auf einen codex beschränkt,
während die anderen -*cu*- haben, und auch in dem einen ist
meistenteils von zweiter hand das fehlende *u* hinzugefügt. So
hat Aen. 5, 670. 11, 537. 12, 867 der Palatinus von erster
hand *nous*, der Med. (Rom. und die jüngeren *norus*, nur 12,
867 der Med. *NOVVS*; Geo. 4, 392 der Pal. *grandaeus*, ꝺ
grandaeus, die anderen -*aeuus* -*euus*; Aen. 8, 498 der Med.
LONGAEVS, die anderen -*aeros*, bezw. -*aerus*. Bei Horaz
haben Keller-Holder bei ähnlicher sachlage -*u*- in den text
gesetzt; so Sat. 2, 7, 2 *Dausne—Daus* auf grund der vom Ein-
sidl. 361 an der ersten stelle von erster hand gebotenen lesart,
während dieser codex an der zweiten und alle übrigen an
beiden stellen -*au*- haben; ebenso Sat. 2, 7, 100 *Daus* nach
demselben codex trotz des *dauus* aller übrigen und ars poet.
237 *Dausne* nach *dausne* des Bern. 363, *dausne* des Monac.
14685 gegen *dauusne* aller übrigen. In den epilegg. 568. 756
schwankt Keller über die bedeutung der lesarten, und ebenso
an den anderen stellen: Carm. 1, 31, 2 (*nouum* Paris. A. Ambr.
O 136. Vat. R m. pr. Epil. 1036. 2, 3, 18 (*flauus* Paris. 7971
neben *flauuos* Bern. 363. Epil. 128). Epist. 1, 10, 10 (*fugitiuus*
Leid. lat. bibl. publ. 28. Epil. 640). 2, 2, 142 (*tempestiu* Graevianus nunc Harleianus 2725 und Vossianus nunc Leid. 21.
Epil. 727). Ars poet. 340 (*uium* Graevianus nunc Harleianus
2725, *uium* Paris. 7972. Epil. 764). Sat. 2, 6, 94 *caiunt* Ambr.

O 136). Es scheint mir zweifellos, dass wir es nur mit gelegentlichem eindringen des seltneren -u- in die hss., an der einen oder anderen stelle gar nur mit blossen schreibfehlern zu tun haben, um so mehr als andere codices von der erscheinung völlig frei sind: so der Veronenser Liviuspalimpsest saec. IV (Mommsen abh. d. Berl. akad. 1868, s. 168).

So muss es als durchaus unwahrscheinlich gelten, dass einfaches -u- in der sprache der litteratur bürgerrecht gewonnen hat (vgl. auch Augustus' *rinum ninus*), und auch auf den inschriften bleibt es an häufigkeit weit hinter -uu- zurück. Nichts desto weniger kann ich mich der meinung Dittenbergers (Hermes 6, 304 anm. 2) nicht anschliessen, dass überall -uu- gesprochen und nur, um nicht unmittelbar hinter einander dasselbe zeichen zweimal mit verschiedener geltung zu setzen, einfaches V geschrieben worden sei, sondern glaube mit Ritschl opusc. 4, 488. Brambach neugestalt. 89. Frochde Bezz. beitr. 14, 87. Stolz² s. 262, dass wir in jenen schreibungen wirklich gesprochene formen anzuerkennen haben.

Den ausschlag in diesem sinne giebt, dass in einem anderen gleichartigen falle aus -eo- zur zeit des überganges nur -u- geworden ist: im gen. pl. *borom*. Dieser form haben sich nach ausweis der besten handschriftlichen überlieferung noch Varro l. l. 9, 33 und Vergil Geo. 3, 211 bedient, und auch Plin. h. n. 35, 136 hat mit beibehaltung der alten orthographie so geschrieben. Durch den wandel von *o* zu *u* aber entsteht als neue form *boum*. Schon Varro l. l. 8, 74 gebraucht sie, und sie ist die allein herrschende geworden. Freilich findet sich in unseren hss. nicht selten die schreibung *bouum* (belege bei Neue I² 281), und Kühner I² 231 hat sich dadurch bewegen lassen auch diese form als wirklich, wenn auch seltener gebraucht anzusehen. Dass sie aber der lebenden sprache völlig fremd war, beweisen die grammatiker, die nur *boum* kennen und dessen unregelmässige bildung ausdrücklich in ihrer weise begründen (Probus inst. art. GLK. IV, 121, 39. Priscian VII, 81 = I, 356, 2 H.): hätten sie *borum* in der gesprochenen sprache vorgefunden, so hätten sie sich dies sicher nicht entgehen lassen, um ihren analogistischen neigungen, mit denen sie die sprache sogar meistern, auch hier zu fröhnen. Wo sich *bouum* in den hss. findet, können wir mit sicherheit schliessen, dass der autor selbst *borom* geschrieben und nur die abschreiber die geläufige endung *-um* eingeschwärzt haben; gelegentlich kann auch eine verschreibung für *boum* vorliegen. Lehrreich hierfür ist die angeführte stelle Varro l. l. 9, 33. bei der wir den hergang noch controlieren können, da alle anderen hss. aus dem uns erhaltenen Florentinus abgeschrieben sind (Teuffel-Schwabe⁵ § 167, 3). Dieser hat *borom* im Havn., aber steht *borum* im Vind. Guelf. Paris. *bouum*. Ähnlich ist an der Vergilstelle in den schedae Vaticanae in *BOVOM*, wie urspr. geschrieben war, das zweite *O* ausgestrichen und damit *boum* hergestellt, das auch im Med. Pal. Rom. Gud. und zwei Berner hss. steht, und an der Pliniusstelle im Bamb., der von erster hand *borom* hat, von zweiter *boum* verbessert, das auch der Voss. und Riccard. haben. Mit recht hat daher Ribbeck Verg. Aen. 2, 306 aus *borum* der sched. Vatic. und des Bern. 184 (*boum* Med. Pal. sched. Veron. Bern. 172. Bern. 165) und Aen. 8, 217 aus *borum* im Pal. und Gud. m. pr. (*boum* Med. Rom. Bern. 165 und 184) auf *borom* geschlossen und dies in den text gesetzt, und wir werden das gleiche zu tun haben Geo. 3, 419, wo der Med., und Geo. 4, 555, wo der Med. und die St. Galler schedae *bouum* bieten und Ribbeck *boum* giebt[1]. Ebenso weist *borum* Plin. 32, 75 im Bamb. und 33, 135 im Vossianus auf *borom*. Demgemäss haben wir auch Cic. de rep. 2, 9, 16 in *bouum*, wie der palimpsest von erster hand hat und Halm und Müller schreiben, eine spur des von Cicero selbst und bei Festus 300, 22 in *borum* eine spur des von Verrius Flaccus geschriebenen *borom*. Bei den stellen aus Livius und Columella, die Neue a. a. o. beibringt, muss dahingestellt bleiben, ob *borum* aus *borom* oder aus *boum* entstanden ist.

[1] Auch Geo. 1, 3 hat der Bern. 165; Geo. 2, 470 der Bern. 184; Aen. 3, 247 der Bern. 165 und 184 von erster hand *bouum* gehabt, das erste *u* aber getilgt. Es wird also einfache verschreibung für *boum* vorliegen, das z. b. Geo. 1, 118. 325. Aen. 3, 220 in allen mss. überliefert ist und dessen sich Vergil so gut wie Varro neben der älteren form bedienen konnte. Denn dass bei Varro a. a. o. *boum* richtig, nicht für *borom* eingetreten ist, geht aus *loum* hervor, das er mit *boum* zusammen nennt und das eine ganz ungebräuchliche bildung ist, also schwerlich aus *lorom* verderbt werden konnte. — Dagegen ist dem Lucrez 3, 302 an stelle des überlieferten *boum* das zu seiner zeit allein mögliche *borom* zurückzugeben.

Noch eine andere tatsache zeugt dafür, dass *r* in *boum* durchaus geschwunden ist: in der ersten kaiserzeit tritt an stelle des älteren *borarius boarius*, *borarius* steht bei Cic. pro Scauro 23, Varro l. l. 5, 143 (so Spengel mit der bemerkung: *boearium* libri; K. O. Müller *boarium*). Propert. 4 (5), 9, 19 (*boraria* im Neap., aus dem es Bährens und Luc. Müller in den text gesetzt haben). Bei Livius schwanken die codd.: *borarius* ist bezeugt 10, 23, 3, 22, 57, 6, 24, 10, 7, 27, 37, 15, 29, 37, 5; nur *boarius* überliefert 21, 62, 2. Von da an aber herrscht *boarius*: Val. Max. 1, 6, 5, 2, 4, 7. Plin. n. h. 26, 105, 34, 10, Tac. Ann. 12, 24, und es ist inschriftlich beglaubigt aus dem jahre 204 n. Chr. Orelli 9134[1]). Zweifellos hängt diese änderung mit dem wandel von *borom* in *boum* zusammen; ist doch das adjektiv seiner bedeutung nach am engsten mit dem gen. pl. verwant, und so konnte es wohl seinen stamm nach dem muster dieses casus umformen, trotz des zwanges, den die sonstigen *bor-* enthaltenden formen ausübten. Sicherlich aber hätte das adj. sich diesem zwange nicht entwinden können, wenn auch im gen. pl. *borum* neben *boum* bestanden hätte.

Beachtung verdient in diesem zusammenhange auch die notiz Priscians VII, 81 = I, 356, 13 H.: nominativus vero pluralis (von *bos*) et accusativus et vocativus . . . raro abiciunt *u* consonantis loco positam, um derentwillen in den drei Vergilversen, die der grammatiker für *bores* anführt, in ein paar seiner hss. die lesart *boes* an stelle des von allen anderen und von den Vergilhss. an den betr. stellen allein gebotenen *bores* eingesetzt worden ist. Beruht sie auf richtigen beobachtungen, so erklärt sich der ausfall des *r* in den pluralcasus allein aus dem einfluss von *boum* in gemeinschaft mit *bōbus*, das seinerseits für älteres *bubus* eingetreten war (Kretschmer ztschr. 31, 452).

Das zeugnis, das *boum* ablegt, wird durch einige andere umstände bekräftigt. Erstlich durch die schreibung *ancnlus*, die wir ein paar mal antreffen (CIL. VIII, 3936, IX, 998)

---

1) Wenn die erklärung von *boarium forum* in Paulus' excerpten aus Festus p. 22, 8 auf Verrius Flaccus zurückgeht, so ist *boarium* von den excerptoren für das von Verrius selbst unzweifelhaft geschriebene *borarium* eingesetzt.

und die nur von *auuculus* mit diphthongischem *au* aus verständlich wird; vgl. *Agustus Cladius Afidius* Schuchardt 2, 306 ff. Seelmann 223. Sodann durch einige grammatikerstellen, die die formen mit einfachem -*u*- verbieten und damit indirekt ihr vorhandensein in der volkssprache bezeugen: Probus inst. art. GLK. IV, 107, 18: [de *eus*.] nunc in hac supra scripta forma quaeritur, qua de causa hic *arus* et non hic *aus* dicatur. hac de causa, quoniam quaecumque nomina generis masculini genetivo casu numeri singularis *ei* syllaba terminantur, haec nominativo casu numeri singularis *eus* syllaba definiuntur: et ideo hic *arus* et non hic *aus* facere pronuntiatur. — id. ib. IV, 113, 17: [de *rum*.] nunc ... quaeritur, qua de causa hoc *orum* et non hoc *oum* dicatur: folgt dieselbe begründung wie eben für *arus*; et ideo hoc *orum*, non hoc *oum* facere pronuntiatur. — Appendix Probi III GLK. IV, 197, 28: *arus* non *aus*, 198, 5: *flarus* non *flaus*, 199, 2: *rirus* non *rius*. Albinus GLK. VII, 303, 1: *grandaeuus* quasi grandis aevo, ideo per duo *u* scribitur. id. VII, 297, 4: *auunculus* per duo *u*, quia ab avo diminutivum est, *eo* syllaba in *uu* conversa. Weiter wird bei einigen der oben aufgezählten wörter das *r* gelegentlich auch vor anderen vocalen als *u* weggelassen. d. h. vom nom. acc. sing. masc. neutr. aus ist der schwund in andere formen eingedrungen. Besonders ist *Primitia* (CIL. III, 3297. IX, 2061. 5330) zu nennen, da sich wegfall des *r* zwischen *i* und *u* sonst nicht nachweisen lässt. Weniger gewicht dagegen ist auf die formen zu legen, wo *r* zwischen *i* und *o* ausgelassen ist, da sich der wegfall hier aus der natur des folgenden *o* begreifen lässt und die beiden inschriften, aus denen ich ihn belegen kann, überdies sehr nachlässig eingegraben sind: *Festio* CIL. III, 1852. *rio* V, 7465. Auch die fälle mit -*ai* -*ao* für -*ari* -*aro* wie *Accai* IX, 5367. *Flao* II, 5620 sind nicht unbedingt beweisend, da schwund des *r* in dieser umgebung auch sonst nicht selten ist.

Ziehen wir endlich in betracht, dass bei den nomina auf -*quos* und den verben auf -*quo* -*guo*, deren geschichte durch die untersuchungen Bersus s. 49 ff. festgestellt ist, das *u* hinter *q g* vor dem aus *ŏ* der republikanischen zeit entstandenen *ŭ* lautgesetzlich geschwunden und erst allmählich wider durch die wirkungen der analogie restituiert worden ist, so werden wir nicht zweifeln, dass wir auch in *rius uuum eiuut auuculus* die lautgesetzlichen formen anzuerkennen haben und dass *ricus aerum ricunt aruncalus* ihr *c* erst nach dem muster von *viri vico, aeri aero, viro viris* u. s. w., *ari aco* und dem danach neugebildeten *aros* widerhergestellt haben. Indess besteht ein bemerkenswerter unterschied zwischen beiden kategorien. Die wörter mit *-quos -quō -quŏ* haben ihr *qu qu* an stelle des lautgesetzlichen *c g* erst sehr allmählich im laufe des 1. jh. n. Chr. widergewonnen, nicht zum wenigsten unter dem einflusse der die sprache nach analogistischen tendenzen nivellierenden grammatik. Die wörter mit *-vos -vō* dagegen müssen ihr *v* nach ausweis von *virus* CIL. I. 1276. *Scaevola* auf den Capitolinischen consularfasten, vor allem aber der *virum vicus* des Augustus alsbald nach dem inkrafttreten des lautgesetzes wider erneuert haben, und eine einwirkung der theoretisierenden grammatik lässt sich nur insoweit nachweisen, als sie von den bereits vorhandenen doppelformen die der analogie in höherem masse entsprechende für die allein zulässige erklärte. Warum die wörter mit *-vos -vō* die ausgleichung so beträchtlich früher vollzogen haben als die mit *-quos -quō -quŏ*, ist schwer zu sagen: wir werden den grund vielleicht in den hiaten erkennen dürfen, die durch das lautgesetz geschaffen waren und die für die sorgfältigere und elegantere sprechweise der gebildeten stände lästig waren. Einen anhalt für diese vermutung werden wir auch darin finden können, dass gegenüber inschriftlichen und von grammatikern befehdeten, also der volkssprache angehörigen formen wie *Faentia failla Faor* u. s. w. die schriftsprache durchaus an *Faventia farilla Favor* festgehalten hat. Die volkssprache jedoch hat ihre abneigung gegen *-vo-* jahrhunderte lang bewahrt, und es sind in vereinzelten fällen die formen mit *-u-* sogar in die romanischen sprachen übergegangen: ital. span. port. *rio*. prov. *riu* u. a.

Wie steht es denn nun um die schen, dasselbe zeichen unmittelbar hinter einander in verschiedener geltung, einmal als consonant, das andere mal als vocal, zu verwenden, die nach Dittenberger an den schreibungen wie *Flaus* schuld sein soll? Dass sie bestanden hat, lehren die oben mitgeteilten grammatikerzeugnisse, aber sie lehren auch nichts weiter, als dass sie in bestimmten gelehrtenkreisen eine rolle gespielt hat und dass diese, um dem übelstande zu entgehen, die alte orthographie *-vo-* empfohlen haben. Dass man um ihretwillen zu dem mittel gegriffen habe eines der beiden *u* fortzulassen, ist zum wenigsten aus den uns gebliebenen resten der grammatischen litteratur, die ja allerdings nichts als ein trümmerhaufe sind, nicht zu ersehen. Nun beruft man sich freilich und beruft sich auch Dittenberger a. a. o. auf schreibungen wie *Salluius iuenis* für *Sallunius iunenis*, die aus der gleichen abneigung entsprungen sein sollen. Bei diesen wörtern aber kommt die schreibung mit *-uu-* gerade in der ersten kaiserzeit erst auf. Sie kommt nur bei *iuenis iueo iuras* und zubehör, bei *ura ucidus* und angehörigen, endlich bei den wörtern auf *-ucius* wie *Sallucius flucius* u. ä. in anwendung, aber nicht in *fluo fluis fruor frueris trua duo* u. ä. fällen, obwohl physiologisch zwischen diesen und den erstgenannten gar kein unterschied besteht. Daraus folgt, wie ich in dem 5. abschnitt dieses teiles des näheren nachzuweisen hoffe, dass die schreibung *-uu-* nur da eingeführt wurde, wo infolge der stellung des *u*, insonderheit infolge der nachbarschaft eines *i* für das auge zweifel möglich waren, ob *u* bezw. *i* vocalische oder consonantische geltung habe: *IVENIS* = *juenis* oder = *iuenis*? *VA* = *uu* oder *ru*? *FLVIVS* *flujus* oder *fluius*?, dass sie in den anderen fällen aber unterlassen blieb, wie sie in republikanischer zeit in allen fällen unterlassen war, nicht aus scheu vor der widerholung *VV*, sondern weil der übergangslaut vom *u* zum folgenden vocal so schwach war, dass es unnötig erschien ihn in der schrift zu bezeichnen.

2. Ausfall von *v* vor *o* im vorhistorischen latein.

1. *nolo nolim nolle* aus *nevolo nevolim nevolle* u. s. 9 ff. *ĕ + ŏ* ist zu *ō* contrahiert wie in *unenom* aus *ne + oinom*[1].

[1] Dass *non* auf **noinom* zurückgeht, haben Thurneysen herkunft und bildung der verba auf *-io* s. 43, Kretschmer zschr. 31, 462, J. Schmidt ib. 32, 407 erkannt (unhaltbar Osthoff archiv 4, 459 anm.), und Schmidt hat als analogen fall *prōd-* aus *pro + id* hinzugefügt. Ebenso ist möglicher weise *promo* aus **pro-emo *pro into* entstanden, doch vgl. *como* aus **co-emo*. Vielleicht erklärt sich so auch umbr. *pora* ` qua' (VI b 65, VII a 1) gegenüber osk. *poizad* tab. Bant., die man doch lieber aus einer einheitlichen grundform erklären als mit Brugmann grdr. 2, 780 auf verschiedene compositionen zurückführen wird, aus urspr. *poizād*, mag dies nun aus **pō-* oder aus **pō- + eizād* contrahiert sein. Man braucht dann nicht *pora*

Dagegen ist $e + o$ uncontrahiert geblieben in *eo* aus *$*ejo$, *queo* aus *$*quējo$ (ai. *çvāyati* gr. κυέω), *moneo* aus *$*monējo$ (ai. *-āyami* gr. -έω) und in *eo* abl. aus *$*ējod$[1]). Daraus folgt, dass der schwund des *j* vor *o* einer früheren periode angehört als der ausfall des *j* zwischen vocalen, wenigstens zwischen ungleichen vocalen. Dieser chronologische ansatz wird weiter unten (s. 71) durch einen anderen fall bestätigt werden. Die dinge liegen also grade umgekehrt wie im griech., wo der schwund von intervocalischem *j* früher eingetreten ist als der von *F*, demgemäss -εο- aus -εjο- im att. z. b., von gewissen sonderfällen abgesehen, contrahiert worden, -εο- aus -εϝο- offen geblieben ist (Wackernagel ztschr. 25, 265 ff.). — *v* ist erhalten in der 3. sg. *nevolt* (Plaut.), daraus mit der jüngeren form der negation *non volt*, und in der 2. pl. *$*nevoltis$, zu erschliessen aus *non voltis*. Allerdings hat uns Diomedes GLK. I, 386, 19 *noltis* überliefert in einem alten verse, der nach den hss. dem Lucilius angehört, von den neueren aber (Keil Ribbeck L. Müller) nach dem vorschlage J. Beckers (Philol. 4, 78) dem Caecilius zugewiesen wird:

actutum, voltis, empta est, noltis, non empta est,

indess ist *noltis* hier offenbar nur ad hoc gebildet, um einen möglichst scharfen gegensatz zu *voltis* zu erzielen, nach dem muster von *nolo : volo* u. s. w. (vgl. o. s. 9 f.): gangbare form ist es nie gewesen, sonst wäre nicht zu verstehen, warum *non voltis* trotz *nolumus nolunt* u. s. w. an seine stelle getreten ist. Ich betrachte *nevolt* *$*nevoltis$ als neubildungen für ältere *$*nevolt$ *$*nevoltis$. Diese erlitten im gegensatz zu *$*nevolo$ u. s. w. keine contraktion, weil ihr *o* in schwerer silbe stand; vgl. *aenus* aus *$*aesnos$ (umbr. *ahesnes*) *$*ajesnos$ gegenüber *amāte* aus

---

mit v. Planta I, 152 den schluss zu ziehen, dass das umbr. *u* der nationalen schrift in *uru kuraia* und den anderen wörtern, in denen es urspr. *oi* vertritt, nicht dem lat. *ū* aus *oi* entspreche, sondern den lautwert *ō* darstelle: die anderen beispiele, die v. Pl. aus den in lateinischer schrift aufgezeichneten tafeln anführt, lassen sich alle anders erklären. *poizad* auf der tab. Bant. hindert nichts noch als *pōizād* zu lesen.

1) Unrichtig sind die constructionen Bronischs, die oskischen *i-* und *e*-vocale 180 ff., die uritalische contraktion von -*ejoi* über -*eoi* zu -*ōi* erweisen sollen und die die historischen verhältnisse gradezu auf den kopf stellen. Doch kann ich mich auf ihre widerlegung hier nicht einlassen.

*amāete *amājēte (Osthoff PBr. beitr. 13, 405 anm. 1; anders, aber mir nicht wahrscheinlich Brugmann grdr. 1, 459 anm. 2, v. Planta 1, 273) und *seorsum* aus *seorsum*, von dem sogleich näher die rede sein wird; sie konnten daher von *rolt roltis* ihr *r* neu beziehen.

Weit verbreiteter annahme zufolge (Corssen I² 316. Schweizer-Sidler² s. 19. 29. 164. Stolz² s. 276. Froehde Bezz. beitr. 16, 204. Kretschmer ztschr. 31, 351. Bechtel hauptprobleme 277) ist auch *malo* aus **mavelo mavolo* contrahiert. Diese auffassung wird jedoch den historisch beglaubigten tatsachen nicht gerecht. Während nämlich von dem negierten verbum bei Plautus die contrahierten formen *nolo nolebam noles nolui* u. s. w. allein vorkommen, nur neben 10 maligem *nolim* u.s.w. 6 maliges *non velis* u. s. w., neben 2 maligem *nollem* u. s. w. 1 mal *non vellem* begegnet (s. o. s. 9 f.), stellen sich die dinge bei *malo* wesentlich anders. Von diesem heisst es 8 mal *mavolo* (Asin. 835. Curc. 320. Merc. 419. Poen. 301, 303. Pseud. 728. Rud. 1413, fragm. ed. Winter v. 3) neben 6 maligem *malo* (Bacch. 1187. Cist. 599. Mil. 1333. Most. 179. Pers. 602. Poen. 1115); 19 mal *mavelim* u. s. w. (*-im* Asin. 877. Aul. 661. Bacch. 859. Capt. 516. Men. 720. Merc. 356, 889. Pers. 4. Poen. 151, 827, 1150. Rud. 570. Truc. 277, 422, 742, 746 [*una velim* Schöll]; *-is* Capt. 270. Pseud. 140; *-it* Trin. 306) neben 18 maligem *malim* u. s. w. (*-im* Asin. 811, 895. Bacch. 465, 490, 514. 519 e [sehr verdächtiger vers]. 875. Capt. 858. Epid. 119. Poen. 289, 1184, 1214. Trin. 762. Truc. 260. fgm. v. 210; *-is* Amph. 511. Cist. 31; *-int* Stich. 80); nur *mavellem* 9 mal (Amph. 512. Bacch. 198, 452, 1047, 1201. Curc. 512 [*mallem* die hss., aber *mavellem* durch das metrum erfordert und schon von Camerarius eingesetzt]. Mil. 171. Pseud. 131 [*mavelim* A]. 1057); *mavolet* 1 mal (Asin. 121). Mil. 1356 schreibt Götz:

*Et ita si sententia esset, tibi servire maluī
Multa quam alii libertas esse.*

aber Ritschl Fleckeisen Lorenz Brix haben an stelle des vom Vetus gebotenen perf. *malui*, das Langen beitr. z. krit. und erkl. des Pl. s. 46 unsinnig nennt, aus dem codex Lipsiensis (F) und der ed. princ. (Z) *mavelim* aufgenommen (*mani* im Decurt. und Vatic.). Entsprechend ist aus Naevius (v. 45 M.) *mavolunt* bezeugt. Erst bei Terenz sind die kürzeren formen durchgedrungen: *malo* Andr. 332. Eun. 762. Heaut. 862, 928.

malle Andr. 427. *maluit* Andr. 430. *malim* Ad. 311. 727.
Andr. 529. 963 (Bentley und Umpfenbach mit dem Bembinus
mallem). Eun. 66. Heaut. 268. Hec. 794. Phorm. 658. *malis*
Heaut. 326. Hec. 110. 465. *mallem* Ad. 222, und nur einmal
heisst es noch *mavolo* Hec. 540, und das gleiche bild zeigen
die überreste des Ennius (*mälim* R.² trag. 222. *malui* ib.
359). Caecilius (*malit* R.² com. 49), Accius (*malunt* R.² trag.
18). Afranius (*malo* R.² com. 80. *malunt* ib. 34). Dazu *mallent* in der sent. Minuc. a. u. c. 637 (IL. I, 199, 41. Dass
aber die volkssprache die längeren formen noch sehr lange
bewahrt hat, bezeugt des Petronius' *mavoluit* cap. 77.

Die tatsache, dass *malo malim* in derselben sprachperiode
neben *mavolo mavelim* im gebrauche sind, beweist schon
allein, dass jene nicht durch lautgesetzliche zusammenziehung
aus diesen hervorgegangen sein können, ganz abgesehen davon,
dass das ständige *mavellem* bei dieser erklärung unverständlich bleibt. Ebenso ist Havets annahme (archiv 3, 281) unzulässig, dass *malo* aus *mavolo* durch silbensynkope entstanden sei, wie sie nach langer silbe gelegentlich statt habe.
Auch nach langer silbe wird nicht die ganze mit *u* beginnende
silbe, sondern nur deren vocal synkopiert: *gaudeo* aus *gavideo* (*gavisus*), *claudo* aus *clavido* (*clavis*), *nau-* aus *navi-*,
und die fälle, die Havet a. a. o. und MSL. 6, 39 in seinem
sinne deutet, werden alle im verlaufe dieser studien eine andere
erklärung finden. Endlich kann auch davon keine rede sein,
dass etwa *mavolo mavelim* u. s. w. neben *malo malim* zu
mavis (Cas. 290. Mil. 216. Most. 178. Poen. 706. Rud. 853.
Stich. 704. Truc. 152) *mavolt mavoltis* (Bacch. 1119) nach *vis
volt voltis*: *volo velim* u. s. w. neu gebildet sind, wie ich es
o. s. 9 f. für *non velim* u. s. w. wahrscheinlich gemacht zu
haben hoffe. Waren *nevis non vis*, *nevolt non volt* u. s. w.
nicht im stande ein *nēvolo *nōn volo wider ins leben zu
rufen, wie sollten die etymologisch sehr viel weniger durchsichtigen *mavis mavolt* zu einer solchen neuschöpfung die
kraft besessen haben? Es bleibt nichts übrig, wir müssen in
malo malim neubildungen erkennen, die dem muster von *nolo
nolim* ihr dasein verdanken gemäss der proportion *non vis
non volt*: *nolo nolim* = *mavis mavolt*: x. und wenn gerade
der conj. praes. mit zuerst in den bannkreis dieser analogie
hineingezogen worden ist, so werden wir als wirkendes mo-

ment die eben in jener sprachperiode vorhandenen doppelformen *nōlim* : *non velim* ansehen dürfen. Die plautinische sprache zeigt die wirkungen der analogie noch auf den ind. und coni. praes. beschränkt, dann hat diese weitergewuchert und, wenigstens in der sprache der litteratur, die alte längere bildungsweise völlig erstickt.

Diese erkenntnis des historischen entwicklungsganges, den die flexion von *mavolo* durchgemacht hat, hat aber noch weitere consequenzen: es wird nunmehr auch der üblichen herleitung von *mavolo* aus *mage volo *magvolo, die auf Corssen I² 316 und Mahlow die langen vocale *ā ē ō* 45¹) zurückgeht, der boden entzogen. Die schwäche, an der sie leidet, hat Froehde Bezz. beitr. 16, 203 aufgedeckt: aus *magvolo *mageis konnte nach den lautgesetzen nichts anderes als *māvolo *māvis werden, vgl. *flōvius brěvis lěvis* u. a. Wenn Fr. nun meint, *māvis māvolt* hätten ihr *a* aus den übrigen formen wie *malo* bezogen, in denen es durch contraktion entstanden sei, so erledigt sich diese annahme nach dem gesagten von selbst. Auf der richtigen fährte ist schon Havet gewesen

---

1) *māgĕ* hat Mahlow a. a. o. dem ved. *mahé* gleichgesetzt, ebenso wie *magis* dem ved. *mahás*. Nachdem *magis* von Joh. Schmidt ztschr. 26, 385 als regelrechte neutralform des comparativs mit schwächster stufe des suffixes erkannt ist, kann auch für *māgĕ* jene anknüpfung keinen glauben mehr beanspruchen, zumal da sie mit den lat. auslautsgesetzen nicht zu vereinbaren ist (vgl. einen im 4. bande der Idg. Forsch. erscheinenden aufsatz von mir über die schicksale der *i*-diphthonge in wortschliessenden silben). Ich betrachte *māgĕ* als speciell lat. neubildung zu *magis* nach dem beispiel von *pŏtis pŏtĕ*. Diese haben bekanntlich den alten geschlechtsunterschied aufgegeben und wurden altlat. unterschiedslos zur bezeichnung jedes genus und numerus verwendet. Die beiden wortfamilien stehen einander in der bedeutung nahe, und so konnte trotz der verschiedenen functionen von *magis* und *pŏtis pŏtĕ* leicht auf rein mechanischem wege ein *māgĕ* zu stande kommen. Eine gegenseitige beeinflussung tritt auch in *potestas* zu tage, das zu *potis pote* nach *maiestas* gebildet ist. Die herleitung Büchelers decl.² § 318 aus *potjestas zu *potior, der sich Corssen ztschr. 16, 307. ausspr. II² 217 angeschlossen hat, widerstrebt den lautgesetzen, da ausfall von *j* in dieser stellung nicht vorkommt. Für die bildungsweise *potent-tas, die Corssen krit. beitr. 413 und Froehde Bezz. beitr. 16, 186 ansetzen, vermisse ich analoga. — Anders über *potestas* W. Meyer-Lübke archiv 8, 329, der es als neubildung nach *egestas* ansieht.

(MSL. 4, 85. archiv 3, 281). Sein vorschlag *macolo* aus *magis colo herzuleiten ist nicht nach gebühr gewürdigt worden, offenbar weil er als zwischenstufe *mascolo ansetzt. In wahrheit aber musste aus *magis colo zunächst durch blosse vocalsynkope *macsolo werden, und für dessen weiterentwicklung zu *macolo* haben wir eine parallele, wie wir sie uns schlagender nicht wünschen können, in *seciri* aus *sexriri. Der übergang von *sexriri zu *seciri*, *macsolo zu *macolo* ist allerdings nur durch die mittelstufe *sesciri *mascolo zu verstehen (vgl. -*s*- aus -*cs*- vor tonlosen lauten: *misceo Sestius illustris* u. s. w.), und dadurch wird meiner meinung nach die frage nach den lautgesetzlichen schicksalen des *s* vor *c* gegen Brugmann grdr. 1, 428 und Stolz² s. 298, 307 und für Froehde Bezz. beitr. 16, 212. Skutsch de nom. lat. suffixi -*no*- ope form. observ. variae s. 7 anm. dahin entschieden, dass es unter dehnung des vorhergehenden vocals geschwunden, nicht zu *r* geworden ist. — Nun wird auch klar, warum *macolo* sein *c* behalten hat: die wirksamkeit des lautgesetzes, durch welches *c* vor *o* beseitigt wurde, war abgeschlossen, bevor *cs* vor *c* unter ersatzdehnung ausfiel.

2. *deorsum seorsum* aus *derorsom *secorsom. Letzteres muss die schwache form der praep. *se*- enthalten, die auch in *soluo* aus *seluo, *secordis socors* (o. s. 17, 18) steckt. Die starke form *se*- nämlich lässt sich überall auf *sed*- zurückführen, das in *sed-itio*, *sed frude* (lex rep. CIL. 1, 198, 64) *sed fraude* ib. 69, lex agr. CIL. 1, 200, 29, 42) und verkürzt in der conjunktion *sed* zu tage tritt, wenn man sich nur gegenwärtig hält, dass die geminata, die sich durch zusammenstoss mit folgendem *d* oder durch assimilation des *d* an den folgenden consonanten ergab, nach langem vocal vereinfacht wurde (vgl. o. s. 18 f. über -*m*- aus -*pm*- und -*gm*- nach langem vocal): *se dalo* (lex agr. 40 neben *sed fraude*) und daraus entstandenes *sedulus* (Bücheler rh. mus. 35, 629 f.) *seduco* aus *sed-d...: *seligo* aus *sed-ligo wie *caelum* 'meissel' aus *caid-lom gegenüber *sella grallae pellucidae lapillus alligo*, woraus folgt, dass *rallum* auf *radlom zurückgeht trotz *rado*: *semita semoreo* aus *sed-m... wie *caementum* aus *caid-mentom, *ramentum* aus *rad-mentom gegenüber *mamma* aus *madma zu gr. μαζός aus *μαδjός, μαστός aus *μαδ-τός, μασθός

aus *μαδ-θός, wzl. *mad* in *madeo* μαδάν (so Fick wtb. 2³. 183, der wtb. 1⁴, 507, 508 leider diese richtige combination aufgegeben hat); *secedo secerno secludo secubo securus* (aus *sed cura* herausgebildet wie *sedulus* aus *sed dolo*) aus *sed-c...*, vgl. *accedo iccirco hoc* d. i. *hocce* aus *hodce*; *segrego* aus *sed-gr...* vgl. *aggredior agger* aus *adgredior* *adger*; *separo sepōno* aus *sed-p...* vgl. *appello topper quippiam* aus *adpello* *todper quidpiam*; *seroco* aus *sed-r..* wie *suaris* aus *suadris*. Nur für *sejūgo sejungo* lassen sich nicht ganz einwandfreie analogien beibringen. Doch ist einmal zu bedenken, dass beide, wenn die sammlungen bei Georges lex.⁷ II. 2308 f. nicht trügen, zuerst in Ciceronischer zeit belegt sind; dass sie einer späteren sprachschicht angehören als die anderen, macht auch die bedeutung der simplicia wahrscheinlich, die in ihnen die composition eingegangen sind. Sodann ist an die ausführungen Thurneysens ztschr. 32, 566 zu erinnern, die wandel von *dj* in *j* zu erweisen suchen¹). In *sedvorsom* und daraus entstandenem *servorsom* aber hätte *v* nicht mehr fortfallen können; vgl. oben *marolo*. Aus *seorsum* für *sevorsom* geht vielleicht hervor, dass der schwund des *v* älter ist als der übergang von *ër* in *ör*, und dieser chrono-

---

1) Thurneysens ausgangspunkt *jējunus* — ai. *ādyāna-* ist allerdings bedenklich, nicht nur wegen des angeblichen *j-* vorschlages, sondern vor allem wegen der nebenform *jajūnus*, die Skutsch archiv 7, 527 f. für eine anzahl von Plautusstellen aus den lesarten der hss. erschlossen hat. Erwägung aber verdient, wie mir scheint, *caja* 'prügel' zu *caedo* aus *caidjā* *caija* (nach Bersu s. 178) und *peior* aus *pedjōs* neben *pessimus* aus *ped-tumos*, *pecco* aus *ped-cajo*. Als grundform des letzteren möchte ich aber lieber *pědjōs* ansetzen mit einer im comparativ gegenüber dem superlativ wohl berechtigten stärkeren wurzelstufe und dies *pěd-* widerfinden in *pedico* (dies die einzig berechtigte schreibweise nach Bücheler rh. mus 13, 153 f. 18, 386, 48, 320. Fleckeisen jhb. 83 (1861), 571 f.). das urspr. allgemein 'schänden' bezeichnet und seine bedeutungssphäre erst im laufe der zeit verengt haben mag, vielleicht nicht ohne einwirkung des gr. stammes παιδ-, nachdem das griech. laster auch im römischen leben eingang gefunden hatte; die zusammenstellung von *pedico* mit *pedo podex* einerseits, *paedor pedis* andererseits kann ich mir aus den von Corssen I² 648 ff. anm. entwickelten gründen nicht aneignen. Dann liefe die sache darauf hinaus, dass *dj* nach langem vocal und diphthong sein *d* verloren, nach kurzem vocal (*medius*) es behalten hat.

logische ansatz, der den process in sehr alte zeit hinaufschöbe, würde trefflich zu dem stimmen, was o. s. 53 über das zeitliche verhältnis zwischen dem ausfall des *r* und dem des *j* ermittelt ist. Doch darf man über ein 'vielleicht' nicht hinausgehen: denn *sĕ-* könnte für **sŏ-* nach anderen damit zusammengesetzten wörtern (*sĕcordis* u. ä.) restituiert sein.

dĕorsum sĕorsum sind im gegensatz zu *nolo* uncontrahiert geblieben, weil die zweite silbe schwer ist; o. s. 54. Allerdings heisst es in der sent. Minuc. CIL. I, 199 zweimal *dorsum* z. 9. 20 neben *deorsum* 10. 12. 19. 22. 23 und *sorsum* Plaut. Asin. 362. Capt. 710. Epid. 402 (so im Vetus und in J: Götz *seōrsum*). Lucret. 2, 684. 3, 629. 630. Priap. 85, 17, woneben *seorsum* häufig und *deorsum* ausschliesslich in der litteratur begegnet. Dass aber hier nicht aus *ĕŏ* contrahiertes *o* vorliegt, beweist eben das nebeneinanderstehen von *dorsum* und *deorsum* auf derselben inschrift. Vielmehr ist *dŏrsum sŏrsum* zu lesen[1]), und diese sind aus *deorsum seorsum* bei schnellerem sprechen auf dem wege der sog. synizese entstanden, d. h. *e* ist zu halbvocalischem *ẹ* geworden, das als ganz kurzer gleitlaut gesprochen wurde und deshalb in der schrift leicht unbezeichnet bleiben konnte, anderwärts aber ausgedrückt ist, z. b. Ter. Eun. 278. Ad. 573. wo *deorsum*, Ad. 971. wo *seorsum* in der metrischen geltung von zwei silben stehen. Zu vergleichen sind *do* = *deo* CIL. VII. 181. 751. *dae* = *deae* ib. 234. 273. CIRh. 863. 1130. 1726 und die plautinischen messungen von *deus dea* als eine silbe (Ritschl prolegg. 164. Fleckeisen jhb. 101 [1870], 73 f.).

Andere schicksale als **deorsom *seorsom* hat **revorsos -om* erfahren, aus dem durch vocalsynkope **reursos *rourdos rursus -um* geworden ist. Es lehrt, dass die anfänge der synkope über die wirkungszeit des uns beschäftigenden lautgesetzes hinaufreichen, und dies wird bestätigt durch *rūs* aus **rēuos *reus *rous* = altbaktr. *ravaåh, paś* aus **paǵos *pauś* = πύος oder mit stärkerer wurzelstufe **peǵos *peǵs *pouś* (**rēōs *pāōs* bezw. **peōs* hätten schwerlich zu *rūs pūs* geführt). Nach den ergebnissen des ersten bandes von Skutschs for-

---

1) Plaut. Asin. 362 darf aus der parechese *solum sorsum* nicht ohne weiteres auch auf länge des *o* in *sorsum* geschlossen werden, vgl. *senex seduxit* in demselben verse.

schungen zur lat. grammatik und metrik, durch den das problem der vocalsynkope erheblich gefördert ist, dürfen wir sagen, dass urspr. überall doppelformen mit und ohne synkope neben einander hergegangen sind und dass bald die einen, bald die anderen den sieg davongetragen haben, ohne dass wir in den einzelnen fällen über die gründe etwas aussagen könnten. Bei *sĕvorsom sind wir vielleicht dazu in der lage: die synkopierte form *searsom *soursom *sursum fiel mit sursum 'aufwärts' zusammen und räumte deshalb das feld. Es ist klar, dass auch dieses historisch bezeugte sursum seine lautgestalt durch synkope erlangt hat, doch erfordert es etwas näheres eingehen, da seine entwicklungsgeschichte noch nicht genügend aufgeklärt ist, weder durch die aufstellungen Corssens II² 575 noch Stolzens² s. 293 anm. 2 noch endlich Stürzingers archiv 7. 597 f.¹). Es geht zurück auf *subs-vorsom, dessen erster bestandteil, wie schon Corssen gesehen hat, mit sus- in susque deque und der praep. sus- identisch und mit gr. ὑψί verwant ist. Nun laufen die umgestaltungen, die die lautgruppe labial + s vor consonanten erlitten hat, durchaus parallel denen von guttural + s vor consonanten. Es wurde zunächst der labial so gut wie der guttural zur erleichterung der dreifachen consonanz ausgeworfen, und das übrig bleibende s blieb vor tonlosen, schwand vor tönenden consonanten durch z hindurch unter ersatzdehnung: wie misceo disco Sestius so Oscus ostendo suscipio sustineo aspello asporto astulit (Charisius GLK. I. 237. 2); wie se- aus ser in sedecim sedigitus semestris seriri, e aus ex lautgesetzlich in ebibo edo egredior eicio elido emendo enarro erello, so a aus abs lautgesetzlich vor denselben consonanten. Diese folgerung hat für a richtig schon Schweizer-Sidler² s. 63, dem die meisten der obigen beispiele entnommen sind, gezogen, und es wird dadurch die von Joh. Schmidt ztschr. 26, 42 geforderte trennung von a und ab abs überflüssig, zu der man sich nur im äussersten notfalle verstehen würde. Schwierigkeiten macht allein ōmitto, wofern man an der von W. Schulze ztschr. 28, 270 anm. 1 vorgeschlagenen herleitung aus *obs-mitto festhalten wollte. Diese praeposition allein würde vor einem tönenden laute die muta + s ohne ersatzdehnung aufgegeben haben, also diesen laut-

---

1) Über letztere s. Meyer-Lübke archiv 8, 323 anm.

lichen process erst unter der herrschaft des jüngeren accents vollzogen haben im widerspruche mit *ex* und *abs*, die ihn noch zur zeit des alten, durchweg die erste silbe treffenden accents durchgemacht haben: denn was Schulze zur erklärung des gegensatzes sagt, reicht meines erachtens nicht aus[1]. Unter diesen umständen wird man kein bedenken tragen wider zu der alten erklärung von *ōmitto* aus *ob-mitto (*ob* neben *obs* wie *ab* neben *abs*) zurückzukehren und die vereinfachung der geminata in dem lautgesetzlich zu erwartenden *ommitto (vgl. *summus*) dem kreise von erscheinungen zuzuweisen, dem *māmilla* gegenüber *mamma*, *ōfella* gegenüber *offa* u. a. (Corssen II² 515) angehören. Wenden wir die gewonnene erkenntnis auf *subsvorsom an, so musste daraus, ebenso wie aus *sexciri sēciri, aus *macsvolō mācolo, *surorsom werden. Erst diese form unterlag dem drange nach synkope, der, wie nicht zu bezweifeln steht, jahrhunderte lang in der sprache lebendig war, und wurde zu *susrsom sursum[2].

---

1) Man erlaube mir in diesem zusammenhange auf ähnliche erscheinungen bei der praep. *con-* hinzuweisen. Sie erscheint mit auffallender länge in *cōnīveo cōnītor cōnecto cōnūbium*. Bei den drei ersten rührt das ō, wie für *cōnīveo cōnītor* bereits Froehde Bezz. beitr. 16, 196 gesehen hat (auf richtiger spur waren auch schon Lachmann zu Lucr. p. 136 und Fleckeisen rh. mus. 8, 229 anm.), aus urspr. *concnīveo (got. *hneivan*) *concnītor *concnecto her; vgl. *quīni* aus *quincni u. s. w. Spuren des anlautenden gutturals haben sich bei allen dreien in glossen erhalten: *gnitor gnixus* Paul. Fest. 68, 25; *cognīveo cognecto*, *xi*. *xum*. *xio* Loewe Prodromus 354. Daraus folgt, beiläufig bemerkt, dass auch die neueste etymologie von *necto*, die es zu ai. *náhyati* pte. *naddháḥ* stellt (Osthoff bei Brugmann ber. d. sächs. ges. d. wiss. phil.-hist. cl. 1890, 236 anm. 2), das richtige noch nicht getroffen hat. Etwas anderer art ist *cōnūbium*, *nūbo* 'heirate' gehört, wie Kretschmer Semele und Dionysos (aus der Anomia) s. 11 des sonderabdr. gesehen hat, etymologisch zu gr. νύμφη, altbulg. *snubiti* 'lieben, freien, werben', also ist *cōnūbium* aus *con-snūbiom entstanden; vgl. *cēna* aus *cesna*, *pōno* aus *posno u. s. w.

2) Noch in einem anderen falle ist urspr. **subs-* durch die synkope und die sich an sie anschliessenden lautvorgänge bis zur unkenntlichkeit verstümmelt worden: in *sūmo*, das so gut wie *cōmo dēmo prōmo* compositum von *ĕmo* ist und auf *subs-ĕmō zurückgeht, wie auch Zander Carm. Sal. rell. 33 erkannt hat. *subsĕmō wurde zu *subsmō *susmō *sūmo*. Allerdings heisst es auch im umbr. *sumtu*, während diese mundart sonst *sm* wie *sn* unverändert gelassen hat:

Gestützt auf *rūrsus* aus *rĕvorsos haben Schweizer-Sidler² s. 22. 35 und Kretschmer ztschr. 31. 455, auch in *prōrsus* aus *prŏvorsus* und den anderen zusammensetzungen mit *rorsus*, deren erste glieder durch adverbien auf -*o*, d. h. alte instrumentale mit der bedeutung 'wohin' gebildet werden, synkope des *ō* angenommen. Kretschmer sucht in einem scharfsinnigen excurs a. a. o. 451 ff. zu zeigen, dass *ō* in einer beträchtlichen anzahl von beispielen auf *ou* zurückgeht. Ich hoffe jedoch im nächsten abschnitt den nachweis zu führen, dass in den meisten von ihnen *o* aus *ŏrĕ ărĕ* durch die mittelstufe *ŏŏ ăŏ* entstanden ist und dass in den fällen, wo wirklich *ou* zu grunde liegt, der ausfall des *u* in bereits ursprachlichen verhältnissen begründet ist, für das sonderleben des lat. aber sich in keinem einzigen falle als lautgesetzlicher vorgang wahrscheinlich machen lässt. Demgemäss stelle ich *prōrsus* und die entsprechenden fälle mit *dĕorsum sĕorsum* auf eine linie; die gleichen vocale *ŏ + ŏ* sind contrahiert worden, obwohl der zweite in schwerer silbe steht, vgl. *cōrs* aus *cohors*. So schon Corssen I² 316. II² 717. Stolz² s. 262. 275. Neben den zusammengezogenen formen laufen jedoch scheinbar unveränderte auf -*ŏrorsum* einher. Ich stelle der übersicht halber beide kategorien zunächst in tabellarischer form neben einander:

aliorsum Plaut. Truc. 403. Ter.   *aliorŏrsum* Plaut. Aul. 287.
Cato Gell. Apul. und spätere.   *alioversus* Lactant. 1. 17. 1.
   aliquorŏrsum Plaut. Cas. 297.

pusme esme ahesnes. Doch unterscheidet sich vorauszusetzendes *susmtu von diesen fällen insofern, als jene *sm* vor vocal, dies *sm* vor consonant hatte und in dieser stellung leicht eine besondere behandlung platz greifen konnte. Dass in *sūmo* wirklich *s* untergegangen ist, geht aus dem alten perf. *surēmit sumpsit, surempsit sustulerit* hervor, das Paul. Fest. 125 vor der verschollenheit gerettet hat. Es beruht wohl darauf, dass vom praes. *susmō aus *sus-ēmit statt des urspr. *subs-ēmit eingetreten ist und noch die rhotaeisierung mitgemacht hat. Ist das richtig, dann ist der schwund der muten vor *s*-consonant älter als die periode des rhotacismus. Stolz² s. 293 anm. 2 hält für möglich, dass *surēmit* analogiebildung nach *dirimo* sei, ich kann aber das zur aufstellung einer vollen proportion erforderliche vierte glied nicht finden; denn Stolzens annahme, es habe von allem anfang an *sus-* neben *subs-* gestanden, entbehrt jedes anhaltes.

altrorsus Apul. Met. 9, 28.

dextrorsum Accius praetext. 27 R.² Hor. Bell. Afr. Liv. Frontinus.
horsum Plaut. Rud. 172. Ter. Eun. 219. Hec. 450.
illorsum Cato bei Paul. Fest. 20, 17.
istorsum Ter. Phorm. 741. Heaut. 588.
introrsum -us Hor. Liv. *intrōsum* Lucr. 3, 532. Gratt. cyn. 431. *intrōsus* Orelli 4034 (vor 31 n. Chr.).
laevorsum -us Apul. Ammian. Mart. Cap. — *laevorsum* Paul. Fest. 117, 6 Müll. ist bei Th. d. P. 83, 32 ersetzt durch *laetrosum* : *sinistrosum*, wie M.'s *laevum* durch *laetrum* : *sinistrum*; sie sind aus *laivitr*- entstanden wie *aetas* aus *aivitas*. *Naepor* aus *Naivipor* u. a., worüber näheres unten.
longitrōsus Paul. Fest. 86, 7.
prorsus -um Plaut. Ter. und alle späteren.

ultrorórsum Plaut. Cas. 555 so im glossarium Plaut. Ritschl opusc. 2, 244. - Ambr. *-terovorsum*).
déxtrorórsum Plaut. Curc. 70. Rud. 176. 368.
dextrorersus Lactant. 3, 6, 4.

intrororsus Lucil. 30, 86 M.
introrersus Varro r. r. 2, 7, 5. Petron. 63. Mart. Cap. 6, 690. CIL. V, 2915.

prororsus Plaut. Pseud. 955: *ut transvorsus, nón prororsus cedit quasi cancér solet* nach der lesart bei Varro l. l. 7, 81 von Götz hergestellt gegen die lesart aller Plautushss.: *non prorsus, verum ex transverso.* Anders Usener jhb. 107 (1873), 176: *ut transvorsus extravorsus* cet.

quorsum -us Plaut. Ter. Pacuv. Cic.

quōquō rorsum Cato. r. r. 22, 4. 46, 1. *quōquo versum* ib. 15, 1. *quōquo versus* Cic.
quōque rersus -um Caes. *-us* CIL. I, 577 (lex par. fac.) I 19. II 2. 7. XI, 1420, 28.

retrorsum -us Cic. Hor. Plin. Quint.

retroversus Petron. 44. *-um* in der rede an die kaiser Marc Aurel und Commodus vom j. 176--180 CIL. II suppl. 6278, 51. — Ferner *retrovorsum* Nonius 145, 12, falsche, metrisch unzulässige lesart in der Plautusstelle Cas. 443 für das von den Plautushss. gebotene *recessim*.

sinistrorsum -us Caes. Hor. Suet. Frontin. *sinistrosus* IRN. 6831.

sinistroversus Lactant. 3, 6, 4.

In den längeren formen der rechten columne sind nicht etwa die alten uncontrahierten bildungen bewahrt, sondern es sind recompositionen, zum teil aus den in der sprache wirklich lebendigen adverbien auf *-o* (*aliō aliquō intrō prō quōquō retrō*), zum teil nach deren muster gebildet. Solche recomposition war jederzeit möglich, und sie wird in helles licht gestellt durch die schon in alter zeit auftretenden verbindungen *deorsum vorsus (versus)* Ter. Ad. 575. Varro r. r. 2, 7, 5. *sursum rorsum* Cato r. r. 32, 1. 33, 1. CIL. I, 199 (sent. Minuc. a. u. c. 637), 15, mit wechselnder orthographie *sursuorsum* z. 14. *suso vorsum* z. 7 neben blossem *su(r)sum* 7. 8. 10. 15. 16 bis. 17. 18. 20. 21. *sursus versus* Lucr. 2, 188. *susum -us versus* Varro r. r. 1, 31. 5. 1. 1. 5. 158. *susum rersum* CIL. II suppl. 6278, 33, die zu den eigenartigsten und lehrreichsten erzeugnissen des von Brugmann MU. 3, 67 ff. erörterten und mit beispielen belegten sprachtriebes gehören, kraft dessen zur deutlicheren hervorhebung einer bestimmten funktion das diese funktion bezeichnende element entweder selbst verdoppelt oder um ein gleichbedeutendes element vermehrt wird.

Mit feinem gefühl hat Ritschl opusc. 2, 243 empfohlen *alio rorsum* u. s. w. getrennt zu schreiben, wie es auch die Plautushss. z. t. tun. Hat Plautus Pseud. 955 wirklich *prororsus* geschrieben, so hat er es sich um des scharfen gegensatzes zu *transrorsus* willen erlaubt.

Neben dieser hauptmasse stehen ein paar vereinzelte und seltene zusammensetzungen, in denen das erste glied nicht durch ein adverbium auf -o gebildet wird: *extrorsum -us*, das Charisius GLK. I. 188, 3 und Gloss. Labb. 71 e angeführt und bei Prudentius cath. 9, 74 belegt ist, zu *extra*: *ultrorsum* in dem itinerarium Alexandri, das für den feldzug des kaisers Constantius, also zwischen 340 und 345 n. Chr. verfasst ist (Teuffel-Schwabe § 412·, 26·64) 'weiterhinwärts', also zu *ultra*, nicht zu *ultro* gehörig. Die späte zeit, in der *extrorsum* wie *ultrorsum* auftauchen, beweist, dass sie den anderen bildungen auf -orsum mechanisch nachgebildet sind. *extrorsum* in speciellem anschluss an sein gegenteil *introrsum*, mit dem es Charisius a. a. o. zusammen nennt. Trifft die oben mitgeteilte conjektur Useners zu Plaut. Pseud. 955 das richtige, so ist *extrarorsus* wie die anderen bildungen der rechten columne zu beurteilen. *quassum*: *quomodo* CGL. IV, 558, 50 erklärt Loewe Prodromus 341 richtig als *quassum* = *quaersum. Es ist zu *qua* nach dem verhältnis von *quorsum* : *quo* gebildet.

Es bleibt nur noch das sehr schwierige *unorsum* = *universum* übrig, das Lucr. 4, 260 in den codd. überliefert ist. Wakefield hatte vorgeschlagen *uorsum* zu schreiben, wie auch schon der corrector des quadratus 'vel *uorsum*' beigeschrieben hatte. Lachmann aber hat (zu Lucr. p. 230), obwohl er ausdrücklich anerkannte, dass man sich für diese änderung auf *oinorsei* im sen. cons. de Bac. CIL. I, 196, 19 berufen könne, doch mit rücksicht auf *unose* in dem bei Non. 183, 20 überlieferten verse des Pacuvius (213 R.²)

Occidisti, ut multa paucis verba unose obnuntiem,

das Wakefield ebenfalls in *unorse* hatte ändern wollen, sich für *unorsum* entschieden. Nun hat Studemund im festgruss der phil. ges. zu Würzburg für die philologenvers. 1868, s. 64 f. einen neuen beleg für *unose* bei Plaut. Most. 607 aus den resten im Ambr. hervorgezogen:

Nescit quicquam nisi faenus fabularier
Unose,

hat es als ableitung von *unus* mit der endung *-ōsus* erklärt und ihm die bedeutung 'gleichförmig, in einem zuge' beigelegt. Gegen diese auffassung haben sich freilich Schönwerth-Weyman archiv 5, 202 f. erklärt, weil eine derartige bildung von einem zahlwort ohne jede analogie dastehe und mit der bedeutung des suffixes nicht vereinbar sei, und haben Lachmanns ansicht wider aufgenommen. Indessen kann ich die bedeutung 'universe', mit der man in dem Pacuviusverse auskommen mag, in der Plautusstelle nicht passend finden. Der wucherer verlangt sein faenus, der sklave sucht ihn durch allerhand ausflüchte abzulenken, jener aber lässt sich nicht abbringen, sondern schreit immer wider nach seinem faenus. Endlich bricht der sklave in die angeführten worte aus. Was soll da nun bedeuten: 'Er kann nichts als im allgemeinen faenus schreien'? Es wird durchaus ein ausdruck wie der von Studemund gebrauchte 'in einem zuge, immerfort' oder 'einzig und allein' erfordert. Dazu kommen bedenken in lautlicher und morphologischer beziehung. Die entwicklungsreihe Götzes Curtius' stud. 1, 2, 156: *univorse unvorse unorse* u. s. w. ist unmöglich, da *v* in solcher stellung nicht ausfällt. Corssens (II² 1017) herleitung von **unorse* aus **uno-vorse* ist lautlich möglich. Aber wo endigt in echt lateinischen, von gräcisierenden einflüssen freien compositis (vgl. Brugmann grdr. 2, 55 f.) das erste compositionsglied auf -ō-? Und selbst wenn man auf diesen punkt kein gewicht legen wollte, ist es irgend wahrscheinlich, dass neben dem von anfang an gebräuchlichen, in den üblichen bahnen wandelnden *ūnicersus* ein **unorsus* neu gebildet oder, wenn es eine alte, abhanden gekommene bildungsweise repraesentieren soll, bis auf Lucrezens zeit erhalten sein sollte? Ich meine, wir müssen uns dazu bequemen, in *unōse* trotz seiner vereinzelung einen ansatz zur übertragung des *-ōsus* auf die zahlwörter zu sehen, einen ansatz, der eben nicht weiter gediehen ist. Auch die bedeutung des suffixes lässt sich wohl erklären. Wenn es nach den zusammenstellungen bei Schönwerth-Weyman a. a. o. 200 f. schon in vorclassischer zeit an adjektivstämme gehängt wird, rein um deren bedeutung zu verstärken: *alsiosus bellicosus obnoxiosus strenuosus*, dazu aus klassischer zeit *ebriosus tenebricosus*, warum soll nicht auch *unice* bezw. *una* entsprechend umgeformt worden sein, um gewichtiger ins gehör zu fallen? Für Lucrezens *unorsum* aber wird es bei Wakefields conjektur *anrorsum* sein bewenden haben müssen.

3. *sōl* aus *saol < *sārol* < *sāyl* wie *nō* aus *nāo < *naio*, *amo* aus *amāo < *amāio*: vgl. kret. ἀβέλιος dor. ἀέλιος hom. ἠέλιος, got. *sauil* an. ags. *sól*. Mahlow die langen vocale *ā ē ō* 32, dem W. Schulze ztschr. 27, 428 folgt, leitet *sol* aus *saol < *sarel* her. In der tat ist unbetontes *-rē-* vielfach zu *-ŏ-* geworden, aber *nōrem pārer* lehren, dass es gerade in auslautender, der haupttonigen unmittelbar folgender silbe unverändert geblieben ist, vgl. den nächsten abschnitt. Dass die länge der haupttonigen silbe die unbetonte in andere bahnen gedrängt haben sollte, ist nicht wahrscheinlich, und dem *l* einen verdunkelnden einfluss zuzuschreiben ist wider die lautgesetze: *rēl* o. s. 4. In neuester zeit aber ist überhaupt die möglichkeit bestritten worden *sōl* aus einer grundform mit wurzelhaftem *ā* zu erklären: von Kretschmer ztschr. 31, 351. 452 und von Bechtel hauptprobleme 277. Diese gelehrten wollen es auf urspr. *sōul zurückführen, bestochen durch die allgemein angenommene contraktion von *mālo* aus *mārolo* oder *mārelo. Dass diese contraktion nur schein, das licht, das sie auf den ersten blick aufsteckt, ein irrlicht ist, haben, wie ich hoffe, die untersuchungen über die geschichte des wortes dargetan, die o. s. 55 ff. niedergelegt sind. Bleibt aber die rücksicht auf *mālo* aus dem spiel, so wird man schwerlich geneigt sein einer ansicht zuzustimmen, die entweder auf einen ablaut *ā—ō* innerhalb eines paradigmas, der meines wissens sonst noch in keinem falle nachgewiesen ist, zurückgreifen muss oder zu der noch schlimmeren lösung führt *sōl* got. *sauil* an. ags. *sól* von gr. ἀέλιος loszureissen. — Die stammgestalt des nom. ist in die obliquen casus übertragen: *sōlis* u. s. w. für *sālis, wie nach ai. *sūras* altbaktr. *hvarō* zu erwarten ist.

4. *deus* aus *deiros (deiros dat. acc. pl.? auf der Dvenosinschrift: *diri qui potes* = θεοὶ δυνατοί in der alten auguralformel bei Varro l. l. 5, 58): ai. *devás* lit. *dëvas*, vgl. lat. *decas Corniscas* CIL. I, 814. *sei deu sei deicae* ib. 632, volsk. *deue*, osk. *deivai deivatud* 'iurato'[1]: *Gnaeus* aus **Gnai-*

---

1) Das angebliche *doicom* auf der bronze vom Fucinersee Zvet. III. 45 betrachte ich nach der mitteilung Dressels bei Jordan

ros, vgl. *Gnaivōd* CIL. I, 30, *Naevius* osk. *Cnaives Cnaiviies*. So richtig Thurneysen ztschr. 28, 155, und mit unrecht ist seine erklärung von *deus* von v. Planta 1, 202 f. und Bronisch die osk. *i*- und *e*-vocale 180 anm. angezweifelt worden[1]. Bei *Gnaeus* ist die frage aufzuwerfen, ob es seine lautgestalt nicht erst dem im vorigen abschnitt behandelten, in historische zeit fallenden schwunde des *v* vor *u* verdankt, ob man also von *Gnaivōd* auf altlat. *Gnaivos* schliessen darf, wie es Hübner handb. d. klass. altertumswiss. 1², 656 und Froehde Bezz. beitr. 14, 89 tun. Dagegen entscheidet der umstand, dass bereits auf dem monumentum Ancyranum im griech. text nicht nur Ναῖος IX, 21, sondern auch Ναίῳ III, 12. VIII, 20. IX, 4 steht. Dass diese schreibung nicht durch die transskription verschuldet ist, lehren Ὀκταουίαν X, 6. Ἀουεντίνῳ X, 11. Nun sind aber die beispiele, in denen sich der im beginn der kaiserzeit eingetretene verlust des *v* vom nom. acc. sg. auf die anderen casus ausgedehnt hat, auch bei namen, so spärlich (o. s. 51), dass es unglaublich erscheint, dass gerade dieser eine name eine vollständige ausnahme gemacht haben sollte, noch

dtsch. ltztg. 1883, 334, dass zwischen *doicom* und *donom* schlechterdings nicht zu entscheiden sei, als abgetan; vgl. v. Planta 1, 151.

1) Bronisch legt *dejo*- zu grunde, das in keiner anderen sprache einen anhaltspunkt hat; ausserdem lässt er die von Mommsen zu CIL. I, 632 mit recht als uralt bezeichnete formel *sei deo sei deivae* ausser acht, die deutlich lehrt, dass beim masc. die lautlichen verhältnisse gegeben waren, die den ausfall des *v* herbeiführten, und dass das fem. *dea* dem masc. erst in jüngerer zeit nachgebildet ist. v. Planta sucht das rätsel durch eine alte abstufende flexion *deius *deiuei *deiuōi *deium zu lösen. So sicher aber durch Streitberg für die -*io*-stämme eine flexionsweise -*is -josio* u. s. w. dargetan ist, so wenig ist meines erachtens eine analoge abstufung bei den -*uo*-stämmen erwiesen. Während die abstufende flexion bei ersteren in einer ganzen anzahl von sprachgebieten historisch vorliegt, ist sie bei letzteren auf keinem einzigen zu finden. Denn πολύς πολλοῦ, worin Streitberg Idg. forsch. 1, 91 einen beleg dafür zu haben meint, hält nicht stich. Ich habe den regeln Johannes Schmidts über die schicksale von liquida und nasal + *u* und *i* im griech. (pluralbild. d. neutra 17 anm. 1), auf denen Streitberg fusst, nie beistimmen können und kann zu meiner freude jetzt auf die auseinandersetzungen von W. Schulze quaest. ep. 80 ff. verweisen. Dass aber flexionen wie ai. *ájya-* und lat. *aevum*, ai. *íṣu-* und gr. ἰός sich urspr. zu einer abstufenden flexion ergänzt hätten, dürfte schwerlich zu erweisen sein; überall kann jüngerer übergang aus der *u*- in die *o*-deklination stattgefunden haben.

dazu schon in so früher zeit. Auch sonst ist, wo der name nicht abgekürzt ist, stets nur ein -u- geschrieben, und ebenso kennen andere griech. inschriften nur Ναῖον CIA. III, 585. Ναίου 619 b. 1436. Hübner bringt allerdings zwei beispiele für *Naerus*, aber beide stehen auf sehr schwachen füssen. Sowohl CIL. V, 6047 als auch X, 3699 u 29 (vom jahre 251 n. Chr.) steht *Naerius* auf dem steine, und *Naerus* ist erst conjektur von Mommsen, in der ersten inschrift, um aus dem überlieferten NAEVIVS SEPTIM L F IVSTIVS einen einheitlichen namen (*Naerus Septim. L. f. Iustus*) zu gewinnen, auf der zweiten, um der vollen namensbezeichnung *Naerius Pollius Priscus* das anstössige eines nomens als praenomen zu nehmen; allein es heisst auch in der unmittelbar folgenden zeile *Iulius Decius Felicius*, und Mommsens conjektur schafft die neue schwierigkeit, dass das praenomen in diesem einen falle ausgeschrieben wäre, während die inschrift in allen anderen fällen in der üblichen weise siglen anwendet.

Im einzelnen aber ist an Thurneysens ausführungen manches richtig zu stellen. Nach Th. sah das ursprüngliche paradigma so aus: *deios deici deioi deiom deire deioi deiōm deiois deiōns*. Lautgesetzlich hätten also nur der gen. und voc. sg. das *r* behalten. Bei dieser sachlage wäre kaum zu begreifen, wie die weitaus grösste mehrzahl der -*go*-stämme: *clĭcos viros* und die anderen unten aufzuzählenden ihr *r* in allen casus widerherstellen konnten. Tatsächlich wird eine beschränkung des ausfalles des *r* noch durch andere wörter gefordert: *favor livor pavor cruor*, das, wie in abschnitt 4 gezeigt werden wird, erst in verhältnismässig junger zeit, nach der durchführung des dreisilbengesetzes für den accent, aus *crŏeŏs entstanden ist[1]; *parō; favonius Favonius Flavonius Avonius Ravonius* (letztere drei nur auf inschriften belegt: *Fl.* CIL. III, 292. VIII, 8057. IX, 5047. 6082, 34. X, 5674. *Ar.* VI, 12942—12955. XIV, 2181. 2182. *Rav.* III, 2373. 2503. 2951, aber sicher mit ō anzusetzen nach *Favōnius Scribōnius Semprōnius* u. s. w.). Einige von diesen erscheinen zwar auf inschriften und in grammatikerzeugnissen der kaiserzeit ohne *v*; dass es sich hier aber um jüngeren, nicht vorhistorischen ausfall des *r* handelt, der ebenso gut

---

[1] lēvor bei Lucrez ist junge neubildung (W. Meyer-Lübke archiv 8, 315 f.).

auch vor *i.* z. b. in *farilla,* vorkommt, lehrt die ständige orthographie der litterarischen sprache. Könnte man in *facor liror paror Flaeōnius Rarōnius Aronius Farōnius* das *r* zur not als übertragen von *fareo lireo pareo flacus rarus areo fareo* rechtfertigen, so versagt diese aushilfe bei *pacō facōnius *crōcos,* und es ergiebt sich, dass *r* lautgesetzlich erhalten bleibt vor langem *o*: *färōr lirōr parōr erōōr* aus älterem *-ōr -os.* Mit anderen worten: *ō* muss urspr. helleren klang gehabt haben als *ŏ*, und das steht zwar nicht im einklang mit dem in den späteren phasen des lat. zwischen den beiden lautnüancen bestehenden verhältnis, stimmt dafür aber vorzüglich zu dem, was wir über den unterschied von gr. ω und o wissen. Also hat auch der dat. abl. sing. gen. (acc.?) pl. *r* behalten, möglicher weise auch der nom. pl., falls er zur zeit des wandels noch die durch die anderen ital. mundarten als urital. gesicherte endung *-ōs* gehabt hat. Damit rückt *Gnairod* in das richtige licht. Vielleicht darf man nach gewissen griech. analogien noch auf eine weitere einschränkung schliessen. Bei Homer, in Gortyn und wahrscheinlich auf Kypros ist ϝ in der anlautsgruppe ϝο- ϝω- lautgesetzlich geschwunden, geblieben aber ist es in ϝοι- (ztschr. 32, 273 ff.). Es ist möglich, wenn auch nicht beweisbar, dass ebenso im lat. *r* vor *-oi* geblieben ist. Dann träte auch der dat. plur. in die reihe der casus mit lautgesetzlich erhaltenem *r* ein, und ebenso der nom. pl., für den fall dass er zur zeit des schwundes bereits auf *-oi* ausging. Ausfall des *r* wäre dann nur im nom. acc. sing. und vielleicht acc. pl. anzunehmen.

Nach Thurneysen ist *deus* aus **deios* durch die mittelstufe *dẹos* entstanden, worin *ẹ* den geschlossenen e-laut bezeichnen soll, der im älteren latein aus *ei* entstanden und später mit *i* zusammengefallen ist. Wäre aber in diesem falle nicht **dīus* an stelle von *deus* zu erwarten? Einfacher erklärt sich der verlauf der sache, wenn wir uns das *i* des diphthongen *ei* für die zeit des schwundes des *r* noch als halbvocal denken. Dann wurde **deiios* ohne weiteres zu **deios,* und dessen *i* schwand mit allen anderen *i* zwischen vocalen. Diese entwicklung stimmt mit dem überein, was o. s. 53 f. aus *nolo* für die chronologie des ausfalles von *r* gefolgert ist. Entsprechend hätte aus **Gnaiios* über **Gnaios *Gnaus* werden müssen, das *ai* muss also aus dem gen. dat. voc. sg. in den nom. acc. neu eingeführt sein.

Thurneysen nimmt an, die urspr. flexion *deos deivi deivo deom* habe sich zu zwei vollen paradigmen *deos* und *deivos* ausgewachsen, beide seien zunächst unterschiedslos neben einander gebraucht, *deivos* aber schliesslich aufgegeben worden wegen des zusammenfalles mit dem adj. *divos* 'göttlich' aus *deivios oder *divios. Ich sehe nicht ein, warum man in diesem adjektivum *divos* nicht direkt die fortsetzung jenes zweiten paradigmas *deivos* sehen soll. Ved. *dēvás* wird nicht bloss substantivisch, sondern, obzwar seltener, auch adjektivisch gebraucht, z. B. *devám mánas*, *devám jyótis* (die stellen bei Grassmann s. 630 ff.), vgl. auch *devátamas*. Die grenzen zwischen substantivischer und adjektivischer bedeutung sind, wie überhaupt in den ältesten perioden nicht mit voller schärfe ausgeprägt, so naturgemäss gerade bei diesem worte fliessend. Das lat. hat die doppelheit, die sich durch lautliche processe herausgebildet hatte, benutzt, um substantiv und adjektiv zu scheiden, ein vorgang, den Thurneysen selbst für das analoge paar *cous—cacus* angenommen hat. Übrigens konnte meiner meinung nach aus *deivios *dīvios gar nicht *dīvos* werden, vielmehr betrachte ich als reflex von *dīvios auf ital. boden lat. *dius*, von *deivios vielleicht umbr. *dereia*; genaueres im abschnitt 3.

Wie soeben angedeutet, bringt Thurneysen als beispiel des wegfalls von *v* auch *cous cohum* 'höhlung in der pflugwage (Varro l. l. 5, 135), höhlung des himmels (Ennius)' neben *cavus* zu gr. κόοι κοῖλος aus *κόϝοι *κόϝιλος. So ansprechend diese combination ist, so muss ich sie doch als unsicher betrachten, so lange die von Th. angeregte frage nach dem übergange von urspr. -*āv*- in -*āv*- ihrer endgültigen beantwortung harrt. Auch die art, wie Th. lat. *Gaius* mit osk. *Gaaviis* (dazu falisk. *Cavio Cavia*) vermittelt, ist mir wenig wahrscheinlich. *Gāvios soll zunächst zu *Gaivos geworden sein, daraus **Gaios Gaius Gajus*. Allein die lehre von der epenthetischen wirkung des *i* oder *j* über *v* hinweg, die Thurneysen herkunft und bildung der verba auf -*io* s. 41 ff. entwickelt hat, ist keineswegs gesichert, auch nicht nachdem neuerdings v. Planta 1, 169 ff. für sie in die schranken getreten ist. Weiter ist bei einer grundform *Gaivos unverständlich, wie sich *ai* zu *aj* gestalten konnte im gegensatz zu *Gnaeus* aus *Gnaivos. Endlich bleibt die form des nomens

Gavius unaufgeklärt, die von dem praenomen *Gaius* nicht getrennt werden kann und die nicht bloss in ehemals sabellisch-oskischen landschaften (vgl. die indices CIL. IX p. 713 f. X p. 1038 f. 1064. IV p. 230), sondern auch auf echt lateinischem sprachgebiet vorkommt (CIL. XIV index p. 514. VI, 18893 – 18940); doch kann sie allerdings in letzteres aus den ersteren eingewandert sein. Erwägt man, dass die gleichen doppelformen vorliegen bei *Raius* (so schon auf einer spanischen münze CIL. I p. 142, die nach Mommsens urteil vielleicht noch aus der zeit der republik stammt) neben selteneren *Ravius* (s. die indices CIL. II p. 1071. III p. 1082. V p. 1125 und besonders IX p. 723. X p. 1053) und *Racilia Racillius*, die zu *ravus* 'grauäugig' gehören (vgl. Festus 378, 8), so wird die annahme vielleicht gestattet sein, dass *u* nach langem vocal vor folgendem *i* ausgedrängt wurde, wie es nach gutturalen in gleicher lage ausgedrängt worden ist (Bersu 126 ff.). Dann mussten in der flexion formen mit und ohne *u* wechseln: *Gaios Gaio Gaiom*, aber *Gāi* gen. und voc. Wurden beide stammformen durchgeführt, so entstand ein doppeltes paradigma: bei *Raius Ravius* liegt es noch vor, bei *Gaius Gavius* wurde es benutzt, um nomen und praenomen zu differenzieren.

Dagegen steckt ein weiteres beispiel, in dem *v* geschwunden ist, vielleicht in *dius* 'tag' in den verbindungen *nudiustertius -quartus -quintus -sextus -tertius decimus*. An den *s*-stamm zu denken, der in ai. *divas-á- sa-divas parve-dyús*, gr. εὐ-διεινός aus *-δι̯εσ-νός vorliegt (Grassmann ztschr. 11, 6 f. W. Schulze ib. 27, 546), verbietet allerdings das geschlecht; wir kennen nur neutrale nomina auf *-os*. Wir haben aber vielleicht in *dius* aus *divos einen masculinen o-stamm vor uns, von dem im Rigveda spuren erhalten sind in *divá-ksas* 'im himmel wohnend' und vor allem in *divé-dive* 'tag für tag', in dem Roth PW. 3, 619 den dativ vom stamme *div-*, Delbrück aber abl. loc. instr. 40 und altind. syntax 149 mit Grassmann wtb. 604 den loc. eines stammes *diva-* sieht (vgl. *dyávi-dyavi* RV. 1, 25, 1), weil ein solcher gebrauch des dativs dem RV. fremd sei. Es besteht jedoch noch eine andere möglichkeit, und diese darf meines erachtens am meisten anspruch auf glauben erheben. Seit Lachmann zu Lucrez p. 227 gilt *nudius* allgemein als tribreve. Einwendungen haben sich höchstens gegen die kürze der ersten silbe geregt (Bergk beitr. z. lat.

gramm. 1. 151): dass sie irrig sind, beweist die identität von
nu- mit ai. *nu*, gr. νύ u. s. w., die von Osthoff MU. 4, 273
und Brugmann ber. d. sächs. ges. d. wiss. 1890, 227 erkannt
ist. Dagegen wissen wir über die quantität der dritten silbe
in wahrheit gar nichts. Die oben genannten verbindungen
kommen nur in prosa und bei den scenikern vor, und bei
diesen ist die messung stets *nūdĭus* c. d. h. *-us* steht stets
in der einsilbigen senkung vor consonanten. Nach der bisherigen auffassung musste es hier als positionslänge angesehen
werden, es kann aber mit demselben rechte als naturlänge
gelten. Dann ist *dĭus* unmittelbar gleich ai. *dyáus* gr. Ζεύς
und ein höchst wertvolles beweisstück für die idg. grundform
*djēus, auf die schon die übereinstimmung des ai. und griech.
allen theorien von dem gleichmässigen ausfall des *u* nach
langen vocalen zum trotz hingewiesen hatte (vgl. Streitberg z.
germ. sprachgeschichte 41 f. 47 ff.). In der formelhaften versteine-
rung ist der alte nom. von dem einflusse des acc. *diem*, älter
*diem verschont geblieben, durch den er sonst zu *diēs* umgestaltet worden ist. Von *diēs diem* aus ist dann die gesamte
flexion des wortes in die 5. deklination übergeschlagen, und
den letzten schritt auf diesem wege bedeutet der teilweise
übergang ins feminine geschlecht. In adverbialer verwendung
aber haben sich wahrscheinlich auch sonst noch reste der uralten idg. flexionsweise gerettet: sie aus licht zu ziehen ist
der dritte excurs bestimmt.

Alle übrigen nomina auf *-ros -rom* haben, dem drucke
der überwiegenden mehrzahl der casus folgend, *e* da, wo es
geschwunden war, wider eingefügt: *ăcos clucos fūcos flucos
gnāvos paros prāvos rāvos octāvos aevom lucos naevos sae-
vos scaevos clivos conivom privos rivos vivos Gradivos las-
civos vocivos captivos fugitivos primitivos* und die anderen
adjektiva auf *-ivos* und *-tivos* (zusammengestellt von Jordan
Hermes 15, 15 f.) *nūros sōvos tōvos ovom*. Man versteht leicht,
dass gerade die gottesbezeichnung und ein name diesem allgemeinen zuge nicht folge geleistet haben. Von diesen grund-
wörtern aus haben dann auch die ableitungen, die ihr *v* lautgesetzlich verlieren mussten, es wider bezogen, soweit sie zur
zeit der wirksamkeit des gesetzes überhaupt schon im gebrauch
waren: *avonculos rivolos Scaevola*. Hierher gehört auch *fri-
vŏlus*, das auf einem verschollenen **frivos* beruht, wie *helvolus*

parcolus auf *helcos parcos* (Osthoff MU. 5, 109). *fricos* war mit *r*-suffix, das vielleicht auch in *refrica* Festus 380, 17 ff. vorliegt, abgeleitet von wurzel *fri-* in *friāre*; letzteres hat also nicht *e* eingebüsst. Wie bei den nomina ist auch bei den verba auf *-eō* das *e* vor *ō* widerhergestellt, vor allem in der 3. pl. ind. *conflorōnt ricont*.

II. A. Koch hat freilich jhb. 101 (1870), 284 auf grund von handschriftlichen lesarten dem Plautus formen mit *-u-* statt *-ro-* zuweisen wollen: *nouͦm* Pseud. 434 nach A (*nouom* B), Most. 759 nach *nouͦm* B (*nouum* reliqui); *eiu͡s* Pseud. 339 nach B (*uiu͡s* D *uiuus* ACF); *subditium* Pseud. 752 nach C (*subditū* B *subdiciū* D *subdiditium* F); *riunt* Trin. 1075 nach A (*uiuont* B). Bacch. 540 nach B, wo aber von zweiter hand *u* über dem *i* übergeschrieben ist (*uiuunt* CDF). Betrachtet man diesen tatbestand unbefangen und zieht man in erwägung, dass die inschriften nur *-uo-* kennen und dass dies auch massenweise in den hss. überliefert ist (s. für A den index in Studemunds apographon p. 523 f.), so wird man nicht zweifeln, dass es sich wie in den Vergil- und Horazhss. (o. s. 47) um gelegentliches eindringen der jüngeren volkstümlichen form, zum teil vielleicht nur um schreibfehler handelt. Ohne handschriftliche gewähr, aus metrischen gründen hat Koch ferner a. a. o. s. 283 f., wie schon vor ihm Brix jhb. 91 (1865), 57 in der Aul. 778, 782, 799 (Brix auch 685) für *aronculus*, dessen erste beide silben die hebung des trochäus bezw. iambus ausfüllen, *aunculus* einsetzen wollen. Indess hat schon C. F. W. Müller plautin. pros. 232 f. gezeigt, dass auch dieser fall unter das sogen. iambenkürzungsgesetz fällt und $\smile \smile \smile \smile$ zu messen ist. — Damit ist auch über *Flaus* CIL. I, 277 das urteil gesprochen; s. o. s. 37 f.

5. *proris* aus **pracōris* (vgl. *sol* aus **sarol* o. s. 68) = gr. πρῷρα aus **πρώϝαιρα, idg. **pr̥ϝr̥iā(-i) zu **pr̥ϝos 'vorn befindlich' (ai. *pū́rvas* altbulg. *prŭvŭ* gr. πρώην aus **πρωϝιαν) nach W. Schulze quaest. ep. 487. Doch ist diese erklärung nicht sehr wahrscheinlich. *proris* kommt nur ganz vereinzelt vor: Acc. trag. R.² 575 *prorim* und möglicher weise Lucr. 2, 554, wo der quadratus *prosem*, der corrector oblongi *proram* hat (Lachmann zu Lucr. p. 108); die herausgeber schreiben hier alle *proram*. *prōra* ist das allein übliche, und dies ist,

wie auch Schulze zugiebt, aus dem gr. πρῷρα entlehnt, und zwar schon in alter zeit, wie *proreta* Plaut. Rud. 1014 = ion. *πρῳρήτης att. πρῳράτης lehrt. Unter diesen umständen ist es mir wahrscheinlicher, dass *proris* eine zeitweise in der sprache vorhandene umbildung von *prora* nach dem gegenteil *puppis* ist.

6. Ausfall des *e* mit darauf folgender vocalcontraktion hat scheinbar stattgefunden in *Mars* gegenüber *Mavors*, und dies ist, wie es scheint, tatsächlich die ansicht von Jordan bei Preller[3] 1, 335 anm. 4. Dass sie unrichtig ist, geht aus der vorausgesetzten contraktion von *ao* zu *a* gegenüber *sol* aus *savol* hervor, vor allem aber daraus, dass *Mavors* eben erhalten ist. Beide formen ganz von einander zu trennen, wie es Corssen I[2] 409 f. und neuestens Maurenbrecher archiv 8, 290 f. getan haben, wird man sich kaum entschliessen, und sie lassen sich auch wohl vermitteln. Entweder durch die zwischenstufe *Maurte* CIL. I, 63 aus Tusculum, das aus *Mavorte* durch synkope entstanden sein kann. Maurenbrecher a. a. o. behauptet demgegenüber, die triphthongische lautfolge -*aur*- sei für die Römer wie für uns unsprechbar gewesen[1]; mit unrecht, wie *rursus* aus *rerorsos* durch die mittelstufen *reursos* *rourrsos* beweist (o. s. 60). Schwer sprechbar war sie allerdings, zumal bei der länge des *a*, und das kann die veranlassung gewesen sein, dass sie durch ausstossung des *u* zu *ar* erleichtert wurde, obwohl sonst -*au*- wie -*āu*- in alter zeit unverändert geblieben sind. Indess ist doch sehr die frage, ob nicht die schreibung *Maurte* gegenüber *Mavortei* CIL. I. 808 eben blosse schreibung ist, d. h. vocalunterdrückung in der schrift vorliegt (Ritschl opusc. 4. 489 f., dessen begründung freilich heutzutage nicht mehr haltbar ist). *Mars* gegenüber *Mavors* aber kann auch eine jener kürzungen vorstellen, die bei namen in allen sprachen gäng und gäbe sind und die auch bei götternamen ab und zu begegnen: gr. Δηώ neben Δημήτηρ, lat. *herclē*, urspr. vocativ, neben Ἡρακλῆς (nach den auseinandersetzungen von W. Schulze ztschr. 32, 195 f. anm.). Durch die erörterungen Zimmers ztschr. 32, 190 ff. ist es im höchsten masse wahrscheinlich geworden, dass diese kosenden

---

1) M.'s bemerkungen über das semantische *r* sind mir in dem zusammenhange, in dem sie stehen, nicht ganz klar geworden.

kürzungen ihren ursprünglichen platz in der vocativischen anrede gehabt und sich erst von da aus weiter ausgebreitet haben. Dazu stimmt *Marmar* im Arvalliede¹), in dem wir nach einer scharfsinnigen vermutung Jordans a. a. o. wohl eine doppelsetzung (Ἄρες Ἄρες) des uralten vocativs zu erkennen haben = *Mar—Mar* aus **Mart—Mart* mit lautgesetzlichem schwunde des *t* hinter *r* wie in *jecur* = ai. *yákṛt*, *cor* aus *cord (J. Schmidt pluralbild. 173) und mit der alten form des voc. der consonantischen stämme, die sonst durch den nom. ersetzt worden ist²). Die kurzform hat dann die urspr. längere in der sprache des lebens im lat. wie im umbr. (*Marte* dat.) und marsischen verdrängt und die längere sich ausser in den angeführten inschriftlichen beispielen nur in feierlicher und dichterischer sprache erhalten. Bei dieser erklärung erledigen sich auch die an sich berechtigten bedenken, die Maurenbrecher a. a. o. aus dem zeitlichen verhältnis von *Mars* und *Mavors* schöpft, insofern das erstere auf älteren inschriften begegnet als das letztere.

Warum ist denn nun aber in *Mavors* das *v* nicht ausgestossen worden? Die antwort auf diese frage könnte nur die etymologie des namens geben, eine sichere ableitung aber wird man von mir nicht verlangen für einen gott, über dessen ursprüngliche natur die schroffsten meinungsverschiedenheiten bestehen. Erinnert man sich an *macolo* (o. s. 55 ff.), so wird man auch bei *Mavors* voraussetzen dürfen, dass die länge des *a* und im verein damit die erhaltung des *v* darauf beruht, dass vor dem *v* urspr. ein oder mehrere consonanten gestanden haben, und so mag denn animi causa im anschluss an die etymologie Corssens I² 410 anm. und Bezzenbergers bei Jordan-Preller³ 1, 335 anm. 4 die vermutung gewagt werden, dass *Mavors* auf *macs-vort-s *maghs-vort-s zurückgehe³), dessen

---

1) Die variante *Marmor* in der dreimaligen widerholung der fünften zeile des gebetes dürfte blosse entstellung sein wie das einmalige *Marma* in der zweiten zeile; Jordan krit. beitr. 208.

2) So auch schon in dem nicht verdoppelten voc. *Mars* der dritten zeile des Arvalliedes: nach Jordan krit. beitr. 208 wäre auch dieser durch unwillkürliche conjektur an die stelle von urspr. *Marmar* gesetzt.

3) Corssen geht von *Magi-vorts, Bezzenberger von *macvorts aus, indess bleibt bei der ersteren grundform die länge des *a* unerklärt (o. s. 57), und bei der zweiten ist mir kein beispiel ge-

erstes glied ein neutrales substantiv *mághes—mághos darstellte von der wurzel, zu der gr. μάχομαι μάχη gehören, das ganze also urspr. 'wender der schlacht, schlachtreihe' oder dgl. bezeichnet habe. Ich vermag freilich dies substantivum sonst nirgends nachzuweisen; denn *μαχέσ-ϳομαι, aus dem Leskien das hom. μαχειόμενος herleiten wollte (Curtius' stud. 2. 95), ist nicht stichhaltig (J. Schmidt ztschr. 27. 294. Schulze quaest. ep. 363), und die ved. *makhasyáte makhasyás* sind in ihrer bedeutung zu unsicher, als dass sie verwertet werden dürften. Indess steht für μάχομαι eine urspr. wurzelform μαχε- fest (zuletzt darüber Schulze a. a. o. 449 f.), und zu dieser ist ein neutraler s-stamm ganz in ordnung. Über osk. *Mamert*- enthalte ich mich des urteils und verweise auf Jordan-Bezzenberger a. a. o.

Betrachtet man die gleichartigkeit der entwicklung von -*quŏ*- -*guŏ*- zu -*cŏ*- -*gŏ*- und von -*vŏ*- nach vocalen zu -*ŏ*-, die um das ende der republik und den beginn der kaiserzeit vor sich gegangen ist, so wird man durch die tatsache des vorhistorischen wandels von -*vŏ*- nach vocalen zu -*ŏ*- zu der annahme gedrängt, dass auch -*quŏ*- -*guŏ*- in vorhistorischer zeit zu -*cŏ*- -*gŏ*- geworden sind. Diese annahme hat bereits Bersu die gutturalen s. 134 ff., von ganz anderen gesichtspunkten ausgehend, verfochten. Freilich hat sie widerspruch erfahren von Brugmann grdr. 1. 321 anm. 1. Skutsch forsch. 1, 59 anm. 1 und besonders von Froehde Bezz. beitr. 14, 88 f., und es ist dem letztgenannten gelehrten zuzugeben, dass bei weitem die meisten beispiele, die Bersu ins feld führt, unsicher oder geradezu anders aufzufassen sind. Zwei von ihnen aber sind, wie ich meine, doch durchaus beweiskräftig, während auf der anderen seite kein fall beigebracht ist und, soviel ich sehe, beigebracht werden kann, der für lautgesetzliche erhaltung von -*quŏ*- -*guŏ*- spräche: *cŏlus* 'rocken' = πόλος 'achse' altbulg. *kolo* 'rad' (Osthoff PBr. beitr. 8, 259) und vor allem *tergus tergŏris*, das Froehde selbst Bezz. beitr. 8, 165 mit gr. στέρφος τέρφος 'fell, haut, bes. rückenhaut' verbunden hat

---

gegenwärtig, wo *v* vor *r*, noch dazu mit ersatzdehnung, geschwunden wäre.

und dessen *g* gegenüber dem auf labialisiertes *ghu̯* zurückweisenden gr. φ einer anderen erklärung nicht fähig ist. Nur werden wir nach dem, was o. s. 70 f. über das verbleiben des *r* vor *o* ermittelt und vor *oi* als möglich hingestellt ist, anzunehmen haben, dass auch *qu gu* vor *o* und vielleicht vor *oi* unverändert geblieben sind. Von den beispielen, die Bersu für -*co* aus -*quo* anführt, ist *ciconia* schon von Froehde a. a. o. abgewiesen, *trico tricosus* weiss ich, auch abgesehen von *tricae*, schon wegen des vocalismus nicht mit *torqueo* zu vereinigen, und *praeco* aus *prai̯cico* hat den nicht labialisierten guttural ebenso wie *vōcis vōcare* vom nom. sg. *vocs* aus *u̯ou̯qs* bezogen (vgl. o. s. 16 f.). Diese einschränkung zerstreut auch die nach Bersus darstellung wohl berechtigten bedenken Froehdes betreffs des durchgeführten *qu gu* im stamme des relativums *quo*-, in den nomina wie *equos*, den verben wie *lŏquor stinguo*: *c g* waren wohl nur im nom. acc. sg. (acc. pl.?), beim relativstamme gar nur im neutrum *cod und in den ableitungen *com *cot, bei den verben in der 3. pl. ind. imp. entstanden. Hier aber wurden sie durch *qu gu*, das in der weitaus überwiegenden mehrzahl der casus und verbalformen lautgesetzlich berechtigt war, ebenso verdrängt, wie dies für den analogen fall in der kaiserzeit an der hand der urkunden zu verfolgen ist. Erhalten hat sich *c* allein in *cottidie* als einer isolierten form; o. s. 34. Dass es aber auch in den anderen namhaft gemachten fällen wirklich einmal vorhanden gewesen ist, ergiebt sich aus der älteren form der praeposition *quom* Bersu 42 anm.), die im widerspruch mit osk. *com*, umbr. *kum ku com co* labialen nachklang hinter dem guttural aufweist. Sie hat ihn bekommen zu der zeit, als in der conjunktion an stelle des lautgesetzlichen *com nach den anderen formen des relativstammes *quom* neu aufkam: infolge des schwankens, das hier eine zeit lang zwischen *com und *quom* herrschte, wurde auch dort neben *com quom* gesetzt, und wie hier die form mit *qu* den sieg errang, so auch dort. Bezeichnend aber ist, dass die alte form der praep. mit *c* erhalten geblieben ist, einmal wo sie proklitisch mit verben (*com- con- co-*), sodann wo sie enklitisch mit pronominalformen (*secum* lex repet. CIL. I, 198, 34 a. u. c. 631/32) zu einer einheit zusammengeschweisst war: da die conjunktion *com—quom* nur als selbständiges wort vorkam, machte sie ihren einfluss auf die praeposition nur da geltend, wo auch diese noch eine gewisse selbständigkeit besass.

Nach dem gesagten ist auch in *liquōr* aus **liquōs liquoris qu* lautgesetzlich. In *aequōr aequōris* liesse sich *qu* mit Bersu s. 141 f. aus einer urspr. flexion *aiquos *aiqueses erklären[1]. Andere wege weist indess. wie mir scheint, das auslautende *r* des nominativs. Die neutralen *s*-stämme nämlich verpflanzen im gegensatz zu den masculinen das *r* in der regel nicht aus den casus obliqui in den nom.; die schuld daran trägt offenbar der vielgebrauchte acc. sing., der bei den neutris lautgesetzlich sein *s* behielt, bei den masc. es in *r* verwandelte. Ausnahmen bilden nur *fulgūr robōr adōr aequōr*[2]. *fulgur*, alt *fulgus* Paul. Fest. 59, 24. 66, 2, hat sein *r* offenbar unter dem einfluss des masc. *fulgor* durchgeführt. Von *rōbor* ist ein alter nom. sg. *robus* belegt Cato r. r. 17, 1. Colum. 2, 6, 1, auf der anderen seite ein acc. sg. masc. *robosem* Paul. Fest. 11, 20. Nehmen wir diese beiden tatsachen zusammen mit der historischen flexion *robōr* (über diese form Lachmann zu Lucrez p. 140. Neue 1², 174) *robūr, robōris*, so werden wir nicht zweifeln, dass urspr. zwei stämme neben einander gelegen haben, ein neutraler *robŭs robŏris* (cf. *robus-tus*) und ein masculiner *robos *roboris, einer jener collektiven *s*-stämme, über deren urspr. wesen und schicksale im lat. uns Joh. Schmidt pluralbild. 135 ff., besonders 143 f. belehrt hat. Vgl. *tenŭs* und *tenŏs, decŭs* und *decŏs, fulgus* und

---

1) Varro sat. Men. 288 (aus Non. 199, 23) schreibt Bücheler:
labi inoffensum per aecor candidum ad calcem scivit
auf grund des in den 3 haupthss. des Nonius, dem Lugdun. prior, Harleianus und Guelferb. (anders der Harl. m. pr.) überlieferten *ecor*. Allein die hss. haben in diesem verse auch sonst fehler, die auf der spätlat. aussprache beruhen: *levi* für *labi, e* für *ae* in *ecor, subit* Harl. m. pr. *sibit* rell. *sivit*, und so dürfte auch *e* in *ecor* durch den im spätlat. eingetretenen schwund der labialisierung der gutturale vor *o* (beispiele bei Bersu s. 90) veranlasst sein. Über *Aecor. Aecur. Aec.* auf drei inschriften aus Laibach CIL. III, 3831 —33 gegenüber *Aequor(na)* CIL. I, 1466 s. Bersu 88 f. 142 anm. 1.

2) *calor* Plaut. Merc. 860 lasse ich aus dem spiele; seine geltung als acc. sg. ist zu unsicher. — Der ansatz von *verber* ist unberechtigt; belegt sind im sing. nur der gen. abl., und als nom. acc. ist *verbus anzusetzen; vgl. Skutsch de nom. lat. suff. *-no-ope* form. 7 f. W. Meyer-Lübke archiv 8, 329 anm. 2.

fulgōs. *robos* wurde, wie alle gleichen stämme, zu *robōr* umgestaltet, dies zu *robōr* verkürzt nach dem muster der grossen masse der hierher gehörigen stämme mit iambischer wortform (*cŏlōr dĕcŏr hŏnōr lăbōr lĭquŏr ŏdōr rĭgŏr rŭbōr tĭmŏr trĕmŏr căpŏr rĭgŏr* u. s. w.), die die weniger zahlreichen stämme mit spondeischer wortgestalt mit sich rissen: *clāmōr* (*clāmōr* noch dreimal bei Ennius Bücheler decl.² s. 17 anm. 4) *horrōr līcŏr pallŏr splendŏr terrŏr āmŏr* u. s. w.¹). *robōr* *roboris* und *robūs robŏris* flossen nunmehr zu einem paradigma zusammen kraft der vollkommenen stammesgleichheit zwischen *robōr* und *robŏris*. *roboris* wurde ganz eliminiert, *robus* fristete sein dasein nach ausweis der Columellastelle in der bedeutung 'kraftweizen', die bezeichnender weise nicht collektiv ist. Die grammatiker haderten, wie die stellen bei Neue I² 173 f. zeigen, ob es im nom. acc. *robŭr* oder *robŭr* heissen müsse; letzteres ist zu *robŏris* gebildet nach dem muster von *jecŭr : jecŏris, fěmŭr : fěmŏris*. Dass auch *ădŏr* urspr. collektiver -*ŏs*-stamm gewesen ist, hat schon Joh. Schmidt a. a. o. 144 vermutet; vgl. die ableitung *adōreus*, gen. *adōris* neben *adŏris* in den von Priscian VI, 49 = I, 237, 9 ff. H. angeführten 3 versen eines epikers C. Annius. Der übertritt ins neutrum mag hier durch das bedeutungsverwante *far* herbeigeführt sein, vgl. *far adoreum* Varro r. r. 1, 9, 4. Plin. n. h. 18, 81. Nach Priscian a. a. o. und VIII, 6 = I, 372, 20 ff. H. waren die casus obliqui von *ădŏr* wenig im gebrauch; dies der grund, weshalb hier eine nebenform *ădŭr* wie *robŭr* nicht aufkam. So wird denn auch *aequŏr aequŏris* auf ein altes collektivum *aiquŏs* *aiquŏses* zurückgehen, eine vermutung, der die bedeutung des wortes durchaus günstig ist. Dies wurde wie alle anderen zu *aequŏr* *aequŏris* umgestaltet, schlug dann aber unter dem einflusse von *mare* und vielleicht auch von *pelagus*, wenn dies schon so frühzeitig aus dem griech. entlehnt war, ins neutrum über. Damit war der gebrauch von *aequŏr* nicht bloss als nom., sondern auch als acc. sg. gegeben, und beide casus drückten auf die übrigen mit ganz anderem gewichte, als es bei den masc. der nominativ allein vermochte, vor allem, sie fanden kräftige hilfe bei der masse der casus obliqui auf -ōris von den anderen neutris und bewirkten so, dass *aequŏris* u. s. w. durchweg an die stelle von *aequoris* trat." Sind diese vermutungen richtig, so hat *aequor* sein *qu* in allen casus lautgesetzlich behalten.

2. Wandel von unbetontem *rŏ rĭ* in *ŏ*.

Eine reihe von wörtern erscheint im lat. mit *o*, während wir auf grund ihrer auswärtigen verwanten oder ihrer lat. bezw. ital. angehörigen nach den sonst bekannten lautgesetzen vielmehr *a* (aus älterem *oa*) oder *au* erwarten sollten. Die forschung hat sich bis vor kurzem damit begnügt diese fälle zu registrieren, ohne im stande zu sein die abweichende behandlungsweise zu erklären (Thurneysen ztschr. 28, 156. Brugmann grdr. 1. 76. Schweizer-Sidler² s. 22. Stolz² s. 275). Nur Stolz hat a. a. o. die frage aufgeworfen, ob nicht urspr. *a = eu*, *o = ou* sei; ohne berechtigung, wie schon Kretschmer ztschr. 31, 452 anm. 1 ausgesprochen hat. Kretschmer selbst sucht a. a. o. 451 ff. in scharfsinniger weise nachzuweisen, dass *ō* gar nicht der nachkomme von urspr. *ou*, sondern von *ōu* sei, das eine stärkere, unter umständen mit der ai. vṛddhi auf gleicher linie stehende stufe des vocalismus darstelle. So richtig dieser gesichtspunkt für einige bildungen ist, bei denen die entsprechungen in den anderen sprachen das idg. alter des *ō* sicher stellen, so glaube ich doch, dass er in weitaus den meisten der einschlägigen fälle nicht zutrifft, deshalb weil die auswärtigen sprachen entweder nirgendwo *ou* aufweisen oder nur in solchen abkömmlingen der betr. wurzel, die ihrer anders gearteten bildung halber mit den lat. wörtern nicht ohne weiteres in parallele gestellt werden können. Zudem bleiben einige wichtige wörter bei Kretschmer ganz unerklärt.

Fasst man die in betracht kommenden fälle schärfer ins auge, so findet man, dass *ō* in fast allen auf urspr. *ŏrŏ ŏrĭ*, *ărŏ ărĭ* entweder beruhen muss oder wenigstens beruhen kann. Dadurch wird man zu der annahme geführt, dass der verlust des *r* die folge eines besonderen lautgesetzes ist, kraft dessen *rŏ rĭ* in gewissen ursprünglich unbetonten silben zu *ō* geworden ist, das dann mit dem vorhergehenden *ŏ* bezw. *ă* zu *o* verschmolz; vgl. zu der contraktion von *ăō* zu *ō* *sōl* aus *sāōl* (o. s. 68), *amō* aus *amāō*, *nō* aus *nāō*.

Im folgenden stelle ich die beispiele zusammen, die meiner meinung nach dieses lautgesetz erweisen.

Die adjektiva auf *-osus*, älter *-onsus* gehen zurück auf *-ŏ-yenssos -ŏ-ynt-to-s* und sind identisch mit den avest. auf *-rasta-*, z. b. *ašarasta* 'rein, gerecht' zu *ašaraṇt-* 'mit reinheit versehen, rein, gerecht', verwant mit den ai. auf *-ā-rant-*, den gr. auf -όεις -ήεις. Diese erklärung, die von Osthoff bei Brugmann grdr. I, 202 herrührt (vgl. auch grdr. 2, 218), ist die einzige, die in morphologischer wie in lautlicher beziehung befriedigt; alle anderen, über die man bei Schönwerth-Weyman archiv 5, 192 ff. eine übersicht findet, können ebenso wie die eigene dieser beiden gelehrten vor den lautgesetzen nicht bestehen. In *-osus* sind die ableitungen von den ŏ-stämmen (*virosus* aus **viro-censsos* über **viro-onssos*) und von den ā-stämmen (*formosus* aus **forma-censsos* über **forma-ōnssos*) lautgesetzlich zusammengefallen.

contio aus *coventio*, das noch inschriftlich belegt ist: SC. de Bac. CIL. I, 196, 22 *coventionid*. W. Meyer-Lübke setzt archiv 8, 321 als grundform *cŏventio* an, woraus *contio* durch synkope entstanden sein soll; ich sehe aber nichts, was zur annahme eines urspr. *cŏ-* neben *cō-* berechtigen könnte[1]). *contio* aus *cōventio* durch die mittelstufe **cōontio*.

nōnus aus **nŏvĕnos*, vgl. ai. *navama-* avest. *naomaapers*. *navama-*, *nōnā-gintā* aus **nŏvĕnā-conta*, vgl. gr. ἐνενήκοντα aus **ἐνϝενά-κοντα*. Kretschmer s. 454 erklärt sich gegen diese übliche deutung, weil **nŏvĕnos nŏvĕnā-contā* vielmehr zu **nūnus *nūnāginta* hätten führen müssen, und setzt *nonus* dem avest. *naumō* gleich, das neben *naomō* überliefert ist. Ob wir das recht haben *naumō* und *naomō* als genetisch verschiedene bildungen zu fassen, dünkt mich sehr zweifelhaft angesichts des nebeneinanders von av. *baun* und *baon* = ai. *ábharan*, *kər'nāun* und *kər'naon* = ai. *kṛṇvan* (Jackson Avesta grammar § 64). Auf alle fälle aber zeigt die bildungsweise der ordinalia zu den den 9 unmittelbar umgebenden zahlwörtern, die wir der idg. ursprache zuschreiben dürfen und die in der anhängung des suffixes *-o-* an die im vocalismus ihrer wurzelsilbe unveränderte cardinalzahl besteht (*septemos sebdmos* nach ai. *sap-*

---

1) Über die wörter mit *cō-* s. o. s. 62 anm. 1.

tamás gr. *ἕβδεμος in epidaur. ἐβδεμαῖος, daraus ἕβδομος[1] lat. *septimus* preuss. *sep(t)mas* lit. *sĕkmas* altbulg. *sedmyjī*: *oktōgos* nach gr. ὄγδοος lat. *octavus*: *dekemos* nach ai. *daçamás* avest. *dasemō* lat. *decimus* air. *dechm-ad)*, dass wir als idg. urform *něgěnos anzusetzen berechtigt sind. Deren tochterform ital. *nŏčěnos musste allerdings, sobald das *ĕ* der mittelsilbe synkopiert wurde, zu *nounos* werden, ebenso wie **nŏčěn-dinom noundinum* CIL. I. 196, 23, *nūndinum* ergab, und dies ist uns tatsächlich noch in einer aus dem jahre 5 v. Chr. stammenden inschr. aus der gegend von Neapel überliefert: CIL. X. 2381 *nounas*[2] und liegt dem pälign. namen *Nounis* Zvet. III. 31 zu grunde, während umbr. *Noniar* aus dem spiele bleiben muss, da sein *ō* = lat. *ō* oder = *ou* sein kann. Damit ist aber keineswegs ausgeschlossen, dass nicht aus *nŏčěnos auch *nōnus* hervorgehen konnte. Ich habe schon o. s. 61 ausgesprochen, dass wir nach den neuesten untersuchungen über die vocalsynkope anzunehmen haben, dass überall zunächst die synkopierten und nichtsynkopierten formen neben einander im gebrauche waren; bei manchen wörtern haben sie sich allezeit beide erhalten, bei manchen ist die synkopierte, wider bei anderen die nichtsynkopierte zur alleinherrschaft gelangt. So gut also z. b. *calidus* neben *caldus*, *solidus* neben *soldus*, *validus* neben *valde*, *viridis* neben *virdis* und viele andere doppelformen neben einander herlaufen, so gut konnte neben dem synkopierten *nounos* das nicht synkopierte *nŏčěnos bestehen bleiben und im weiteren verlaufe der sprachgeschichte zu *nŏōnos nōnus werden. Notwendige voraussetzung ist dabei, dass der wandel von *ĕĭ eĭ* zu *ō* jünger ist als der eintritt der synkope; wäre er älter, so hätte das synkopierungsgesetz formen wie *nŏčěnos überhaupt nicht mehr vorgefunden. Es giebt nichts, was diesem chronologischen ansatz im wege stünde, im gegenteil, er passt vortrefflich zu dem hohen alter, das wir o. s. 60 wenigstens den anfängen der synkope glauben zuschreiben zu müssen.

1) Vgl. J. Schmidt ztschr. 32, 325.
2) Die inschrift liegt uns in doppelter ausfertigung vor, es kann also an der richtigkeit der schreibung und lesung kein zweifel obwalten. Dagegen haben wir es in *nungento* CIL. XIV, 2630, 3 mit der jungen vulgären schreibung für *o* zu tun, für die Schuchardt voc. 2, 117, 3, 204 beispiele gesammelt hat. Übrigens ist die inschrift wenig zuverlässig überliefert.

Die annahme, dass urspr. *ŏvĕ* u. s. w. sich zunächst in die zwillingsformen *ou* und *ŏvĕ* gespalten und *ŏvĕ* sich dann weiter zu *ŏŏ ŏ* entwickelt habe, wird als richtig erhärtet durch eine anzahl anderer doppelformen mit *o ā* und *o au*, die im laufe der untersuchung zur sprache kommen werden. Sie eröffnet uns auch das verständnis für die schreibung *noundinum* auf der tab. Bant. CIL. I, 197, 31 neben *noundinum nundinum* und die davon nicht zu trennende schreibung *nontiare*, die auf den ältesten inschriften für das spätere *nuntiare* üblich ist, zu dem Mar. Victor. GLK. VI, 12, 18 *nountios* als ältere form überliefert. Allgemein herrscht die ansicht, dass *nou*- und *noun*- *nun*- rein graphische varianten seien. Auch Kretschmer s. 461 bekennt sich zu ihr und meint, der aus *ou* hervorgehende monophthong sei zunächst ein mittellaut zwischen *o* und *ū* gewesen, der in der schrift teils durch *ou*, teils durch *o* oder *u* ausgedrückt sei. Ähnlich schon Thurneysen ztschr. 28, 156. Prüft man aber die belege genauer, so sind sie dieser auffassung wenig günstig. Die inschriften nämlich, die die schreibung *non*- anwenden, geben in allen anderen wörtern den aus *ou* entstandenen laut durchweg nur mit *ou* oder *u* wider, abgesehen von dem wechsel zwischen *poplicus poblicus* und *poublicus publicus puplicus*, der seine besonderen gründe hat, also hier nicht herangezogen werden darf (Thurneysen ztschr. 30, 490 f.). Die tab. Bant. CIL. I, 197 mit *nondinum* z. 31. /[den]ontiari* 3 schreibt daneben *ioudicio* 2. *ioudex* 15. *ioudicetur* 10. *ioudicacerit* 20 und durchweg *iourare* 16, 17, 19, 21, 24. *louci* 4. *luci* 17, 24. Die lex repet. I, 198 hat *pronontiato* 42, 47. *pronontiarit* 54, aber *ious, ioudex* neben *iudex, ioudicium iudicium, ioudicare iudicare, iourare iurare; iouserit; ab- educito abducier duxerit*. Die epist. ad Tib. I, 201 *nontiata* 5, aber *doucebamus* 6. *indoucimus* 10. *indoucere* 13. CIL. I, 207 *pronontiato* z. 1, aber *iudicium* 15; 208 *pronontiatum* z. 7, aber *iur* 1. Die fälle aber, in denen wirklich *o* an stelle eines sonstigen, sei es auf *ou*, sei es auf *oi* zurückgehenden *u* geschrieben ist, finden sich allesamt auf inschriften aus Praeneste: *Losna* = *luna* (avest. *raoxsna*- preuss. *lauxnos* Bugge ztschr. 20, 14) CIL. I, 55 = XIV, 4095. *Poloces* I, 55 = XIV 4095 (neben *Polouces* XIV, 4094). *coraveront* I, 73 = XIV, 2847/8; vgl. auch *Luqorcos* = *Lycurgus* XIV, 4101, oder aus Falerii: *loferta* Zvet. III, 62 zu osk. *Lúvfreís*, und sie beweisen zunächst nur für diese beiden städte eine sehr stark nach *o* hin liegende aussprache des *u*. Dass auch im eigentlichen latein der stadt Rom *ou* nicht direkt, sondern durch die mittelstufe eines sehr geschlossenen *o* zu *u* geworden ist, ist eine annahme, die an sich sehr wohl möglich ist, nur darf man nicht behaupten, dass sie durch inschriftliche zeugnisse irgendwie gestützt werde. Auf ein einziges beispiel könnte man sich allenfalls berufen: *conctos* im Arvallied CIL. I. 28 = *cunctos* aus *connctos *coianctos, aber dies wird bei der überlieferungsgeschichte des denkmals niemand zur grundlage sprachgeschichtlicher theorien nehmen wollen. *nondinum nontiare* aber verlangen, eben weil sie gänzlich vereinzelt dastehen, eine besondere erklärung. Sie verlieren alles befremdliche, wenn wir in ihrem *o* einfaches langes *o* sehen. Dann sind sie tatsächlich in der sprache vorhandene nebenformen zu *noundinum nountiare* und gehen mit diesen gemeinschaftlich auf *norendinom *norentios (zu *nocus*) zurück ebenso wie *nŏnus nonnus* auf *nocenos. Im 2. jh. v. Chr. haben sie noch existiert, im ersten hat sich die sprache ihrer allem anscheine nach entledigt; die beiden jüngsten belege für *nontiare* CIL. I, 207 und 208 stammen nach Mommsen aus der periode der Gracchen oder aus nicht viel späterer zeit.

Ich füge gleich noch einen weiteren abkömmling von *nŏcus* an, in dem *ŏrĕ* zu *o* geführt hat: *Nola* gegenüber osk. *Noula in *Núvlanúís* u. s. w. Zvet. 111. 136, beide zurückgehend auf *Nŏvĕlā. Die Osker haben also die synkopierte, die Römer die nichtsynkopierte form allein weitergeführt. Dagegen haben in dem namen der stadt *Naceria*, älter *Nouceria* CIL. I, 551 = osk. *Nuvkrinum Nuvkirinum* Zvet. 111. 272 aus **Nŏvĕk-* beide völkerschaften der synkopierten form den vorzug gegeben. Ob man aus dem heutigen *Nocera* auf eine im volksmunde neben *Nāceria* gebräuchliche form mit *o* schliessen darf (vgl. v. Planta 1, 159), bleibe dahingestellt.

Ehe wir zu anderen wortfamilien weitergehen, müssen wir indess noch einmal zu *nŏnus* zurückkehren, um uns mit einer schreibung dieses wortes abzufinden, die schwierigkeiten bereitet: *dze noine* auf der Dvenosinschrift. Bücheler und Dressels deutung als *die noni* trifft sicherlich von allen bisher versuchten am ehesten das wahre, und die schlusskette, mittelst deren Pauli altital. stud. 1, 32 f. sie als unmöglich er-

weisen will, zerfällt in sich selbst, da sie auf irrigen prämissen
aufgebaut ist. Aber die rechtfertigung des *oi*, die Bücheler
giebt (rhein. mus. 36, 238; ebenso Jordan Hermes 16, 244),
reicht allerdings nicht aus. B. meint, *noine* sei aus *norine
entstanden wie *ob-oidire* aus **-orid-* und *noine* in jüngerer
zeit zu *nōnī* geworden wie die negation *noinom* zu *non*. Allein
der fortgang dieser untersuchungen wird lehren, dass sich
ausfall des *r* in der lautgruppe *-ori-* oder ähnlichen nur da nachweisen lässt, wo nicht das *o* selbst, sondern die ihm vorange-
hende oder nachfolgende silbe den ton trug (abschn. 4). Der vergleich mit *noinom* : *non* aber ist deshalb unzutreffend, weil es
sich bei diesem um *oi* handelt (vgl. o. s. 53 anm. 1). Ich
denke, die sache klärt sich am einfachsten auf, wenn wir *noine*
als 'umgekehrte schreibung' für *none* ansehen. In der zeit,
der die Dvenosinschrift entstammt, kann das *i* in der negation
noinom schon verstummt gewesen sein. Einen direkten beweis
dafür würde *mano* abgeben, wenn dessen deutung als dat. sg.
richtig und wenn das *o* dieses casus wirklich erst auf ital.
boden aus *-oi* (*Numasioi* auf der fibula von Praeneste) lautgesetzlich hervorgegangen ist, welche voraussetzungen freilich
beide nichts weniger denn sicher sind. Jedenfalls unterliegt
jene annahme keinerlei bedenken. Wenn also der schreiber
der inschrift nach traditioneller orthographie *noinom* schrieb,
aber bereits *nōnom sprach, so konnte er, den wir uns ganz
gewiss nicht als vollkommen sattelfest in orthographicis zu
denken haben, sich dadurch leicht verleiten lassen auch das
ganz gleich gesprochene *none* mit *oi* zu schreiben. Vielleicht
verhilft uns der gleiche gesichtspunkt auch zum verständnis
der anderen rätselhaften *oi*, durch die sich die Dvenosinschrift
auszeichnet: *noisi* = *nisi* und *cois* = *eis*. Das *oi* des ersteren
vergleicht Bücheler a. a. o. mit dem *o* in umbr. *nosve* VI b 54;
dies *no-* aber ist neuerdings von Brugmann ber. d. sächs. ges.
d. wiss. 1890, 227 ff. nicht ohne wahrscheinlichkeit als *nō-*
gedeutet. Conway (Amer. journ. of phil. 10, 455 anm. 1) und
v. Planta (1, 152) möchten in *noi* eine uralte ablautform zu
osk. *nei*, lit. *neī* sehen, allein eine solche hat in den verwanten
sprachen nirgends einen anhalt. Auch in *cois*, das Froehde
Bezz. beitr. 6, 167 und Osthoff rhein. mus. 36, 486 als identisch mit ai. *cēṣi* erkannt haben, sollte man nach der vocalstufe, die sonst dem sing. praes. act. unthematischer verba

zukommt, eher *ei* als *oi* erwarten, es müsste denn sein, dass die wurzel innerhalb der ō-reihe ablautete, was nicht sehr wahrscheinlich ist. *reis* ist Plaut. Pseud. 47. Men. 226 u. ö. in A überliefert (Studemund apogr. reg. p. 504), worauf jedoch nicht allzu viel gewicht gelegt werden darf, und wird von Priscian I, 454, 22 ff. Itz. als altlat. bezeichnet. Es kann lautgesetzlich aus älterem *rois* entstanden sein wie *quei* aus *quoi*, doch setzt dieser übergang tonlosigkeit voraus (vgl. einen im 4. bd. der Idg. forsch. erscheinenden aufsatz), und es ist fraglich, ob wir das bei *reis* tun dürfen. Die schwierigkeiten lösen sich bei beiden wörtern, wenn wir annehmen, dass der schreiber der Dvenosinschrift in *qoi* und den damit auf gleicher stufe stehenden fällen, z. b. dem nom. pl., bereits den monophthongischen laut sprach, der mit dem aus *ei* in betonten silben entstehenden monophthongen allmählich zusammenfiel und auf den sich an die Dvenosinschrift zeitlich anschliessenden denkmälern mit *e* und *ei* bezeichnet wird. Dass er es tat, wird wahrscheinlich durch das *e* des loc. *noine*, wobei es ohne belang ist, ob man die endung dieses casus auf urspr. *-oi* oder *-ei* zurückführt; denn die *i*-diphthonge mit kurzem ersten bestandteile werden, wie die angezogene abhandlung darzutun suchen wird, in unbetonten silben durch die bank gleich behandelt. Gab nun der schreiber in *qoi* diesen monophthongen nach historischer orthographie durch *oi* wider, so konnte er sich wohl berechtigt glauben auch den entweder gleich oder wenigstens schon recht ähnlich klingenden in **neisi reis* durch *oi* zu bezeichnen.

Es folgen bildungen, die dem formensystem von verben angehören, deren wurzel auf *-u* endigt. Zunächst *motus fotus rotus* nebst *mōmen mōmentum mōtus-us motor, fomes fōmentum fōtus-us fōtor fōculum*[1]). Nach Osthoff perf. 263 verdanken sie ihr *o* der angleichung an die perf. *moci foci cōci*. Halten wir uns an die regulären bildungsgesetze der causativa auf *-eo*, so mussten die ptc. urspr. **mŏritos *fŏcitos *cŏritos* lauten, vgl. *monitus doctus* aus **docitos* u. a., und diese wurden auf rein lautgesetzlichem wege über **mŏŏtos* u. s. w. zu

---

1) Über *fōculum* 'wärmmittel, gefäss zum wärmen', das von *fŏculus*, dem deminutiv von *fŏcus*, zu trennen ist, s. Brix zu Plaut. Capt. 844.

mōtus. Für diesen entwicklungsgang besitzen wir, wie mir scheint, ein interessantes zeugnis in dem falisk. *cootum* Zvet. III. 70 = CIL. XI, 3081. Diese schreibung ist um so merkwürdiger, als sonst langer vocal auf dieser inschrift, wie übrigens auch auf allen anderen faliskischen [1]), durch den einfachen buchstaben bezeichnet wird (*Menerva* dat., nach Deecke gen. sg. *sententiad rected*) und als auch die lat. inschriften der zeit, wo die vocallänge durch doppelschreibung ausgedrückt wird, doch die doppelsetzung von o durchaus vermeiden (Ritschl opusc. 4, 156 f.). Nun ist es aus rein physiologischen erwägungen in hohem masse wahrscheinlich, dass ein ō, das in der angenommenen weise aus *ŏvĕ ăvĕ* durch die zwischenstufe *ŏŏ ăŏ* entstanden ist, also auf contraktion beruht, zunächst zweigipfligen accent trug, und wenn wir in dem *oo* von *cootum* den ausdruck derartiger schleifender betonung erblicken, so verliert es alles auffallende.

Möglicher weise ist uns auch die durch synkope entstandene schwesterform von *mōtus* erhalten in *mūtare*. Doch streitet sich um dieses wort mit der wurzel *mev* die wurzel *mei*, der der begriff 'wechseln, tauschen' anhaftet (Fick wtb. 1¹, 102. 509. Prellwitz etym. wtb. 202 f.), vgl. sicil. μοῖτος, das Varro l. l. 5, 179 und Hesych s. v. bezeugen[2]). Sicher von der letzteren wurzel stammt *mutuus* 'wechselseitig, auf borg', und bei *mutare* mit seinen bedeutungen von der stelle bringen, verändern, tauschen' dürfte es das wahrscheinlichste sein, dass in ihm urspr. *mout- und *moit- zusammengeflossen sind.

Ebenso wie *motus* u. s. w. aus *mōvitos sind *mōmen mōmentum fōmes fomentum* u. s. w. rein lautgesetzlich aus **mōvi-men(tom) fōvi-m..* u. s. w. erwachsen, vgl. *dūcūmen*

---

1) Die lesung *censoor* III. 67 (vgl. Deecke im anhang s. 179) ist höchst unsicher und von Deecke jetzt aufgegeben (Falisker 190 f.).

2) μοῖτος wird ausdrücklich nur den sicilischen Griechen zugeschrieben. Sonst ist die in anderen sprachen sehr triebkräftige wurzel im griech. ganz verschollen; Prellwitz a. a. o. führt als von Hesych bezeugt μοιvον· ἀντὶ τοῦ μοίτου an, ich habe die glosse aber nirgends finden können. Unter diesen umständen ist der verdacht kaum von der hand zu weisen, dass die sicil. Griechen μοῖτος und, falls richtig, auch μοῖνος — trotz dessen scheinbarer urverwantschaft mit lit. *mainas*, altbulg. *měna* — erst wider von den Italikern (*mūtare munus*) entlehnt haben; vgl. λίτρα (worüber jüngst W. Schulze ztschr. 33, 223 f.) κάρκαρον ῥοτός u. a. bei Ahrens dial. 2, 390 ff.

dŏcumentum zu *docĕo*, *mŏnŭmentum* zu *mŏnĕo*, *augmen augmentum* aus **augĭmen-tum* zu *augeo*. Letztere dürfen mit rücksicht auf das o. s. 18 f. über die schicksale von urspr. *-gm-* nach langem vocal bemerkte nicht unmittelbar mit ai. *ojmán-* lit. *augmã* gleichgesetzt werden, wie dies noch Brugmann grdr. 2, 345 im widerspruch zu 1, 373 tut; es müsste denn in urspr. **au-men -tom*) *g* nach *augeo* neu eingefügt sein; doch ist die form *augumentum* handschriftlich überliefert nach Georges I⁷ 679.

Hier ist nun auch der sogen. synkopierten perfektformen von *mŏreo rŏreo* erwähnung zu tun: *admŏrunt admoram amŏrim summosses remosse* u. s. w. (Neue II² 533, L. Scheffler de perfecti in vi exeuntis formis apud poetas latinos dactylicos occurrentibus Marburger diss. 1890. s. 55 f.; gesichert sind diese formen nur von compositis, die drei von Neue angeführten beispiele für das simplex sind falsche lesarten oder unsichere vermutungen); *derŏrŏ* in dem verse des Accius praet. 15 R.²: *pátrio exémplo et mé dicábo átque ánimam decorō hóstibus* (erkannt von Bücheler rh. mus. 15, 434 f.)[1]). Von ihnen lassen sich die entsprechenden formen des perf. von *nosco*: *nŏsti nŏmus nŏrunt nŏram nossem nosse* (Neue II² 531 ff. Scheffler 57 ff.) nicht trennen. Es hindert nichts sie als lautgesetzliche umgestaltungen von *-mŏrerunt mŏreram rorerō nŏristi nŏrimus* u. s. w. zu betrachten, und die formen mit unverändertem *rĕ rĭ* müssen dies dann auf analogischem wege (nach *mŏrĭ morit* u. s. w.) widerhergestellt haben. Indessen lässt sich ein abschliessendes urteil über diese bildungen erst an einer späteren stelle dieser studien gewinnen, wo über das verhältnis der synkopierten und nichtsynkopierten *r*-perfekta aller conjugationsklassen im zusammenhange zu handeln sein wird.

Dagegen haben wir nunmehr das recht von *momentum motus* auf die entwicklungsgeschichte von *tomentum* 'stopfwerk, polster' *totus* 'gesamt, ganz, urspr. vollgestopft' zu

---

[1] Ritschl opusc. I, 81 wollte auch im titulus Mummianus CIL. I, 541 in dem Saturnier *ob hasce res bene gestas quod in bello corerat* die zweite hälfte *quód is in béllo córat* lesen, ohne noch das Accianische beispiel zu kennen; ob mit recht, muss dahinstehen, so lange für den Saturnier über die frage, ob quantitierend, ob accentuierend, noch keine einigung erzielt ist.

schliessen. Sie vereinigen sich also mittelst der grundformen
*tŏrī(ē)mentom *tŏrī(ē)tos mit der u-haltigen wurzel, die in
ai. *távīti* 'ist kräftig' *tavás* 'kräftig' *távīyas* 'stärker', gr.
τύλη 'wulst, polster, schwiele' τύλος 'schwiele, pflock', altbulg.
tyją 'werde fett', lat. *tŭmeo* zu tage tritt. *tŏrītos *tŏrīmen-
tom können auf ein untergegangenes causativum *tŏrēi̯o 'mache
fett, stopfe' bezogen werden, sie können aber auch direkt an
die zweisilbige wurzelform angeknüpft werden, die nach ausweis von ai. *tŭvīti tavišá- táriši tuvi-* und der tiefstufenformen
mit u: ai. *tūya-*, gr. τύλη, altbulg. *tyją tylŭ* 'nacken' neben
der einsilbigen wurzelform bestanden hat, von der das idg.
substantivum *teutā und die bildungen mit tiefstufe ū: τύλος
tŭmeo abgeleitet sind. Dass man in *tutus* die nebenform von
totus erblicken darf, die sich aus urspr. *tŏrī(ē)tos abgezweigt
hat, ist mir nicht glaublich; dazu liegen die bedeutungen zu
weit von einander ab. Beide wörter sind unzweifelhaft in
ihrem wurzelhaften bestandteil identisch, aber die bedeutungs-
spaltung in der richtung auf den sinnlichen begriff der äusseren
fülle, des strotzenden und auf den abstrakteren der kraft, macht
reicht schon in grundsprachliche zeiten zurück. *tutus* wird die
synkopierte nebenform zu *tăītus* aus *tăvētos, also partic. zu
tŭor tŭeor sein. — Kretschmer s. 453. 454 f. leitet *tomentum*
aus *toumentom. *totus* aus *toutos, das vṛddhibildung zu
*teuta sein soll, ab. Gegen das letztere wäre principiell nichts
einzuwenden. dagegen ist es in hohem masse bedenklich bei
einer ableitung mit suffix -men eine so starke stufe des vocalismus vorauszusetzen (vgl. dazu o. s. 2), und damit fällt auch
die ableitung von *totus*. Dass die einmalige osk. schreibung
τωϝτο nicht beweiskräftig für sie ist, erkennt Kretschmer selbst
an. — Vielleicht gehört auch *toles* 'kropf, tumor in faucibus
(Festus 540, 14)' aus *tŏrīlējes hierher. Doch liegt es mit rücksicht auf *tonsillae*, das Festus a. a. o. direkt als deminutiv zu
toles bezeichnet, nahe, dies mit Brugmann grdr. 2. 275 aus
*tons-lejes herzuleiten.

Auf einer stufe mit *momentum fomentum* steht weiter
omentum (vgl. o. s. 18 f.) aus *ōrīmentom zu ind- e.r-uo. umbr.
an-ovihi-mu. lit. *ariù arė́ti*.

Nun fällt auch licht auf das gegenseitige verhältnis von
lotus und *lautus*: es sind die zwillingsformen, die aus urspr.
*lărētos = gr. *λοϝε-τός in ἄλουτος Herod. 2. 64. Eur. El.

1107 (wurzel *loṷe-*) entsprungen sind: *lōtus* über *lāōtos. Nur die *o*-formen sind bewahrt in den ableitungen *lotor lōtio lōmentum*. Anders fasst Thurneysen ztschr. 28, 156 ff. die sache auf. Nach ihm ist *lōtus* lautgesetzlich aus *lou-tos entstanden und in der sprache der gebildeten weiter zu *lautus* geworden. Über die erste hälfte dieser annahme brauche ich nach dem s. 85 f. auseinandergesetzten nicht weiter zu reden. Was die zweite anlangt, so gestehe ich, dass der übergang von urspr. *ō* in *au*, den Th. für die sprache der oberen gesellschaftsklassen in gewissem umfange annimmt, mir noch sehr problematisch erscheint; einige von den beispielen, die Th. dafür beibringt, sind sicher anders zu erklären. Aber auch wenn er wirklich stattgefunden hat, so darf doch das nebeneinander von *lautus*:*lōtus* nicht mit dem sonstigen wechsel zwischen hochsprachlichem *au* und vulgärem *ō* in parallele gestellt werden. Dem widerspricht einmal die tatsache, dass es in adjektivischer verwendung stets *lautus* heisst; es bliebe unverständlich, warum sich *lōtus* nur in participialer verwendung in die schriftsprache eingedrängt haben sollte; sodann der umstand, dass die *ō*-formen selbst in so officiellen bezeichnungen wie *collegium lōtorum* (z. b. in Aricia CIL. XIV, 2156) stehend sind. Vielmehr gehören beide formen, die mit *ō* und die mit *au*, gleichmässig der sprache der gebildeten an, und dafür spricht auch das nebeneinanderstehen von *lōtus* und *lātus* in den compositen: *elōtus elātus, conlātus dīlātus per- pro-lātus* (Neue II² 558 f.). *lātus* ist durch weitere schwächung aus *lautus* hervorgegangen: vgl. *con- in- ex-clādo* neben *claudo* aus *clauīdō. — Gegen Kretschmers (s. 454) *lōumentom gilt, was oben zu *toumentom bemerkt ist, und mindestens ebenso unzulässig ist es, das *to*-particip mit dehnstufe (*lōutos) anzusetzen.

Es bleibt eine anzahl mehr vereinzelt dastehender wörter, die für den übergang von *eĕ eĭ* in *ō* zeugnis ablegen.

gloria aus *clŏvĕsia = ai. *çravasyàm* 'ruhm, ruhmestat' (Kuhn ztschr. 3, 398 ff.). Da ein *es*-stamm zu grunde liegt und diesem *ĕ*-stufe in der wurzelsilbe zukommt, so ist Kretschmers grundform *clŏves-ia und die vergleichung von altbulg. *slava*, avest. *srav-ayĕiti* (s. 455) nicht statthaft.

ōlim wird von Wackernagel ztschr. 28, 139 sehr ansprechend mit altbulg. *orŭ*, ai. *arós*, avest. *arę ară*, apers. *acaiy ara* verbunden; vielleicht treffen auch seine weiteren vermutungen über *olle* das richtige, doch ist das hier nicht von belang. Die vereinigung ist nur möglich mittelst einer grundform *ŏrēlim. Die schwesterform erscheint in uls ultra, älter ouls Varro l. l. 5, 50 nach der verbesserung von K. O. Müller für hss. ouis. Brugmann grdr. 2. 769 erinnert mit recht daran, dass von olim umbr. ulu ulo 'illuc' nicht getrennt werden kann. Dies weist nicht nur auf den in nationalem alphabete geschriebenen tafeln ulu I b 18 [purtatulu], V a 25. 28, V b 4, sondern auch auf denen mit latein. schrift (ulo VI b 55, u in der wurzelsilbe auf. Es erscheint deshalb auf den ersten blick geboten darin die schwächere stufe u- zu dem ey- (oy-?) der anderen sprachen zu sehen. Vielleicht kommen wir aber doch auch für das umbr. mit der wurzelstufe aus, die die verwanten sprachen verbürgen. In unmittelbarer nachbarschaft von ulo steht nämlich uru, ebenfalls mit dem vocal in der ersten silbe, mit dem es auf den tafeln umbrischen alphabets geschrieben wird (uru I b 18, ures IV 33, uraku V a 5), während es sonst auf den tafeln mit latein. schrift orer heisst VI a 26. 36. 46. VI b 29¹). Nun haben sowohl ulo als uru ihren platz in einer alten formel, es ist also nicht unmöglich, dass um derentwillen in uru die alte schreibung beibehalten ist (vgl. Iure VI a 22), und dasselbe sind wir dann auch berechtigt für ulo anzunehmen²). In diesem falle ist also dessen u = neuumbr. o = urital. ou. Übrigens sind auch uru orer u. s. w. aller wahrscheinlichkeit nach von demselben stamme ou- gebildet mit der s-erweiterung, die sich auch in der flexion des pronominalstammes ei- festgesetzt hat: o-rer = e-rer (osk. eiseis), u-ru = e-ru-ku e-ru-hu, ura-ku = era-k³).

omen, älter osmen (Varro l. l. 6. 76. 7. 97) verknüpft Kretschmer s. 455 vortrefflich mit gr. ὄιομαι, das nach dem zeugnis der homer. ὠίσθην ἀνώιστος ἀνωϊστί auf *ὀϝισ-ϳομαι zurückgeht⁴). Eine grundform *urismen aber entbehrt der be-

1) Freilich ist dessen deutung als 'illius', die von Bücheler Umbrica 55 gegeben ist, nicht unbestritten.
2) Bücheler meint s. 192, uru sei geschrieben, um allitteration mit ulo zu erzielen (wie orer ose). Dies ist mir aber deshalb nicht wahrscheinlich, weil ulo und uru grammatisch gar nicht einander entsprechen: portatu ulo (= illo adv.), aber feitu uru (= illo abl. sg.).
3) [Ganz anders über diese sippe jetzt v. Rozwadowski Idg. forsch. 3, 264 ff.]
4) Die annahme Hintners (ztschr. 27, 607), dass ὄιομαι denominativum von ὀϝ- 'vogel' in οἰωνός lat. aris sei, die ich ztschr. 29, 116 für möglich gehalten habe, ist hinfällig, weniger wegen der

rechtigung — in ἀνώιστος ἀνωϊστί ist die dehnung des anlauts
natürlich durch die composition veranlasst —, wir dürfen vielmehr nur von *ŏvīs-men ausgehen¹). Vielleicht steckt das in
*ŏvīs-men und *ŏϜισ-ίομαι zu grunde liegende subst. *ŏvīs
'ahnung, vorbedeutung' auch in os-cen (-tris) 'weissagevogel'.
os-cinum 'augurium' (Fest. 228. 3. 229. 1): wenigstens giebt
diese deutung dem worte einen volleren inhalt als die übliche
aus *obs-cen (Corssen I² 121 u. ö.), die etwas blass und farblos
ist. In diesem falle ist os-cen anzusetzen.

   opilio (Plaut. Asin. 540. inschriftlich Opilius CIL. III.
1330. Opilia VI. 23499. XIV. 3183 auf einer praenestinischen
grabschrift) und apilio (Verg. Ecl. 10. 19 in M und R und
von Servius gelesen [op. P] und in den hss. des Apuleius
einige male. vgl. Hildebrand zu Flor. III p. 13) gehen gemeinschaftlich auf *ŏvī-pilio zurück. Kretschmer s. 455 nimmt die
doppelformen *ŏvī- und *ŏvī-pilio an; höchst unwahrscheinlich,
um so mehr als die mit dem ersteren verglichenen gr. ᾠα aus
*ὠϜιᾱ und ai. āvi-kam als weiterbildungen auf einem ganz an-
deren blatte stehen. In späterer zeit ist nach Caper GLK. VII,
112, 5 und Servius zur Vergilstelle āpīlio allein üblich, doch
wird noch auf den christlichen inschr. CIL. XII, 2069. 2071
aus dem jahre 524 Upilio geschrieben (neben Op- 2070). In
den Digest. XXXIII. 7. 25. 2 (aus Javolenus) erscheint das
wort in der gestalt ovilio in offenbarer anlehnung an ovilis
ovīle und ovis selbst²). An der Plautusstelle fällt die länge
des ersten i auf (etiam opiliā qui pascit) im gegensatz zu
Vergils āpīlio. Seyffert vermutet deshalb ŏvĭpīlio (vgl. die
praefatio zu Goetz-Schoells kleiner Plautusausgabe fasc. I

semasiologischen bedenken, die Kretschmer geltend macht, als deshalb weil οἰωνός aus *ὀϜιωνός entstanden ist (J. Schmidt ztschr. 32,
374 ff..

  1) Auch Froehde Bezz. beitr. 16, 210 und Schulze quaest. ep.
354 denken an zusammenhang zwischen ōmen und οἴομαι, führen
aber das lat. wort auf ŏsmen zurück. Dies verbietet sich jedoch
durch die zweisilbigkeit von οι in den hom. belegen: οἴω οἴομαι ὀΐσ-
σασθαι ὠΐσθην ἀνώιστος. Denn nach den ausführungen von Wackernagel ztschr. 33, 18 ff., denen ich durchaus beistimme, müsste urspr.
οσι ωσι bei Homer als einsilbiges οι ωι erscheinen, und lautgesetzlich offene formen mit anderer vocalisation, die der contraktion
hätten entgegenwirken können, sind nicht vorhanden.

  2) Keller lat. volksetym. 89. 163 missbraucht diese form zu etymologischen rückschlüssen.

p. IX). Sollte sich dies bewähren, so ist es sprachgeschichtlich ebenso zu beurteilen wie die anderen fälle mit erhaltenem *rē rī* in unbetonter mittelsilbe, von denen nachher im zusammenhang die rede sein wird.

opiter est cuius pater avo vivo mortuus est Paul. Fest. 207, 15, also = **āri-pater* und bahuvrīhi-compositum: 'wer den grossvater zum vater hat'. Davon abgeleitet der name *Opetreius*. Unrichtig sind die vermutungen Kellers z. lat. sprachgesch. 1, 158.

otium gehört zu ai. *ārati* 'freude haben, sich gütlich tun' (Corssen krit. beitr. 17, nachtr. 29 f.), geht also auf **ōrētiom* (*ārētiom*?) zurück; vgl. ai. *arita-* 'gefallen, freude' in *ādrōgharita-* 'die wahrhaftigkeit liebend' PW. 1, 135, 465. Keller z. lat. sprachgesch. 1, 82 knüpft es an *uti*, alt *oitier* an, was der vocalismus verbietet.

pōmum reiht Curtius grdz.[5] 287 an *porer pupus putus pullus* und die anderen sprossen der wurzel an, die in ihrer schwächsten gestalt *pŭ-* lautet. Die frucht ist also als das junge des baumes gedacht. Diese etymologie ist mir wahrscheinlicher als diejenige Bopps (vgl. gramm.[2] 3, 179) und Corssens (1[2] 342), die *pomum* zu wurzel *pa* 'nähren' in *pasco* u.s.w. ziehen. Erstens ist die ablautstufe *ō* bei der letztgenannten wurzel meines wissens sonst nicht nachzuweisen, sodann lehren ihre sicheren derivate *pabulum panis*, dass den Italikern die feldfrüchte als die repraesentanten der nährkraft κατ' ἐξοχήν galten, es ist also wenig glaublich, dass ein abkömmling derselben wurzel zur bezeichnung der baumfrüchte verwendet wurde. Die wurzel *pō* erscheint nun auf ihrer stärksten stufe in der gestalt *po* aus *pou*: sicher in πῶλος, vielleicht auch in dem idg. nom. **pos* aus **pous*, den J. Schmidt ztschr. 32, 370 anm. 1 zur erklärung der mannigfach wechselnden stammgestalten des griech. erschliesst. Daraufhin könnte man geneigt sein auch *pōmum* als **pou-mom* zu deuten. Andere wege weist uns aber eine weiterbildung von *pōmum* mit *l-*suffix, die die bedeutung 'das junge, das kleine' zu der speciellen 'zwerg' umgebogen hat. Sie begegnet in der litteratur in den formen *pūmilus pūmilio*, deren mutterform in *poumilionom* gen. pl. auf einem alten praenestinischen spiegel vorliegt (CIL. XIV, 4110)[1]. Schon diese schreibung beweist gegen die

---

[1] Von dichterstellen weisen drei die länge auf: Lucr. 1, 1154,

von älteren philologen aufgebrachte, von Bugge stud. 4, 351 wider aufgenommene, von Corssen beitr. z. ital. sprachk. 97 f. Vaniček et. wtb.² 150, Stolz² s. 309 anerkannte zusammenstellung mit gr. πυγμαῖος, wie bereits Jordan krit. beitr. 34 und Maurenbrecher jhb. 145 (1892), 198 hervorgehoben haben. Weitere gegengründe kommen dazu: im gr. ist πυγμαῖος von dem tatsächlich vorhandenen πυγμή abgeleitet, das lat. aber besitzt zur bezeichnung der 'faust' gar keine *m*-, sondern nur die *n*-bildung *pugnus*. Endlich wird in *gm* nach kurzem vocal das *g* nicht ausgestossen (vgl. o. s. 18 f.). In grammatikertexten erscheint für *pumilio pomilio*: Donat GLK. IV. 376, 18. Pompeius ib. V, 165, 11, und diese nebenform, deren *o* von den hss. fast einhellig geboten wird und von Keil mit recht in den text aufgenommen ist, bildet die brücke zu *pomum*. Die doppelheit *pōm- pŏum-* beweist, dass *pore-m-* zu grunde liegt. Ob wir daraus auch umbr. *Puemunes Puemune*, sabin. *Poimunien* Zv. III. 10 in der weise herleiten dürfen, wie es v. Planta 1, 200 f. versucht hat, ist mir sehr zweifelhaft; ich komme auf die bildungen im abschnitt 4 zurück.

Auch die ableitungen von unserer wurzel mit *t*-suffix, über die Bücheler rhein. mus. 37, 529 f. aufklärung gegeben hat, zeigen einen wechsel zwischen *o* und *u*, und zwar höchst wahrscheinlich ebenfalls zwischen langem *o* und langem *u*. Sicher steht die länge in *Potōni* in dem spottgedicht bei Varro l. l. 7, 28, und danach dürften zu beurteilen sein *poticio* Plaut. Bacch. 123 am schluss eines iamb. senars und *potus* Verg. Catal. 9, 2, dessen *o* zwar in der metrischen geltung einer kürze gebraucht wird, dessen verwendung der dichter aber selbst als eigentlich unstatthaft hinstellt, es ist unklar, ob bloss aus stilistischen oder auch aus metrischen rücksichten. *u* aber wird erwiesen durch *salapūtium* Catull. 53, 5 (*Salaputi* CIL. VIII, 10570 IV 29), kommt also auch den glossen *putus* μικρός CGL. II, 165, 45: *puti* μικροί ib. 43 zu. *pōt-* und *pūt-* vereinigen sich in urspr. *pŏrĕtos*, sind also mit ai. *pŏtas* 'junges', lit. *paũtas* 'ei' in ihrer bildung nur nahezu, nicht vollkommen

---

Mart. 1, 43, 10. Stat. silv. 1, 6, 57 (*hic audax subit ordo pumiliorum*). Ihnen gegenüber kann das einmalige *pūmilus*, das sich Statius dicht neben dem angeführten verse erlaubt (1, 6, 64: *mirantūr pūmilŏs ferōciores*), nicht ins gewicht fallen.

identisch. — Unentschieden bleibe das verhältnis der auf inschriften häufig vorkommenden schreibung *Posilla* (z. b. CIL. I, 1035. 1098. 1306) zu *pūsus pūsa pūsillus*. Während das *u* des letztgenannten in adjektivischer verwendung ständig kurz ist, braucht Horaz Sat. 2, 3, 216 den eigennamen mit langer erster silbe (die hss. schwanken zwischen *Pus-* und *Posillam*). Sollte das *o* lang sein, so ist die möglichkeit nicht ausser acht zu lassen, dass die vulgärform von *pausillus* = *pauxillus* im spiele sein kann. — -*por* = *puer* als zweiter bestandteil in sklavennamen wird weiter unten zur sprache kommen.

pronus ist schon von Bopp gloss. Sanscr. 254 b. Kuhn ztschr. 3, 399 f. Ebel ztschr. 6, 212 mit ai. *pracaṇám* 'abhang, halde', -*ás* 'declivis, propensus' verglichen worden, setzt also *prŏcĕnos* voraus. In neuerer zeit neigt man mehr dazu, es mit gr. πρᾱνής, hom. πρηνής zu verbinden (Curtius grdz.[5] 284. Leo Meyer vgl. gr. I[2] 287. Prellwitz etym. wtb. 262). Doch widerraten dies die vocale, und πρᾱνής ist zudem, wie Goebel Homerica (Konitz 1861) s. 27 und Benfey Or. Occ. 1, 193 ff. gesehen haben, von ἀπηνής προσηνής σαφηνής nicht zu trennen. πρανόν· τὸ κατωφερές. πρανές Hesych kann ihm gegenüber nicht das ältere sein, sondern ist jüngere neuschöpfung, vielleicht erst rückbildung von dem verbum πρᾱνόω, dessen existenz neben πρηνίζω beglaubigt wird durch κατεπρηνώσαο Anthol. Pal. 7, 652, 3 und durch die Hesychglosse ἐπράνωσε· κατέβαλεν, deren änderung in ἐπράνισε Moriz Schmidt selbst in der anmerkung zu πραῖνοι· πρηνίζειν. καταστρέφειν zurücknimmt. Diese letztere glosse ist verderbt, also auch auf ihr αι keinerlei verlass; Schmidt wollte πρανοῖ· πρηνίζει. καταστρέφει lesen.

Von allen etymologien, die man bisher für den namen der stadt *Rōma* versucht hat, ist noch immer die von Corssen krit. beitr. 427 f. ausspr. I[2] 364. II[2] 1012 gegebene die ansprechendste. Ihr zufolge stammt *Rōma* samt *Rūmo*, dem alten namen des Tiber (Servius zur Aen. 8, 63. 90), *Ruminalis* von wurzel *sreu* (vgl. *rumen ruma rūmis*), bedeutet also 'stromstadt'. Über *r* aus *sr* hat Osthoff MU. 5, 62 ff., bes. 68 ff. gehandelt. Die vocalisation der wurzelsilbe erklärt sich nur von einer grundform *srŏvĕ-ma* aus, die im gegensatz zu ῥεῦμα, an. *straumr* u. s. w. von der 'zweisilbigen wurzelform' ausgegangen ist, die auch in ai. *sravítave sraviṣyáti* zu tage tritt. Ritschl hat opusc. 4, 707 auf eine eigentümliche prägung des namens auf münzen aufmerksam gemacht: ROMA, welche einer zeit angehört, die allen verschnörkelungen der buchstaben noch durchaus abhold ist. Hat sie wirkliche bedeutung und ist sie nicht doch bloss, wofür sich Ritschl schliesslich entscheidet, individuelle marotte, so haben wir in ihr die alte spaltform zu *Roma* vor uns, die sich schon frühzeitig aus dem gebrauch verloren hat.

Auf grund der bisherigen erörterungen sei nun noch als eine vermutung, die der natur der sache nach nur unsicher sein kann, eine etymologie des namens der *rorarii* vorgetragen. Wie Nonius p. 552 und Paul. Fest. 359, 4 ff. berichten — die beiden Liviuscapitel, die der *rorarii* gedenken, widersprechen nicht direkt (8, 8, 9, 14) — [1], waren dies leichtbewaffnete mannschaften, die zur eröffnung des kampfes aus ihrer stellung hinter den kerntruppen auf den feind losgingen, diesen nur wenig beschossen und sich dann wider in ihre alte stellung zurückzogen. Es waren also gewissermassen versuchstruppen, die an den feind herangebracht wurden, etwa um dessen moralische stärke auf die probe zu stellen. Die antiken etymologen, Varro vielleicht als der erste, leiteten den namen von *ros* 'tau' ab (Varro bei Nonius a. a. o.: *rorarii appellati, quod imminentibus imbribus fere primum rorare incipit*). Darüber ist kein wort zu verlieren, aber auch Corssens deutungsversuch (krit. beitr. 143, ausspr. I² 210) (*ror*- aus *ros- dros- draös- zu gr. δι-δρα-σκω δρόμος, also = 'läufer') hält nicht stich, da er einen durch nichts zu rechtfertigenden abfall von anlautendem *d* vor *r* voraussetzt [2]). Dürfen wir *rorarii* aus *rör-ës-ar-ioi* herleiten und die wurzelsilbe zu an. *raun* 'probe', gr. ἐ-ρευ-νᾶν 'ausspüren, nachforschen', ἔρευνα 'nachforschung' (Bugge ztschr. 20, 9) stellen? Dann sind die *rorarii* eigentlich 'die éclaireurs, aufklärungstruppen', ihr geschäft verglche sich, cum grano salis zu verstehen, mit der aufgabe, die unsere heutige 'spitze', bezw. die aufklärungspatrouillen zu erfüllen haben.

---

1) Die Paulusglosse *rorarium vinum, quod rorariis dabatur* (361, 4) giebt keinerlei aufschluss.

2) Über die geschicke von urspr. *dr* im lat. s. jetzt Thurneysen ztschr. 32, 562 ff.

Ob *fones : dei silvestres* gloss. Isid. die alte zwillingsform zu *faunus* (von *fāveo*) darstellt wie *lōtus* zu *lautus* u. s. w., also auf **fāŏn- fāvĕn-* zurückgeht, oder ob sein *ō* nur die vulgäre aussprache des *au* darstellt oder endlich einem nichtlatein. dialekte entstammt (cf. umbr. *fons foner* 'propitius, favens'), ist nicht auszumachen.

Curtius grdz.⁵ 356 und Stolz² s. 261 anm. 6 bezeichnen es als möglich, dass *hornus* auf **ho-ver-nos* beruhe. Die lautgesetze stehen nicht im wege, bedenken erregt aber der umstand, dass *vēr* im lat. nur mit *ē* erscheint, mag man es im vergleich zu gr. ἔαρ u. s. w. erklären, wie man wolle. So wird es geratener sein, in *hornus* nach der alten, von Pott begründeten annahme den pronominalstamm *ho* + einem dem deutschen *jahr* entsprechenden worte zu suchen; denn Burys herleitung aus **hōrinos* zu gr. θερινός (Bezz. beitr. 7, 79), der W. Meyer-Lübke ztschr. 28, 162 zustimmt, wird der specifischen beziehung auf das laufende jahr, die dem worte eignet, nicht genügend gerecht. Indess die grundform **ho-jor-nos*, die Pott und seine nachfolger (Curtius grdz.⁵ 355. Corssen krit. nachtr. 297. ausspr. I² 308. II² 717. Stolz² s. 261. Schweizer-Sidler² s. 200) ansetzen, ist nichts, da *ŏ* sich in dem worte für jahr nirgends findet. In den germ. sprachen ist es mit *ē* vocalisiert: got. *jēr* ahd. *jār*. Eine ablautsform mit *o* liegt vielleicht im griech. ὥρα ὧρος vor[1]). Avest. *yāre*. althulg. *jarŭ jara* sind zweideutig. Ob wir für das lat. **ho-jer-nos* zu grunde legen dürfen, lässt sich mangels einer ganz genauen parallele nicht entscheiden: in *coegi* ist *oē* zwar offen geblieben, in *coepi* zu *oe* contrahiert (Osthoff perfekt 158), aber offenkundiger weise darf **hoernos* mit ihnen nicht ohne weiteres über einen kamm geschoren werden. Doch spricht die wahrscheinlichkeit dafür, dass wir von **ho- jŏr- nos* auszugehen haben. Die quantität der ersten silbe habe ich absichtlich unbezeichnet gelassen, wir müssen sie aber wohl als kürze ansetzen mit rücksicht auf *hŏ-die*. Für das verständnis von dessen *ŏ* hat Bücheler archiv 3, 145 (vgl. auch Seyffert in Bursians

---

[1] Doch ist auch heute noch die möglichkeit nicht ausgeschlossen diesem urspr. *ϝ* für den anlaut zu vindicieren (ztschr. 32, 277).

jhber. 63 [1890], 7 ff. und Skutsch forsch. 1, 9) den richtigen
weg gewiesen: sobald urspr. *ho diē unter einem accent vereinigt wurde, erlitt die erste silbe 'quantitätsminderung infolge
des tonanschlusses'. Offenbar entwickelte sich, sobald der zweite
bestandteil sich enklitisch an die erste silbe anschloss, auf
dieser eine art 'stark geschnittenen' accentes, und dieser hatte,
wie so häufig, verkürzung des vocals, den er traf, im gefolge
(vgl. darüber Sievers phonetik⁴ § 557. 791 und Brugmann grdr.
1, 464 f. 552). Ein schlagendes analogon ist quŏque neben
quō¹). Wie hŏdiernus auf hŏdie beruht, setzt auch hornus
eine zu einer einheit zusammengewachsene verbindung voraus,
die wir uns als *hŏrō aus *hŏjorō für *ho jōro zu denken haben.
*hō jōrō *ho diē sind instrumentale so gut wie ahd. hiuru aus
*hiu jāru, hiutu aus *hiu tagu. Von *horo ward *hōrinos abgeleitet nach mustern wie *rērīnos (vernus) *heimrinos (hibernus) *vesperīnos (vesperna) (cf. gr. ἐαρινός χειμερινός ἑσπερινός Brugmann grdr. 2, 137)²).

Die im vorstehenden besprochenen fälle haben den wandel

---

1) Die gleiche physiologische erklärung für die 'quantitätsminderung infolge tonanschlusses' giebt zu meiner freude jetzt auch Wackernagel in seinen beiträgen z. lehre v. griech. accent 22 f., die mir durch prof. Jacobis güte in dem augenblick zugänglich werden, wo dieser teil des manuscripts in die druckerei wandern soll. Nur verstehe ich nicht, warum W. hŏdie als dunkel bezeichnet. Wurde in *hō diē das pronominale element besonders scharf hervorgehoben — und veranlassung dazu war bei dieser verbindung natürlich oft genug gegeben —, so sank diē ohne weiteres zum 'enklitikon' herab, und die ganze verbindung unterschied sich in den betonungsverhältnissen in nichts von sĭquidem tŭquidem u. s. w., gegenüber sī quidem tū quidem.

2) Auch der ganze lautcomplex -rnos hat sich als suffix für zeitadjektiva losgelöst und weitergewuchert. Nach nocturnus ist zu diū (vgl. excurs III) diurnus gebildet (J. Schmidt pluralbild. d. neutr. 207), nach hesternus zu hodie hodiernus (W. Meyer-Lübke archiv 8, 316). Interessant ist auch somnurnus Varro sat. Men. 427, das offenbar direkt nach nocturnus geschaffen ist kraft der engen beziehung, in der nacht und schlaf im bewusstsein des sprechenden stehen (vgl. ai. svapnayá nach naktayá J. Schmidt a. a. o. 212 anm. 1). Nach diurnus ist gebildet mensurnus, doch kommt es erst in späterer zeit, bei Cyprianus und Novatianus, auf; bei Cic. d. invent. 1, 26, 39 hat es sich unrechtmässiger weise in einige hss. statt des richtigen menstrui eingeschlichen (s. Orelli z. st.).

von rĕ rĭ in ō durchweg in ursprünglich, d. h. vor dem eintreten des dreisilbenaccents unbetonter mittelsilbe vollzogen. Ihnen steht eine nicht unbeträchtliche anzahl von beispielen gegenüber, die rĕ rĭ in gleicher stellung scheinbar unverändert aufweisen. Soweit ich sie übersehe, sind sie sämtlich nicht im stande einen einwand gegen unser lautgesetz zu begründen. Denn sie stehen innerhalb umfassenderer formensysteme, können also ihr rĕ rĭ infolge des systemzwanges widerhergestellt haben oder entstammen überhaupt erst einer zeit, wo die wirksamkeit des lautwandels erloschen war. Die wichtigsten fälle, die in frage kommen, sind:

1. Bildungen, die für das sprachgefühl zu einem verbalsystem gehören:

făvitor Plaut. Lucil. *făvisor* seit Gell. und Apul. (Neue II ² 558. Georges lex. d. wortf. 270) neben *fautor* : *făveo* wie *monitor* : *moneo*, *debitor* : *debeo*.

căritum lex. agr. CIL. I, 200, 6. 7 (a. u. c. 643) neben *cautum* : *căreo*, wie *monitum* : *moneo*, *debitum* : *debeo*, *placitum* : *placeo* u. a. Entsprechend *căritio* Paul. Fest. 43, 1 neben *cautio*.

fŏvimentum Not. Tir. 134 zu *fŏveo* wie *monumentum* : *moneo*, *documentum* : *doceo* u. s. w.

făventia Acc. tr. 511 R.² (cf. Paul. Fest. 62, 34) nebst *Făventia* : *făveo*, *Ācentinus* : *ăveo* (gesegnet sein?), *Păventia* Augustin. civ. dei 4, 11 : *păveo* = *Florentia Placentia pollentia valentia* : *floreo placeo polleo valeo*.

ăvidus seit Plaut.: *ăveo*, *păvidus* seit Lucr.: *păveo* = *aridus* : *areo*, *frigidus* : *frigeo*, *placidus* : *placeo*, *stupidus* : *stupeo* u. a. Ausserdem konnte noch in wirksamkeit treten die proportion *aridus* : *audus* = *aridus* : *ardus*, *frigidus* : *frigdus*. Vgl. über alle diese bildungen auf -ĭdus Skutsch forsch. 1, 41 ff.

2. Bildungen, die für das sprachgefühl zu einem nominalsystem gehören:

Composita und deminutiva: *ŏrĭcerda* Fest. 432, 13 (hss. opicer-), *ŏrĭfer*, vielleicht *ŏrĭpīlio* Plaut. Asin. 540 nach Seyfferts vermutung (vgl. o. s. 94), *ŏrĭcula*. Sie stehen gegenüber o- in *opilio* auf einer jüngeren stufe; *orifer oricula* sind auch erst aus später zeit zu belegen, *oricerda* als verhältnismässig jung charakterisiert durch den mangel des *s* im anlaut seines zweiten bestandteiles (J. Schmidt pluralb. d. neutr. 178). *nārīger nā̆rĭcŭla* zu *nāris*, *nārĭfragus* statt *naufragus* ist nur dichterisch. Daran schliessen sich andere bildungen: *Ovīdius nārīgo*.

Ableitungen auf *-ītas*: *brĕvĭtas cārĭtas grandaevĭtas gravĭtas lĕvĭtas lĕvĭtas navĭtas novĭtas pravĭtas* nebst entsprechenden auf *-ĭtudo*, *-ĭtia*, *-ĭties*.

Adverbia auf *-ĭter*: *brĕvĭter gravĭter lĕvĭter navĭter*.

Adjektiva auf *-ĭdus*: *gravĭdus* zu *gravis*, *ravĭdus* (neben *ravus* Catull. 40, 1) zu *ravus*.

Vereinzeltere bildungen: *Nŏvember nŏvendialis* zu *nŏvem*; *Nŏvensides* (*-iles*) *nŏverca* (Curtius ztschr. 4, 216. grdz.⁵ 315. Bréal MSL. 6, 341) zu *nŏvus*; *cāverna* zu *cāvus*.

In *cavilla cavillum* (Paul. Fest. 32, 28) und *favilla* geht das *i* der zweiten silbe auf *ī* zurück ebenso wie z. b. in *ōvillus* aus **ovīno-los*, *bōvillus* aus **bovīno-los* u. a.

Nur ein wort widerspricht scheinbar: *Lăverna* nebst dem davon abgeleiteten *lavernio* (Paul. Fest. 84, 11), die man mit *lăvrum*, gr. ἀπολαύω, altbulg. *lovă*, got. *laun* zusammenzustellen pflegt (Curtius grdz.⁵ 363). Es beruht, ebenso wie *caverna* auf *cavus*, auf einer kürzeren bildung (**lăvus -a -um*), und es dürfte nicht zu kühn sein deren existenz noch für die zeit vorauszusetzen, in der unser lautwandel sich abspielte.

Über die mittelsilbe *-vī-* im perfektum und den dazu gehörigen temporibus s. an späterer stelle.

Wenn das SC. de Bac. noch *covenționid* schreibt (o. s. 83), so dürfen wir wohl annehmen, dass damit die alte form des wortes im solennen gebrauch noch zu einer zeit weitergeführt ist, wo in der lebendigen volkssprache längst die jüngere form durchgedrungen war. An parallelen dafür fehlt es auf römischem boden bekanntlich nicht.

Dagegen haben wir zwei principielle einschränkungen des wirkungskreises unseres lautgesetzes anzuerkennen: 1) Nur nach vorhergehendem *ă* und *ŏ* werden *vĕ vĭ* zu *ŏ*, nach *i* und den diphthongen mit *i* als zweitem bestandteil sowie nach *u* bleiben sie unangetastet: *divitis divitiae aevitas praevides*: *iuvenis iuventus*. Diese wörter werden uns noch in den folgenden abschnitten näher beschäftigen.

2) Auch nach *ă* und *ŏ* bleiben *vĕ vĭ* unverändert, wenn

sie unmittelbar vor vocal stehen: *fŏvea*. Danach sind auch *căvea căveo făveo fŏveo păveo* ganz lautgesetzlich.

Der physiologische unterschied zwischen diesen fällen und denen, die uns den anlass zur aufstellung unseres lautgesetzes gegeben haben, braucht nicht weiter ausgeführt zu werden.

Auch in wortschliessenden silben hat der wandel von *rĕ ri* in *ŏ* keine stätte: *nŏvem pŏver*, das aus dem allein belegten dat. *porero* CIL. III p. 962 n. 2 und aus *puer* mit sicherheit zu erschliessen ist und seinerseits die erhaltung des *ve* in *porero* rechtfertigt, *cadăver*; *brĕvis clăvis grăvis lĕvis lĕvis nāris ŏris*. Nur in einem falle glaube ich übergang von *rĕ* in *ŏ* auch für eine wortschliessende silbe annehmen zu müssen, bei den sklavennamen, deren erstes glied der vorname des herrn, deren zweites das wort *-por* gen. *-poris* bildet. Belegt sind *Guipor* Fest. 340, 20 (cod. *gripor*). *Lucipores* Plin. n. h. 33, 26. *Marcipor* titel einer Varronischen satire. Fest. a. a. o. mit synkope *Marpor* CIL. I. 1076, vielleicht auch IV. 1906 (A D M POR nach Hübners vermutung *A. D[idius] M[arci]por*. *Marcipores* Plin. a. a. o. Quint. 1. 4. 26. *Naepur* (?) CIL. XI. 2175. *Naepurs* gen. ib. 2174 (vgl. Bormanns bemerkungen). *Naepori* dat. I, 1539 e = *Naevip-*[1]). *Olipor* I, 1034. 1. 1386 (= XI. 1973). *Publipor* IX. 2818. Sallust. hist. 3. 69 Dietsch. *Publipores* Quint. a. a. o. *Quintipor* Varro sat. Men. 59. Fest. 340, 17. *Quintiporis* brief des Varro bei Nonius p. 117. 4. Ihrer analogie ist, wie schon Bücheler decl.[2] s. 27 erkannt hat, der griech. name Νικήφορος bei seiner latinisierung teilweise gefolgt: er erscheint als *Niceporus*, daneben aber auf alten inschriften widerholt als *Nicepor*. Dass *-por* = *puer porer* (grundform *pouros*) ist, springt in die augen. Corssens ausspruch aber (II[2] 81) '*-por* ist gekürzt aus *pu-e-ro- por-e-ro-*' erklärt nichts, und bei Büchelers ansätzen: *porer* über *poer* zu *por* (decl.[2] s. 26) bleibt das verschwinden des *e* rätselhaft. Ich sehe nur einen weg, der zum verständnis der bildung führt: *-porer* wurde über **-poor* zunächst zu *-pōr*. Der unterschied in der behandlung des nicht zusammengesetzten und des zusammengesetzten *pŏrer* begreift sich unter der annahme, dass wort-

---

1) Über den schwund des *e* s. den folgenden abschnitt.

schliessendes -rĕ- im zweiten teile des compositums schwächer betont war als im nicht componierten worte, mit anderen worten, dass rĕ in porer norem nach der haupttonsilbe einen, wenn auch noch so geringen, nebenaccent trug (⏑́⏑̀), dagegen in *Marciporer nach der nebentonsilbe ganz unbetont war (⏑́⏑̀⏑). und dafür haben wir hinreichende parallelen in undecim aus *oinōmdĕcĭm duōdecim neben decem¹), compos impos hospes aus *cŏmpŏtĭs *hŏstĭpŏtĭs neben potis. Der nom. -por fiel in seinem ausgang mit den masculinis auf -or -tor zusammen, und dies ward der anlass zum übertritt der namen in die dritte deklination. Nach den angaben der grammatiker unterschieden sie sich freilich in ihrer flexion von den anderen nomina auf -or insofern, als sie in den casus obliqui auf -ŏris u. s. w. ausgingen. Prüft man die zeugnisse aber genauer, so erscheint ihre zuverlässigkeit in bedenklichem lichte. Der einzige, der für -poris mit voller bestimmtheit kürze des ŏ angiebt, ist Priscian I, 236, 10 ff. Htz. Nach seinem eigenen geständnis ist er darin von Probus abhängig, wie er denn auch dasselbe beispiel aus Sallust anführt wie dieser. Probus selbst aber spricht sich folgendermassen aus (GLK. IV, 16, 16 ff.): por tertiae sunt declinationis, corripiuntur in nominativo, in genetivo appellativa producuntur, vapor vaporis, sapor saporis, legi unum novo modo figuratum apud Sallustium, Publipor Publiporis: nam quasi proprium est. Nach diesen worten ist es immerhin wahrscheinlich, dass auch Probus den sklavennamen kurzes ŏ zuschrieb. Bedenken wir aber, dass er in dem ganzen abschnitt über die nomina auf -or (a. a. o. 12, 14 ff.) die theorie durchführt, dass die appellativa mit wenigen ausnahmen -ōris, die nomina propria -ŏris haben, so werden wir nicht daran zweifeln, dass jene ansicht nur durch eben diese theorie bedingt ist. In wahrheit nämlich konnte er über die quantitätsverhältnisse etwas bestimmtes gar nicht wissen. Aus dem lebendigen gebrauche waren die sklavennamen auf -por schon zu Quintilians zeiten verschwunden, wie dieser selbst 1, 4, 26 erklärt. Aus der litteratur aber kannte Probus sie seiner eigenen aussage gemäss nur an der einen Salluststelle, die über die quantität natürlich keinen aufschluss gab. Wir sind also vollauf berechtigt in den casus obliqui -pōris u. s. w. anzu-

---

1) Anders, aber mich nicht überzeugend Wackernagel ztschr. 33, 10 f.

setzen. Für den nom. wird -*pōr* schon durch den anschluss von *Nicepōrus* an die sklavennamen wahrscheinlich gemacht. Dann haben wir uns die entwicklungsgeschichte in folgender weise zu denken. Als die nomina auf -*ōr* -*tor* im nom. sg. noch durchweg langen vocal hatten, trat -*pōr* in ihre flexion über. Später erfolgte bei ihnen kürzung des -*ōr* lautgesetzlich bei den iambischen wortstämmen, nach deren muster auch bei den anderen (o. s. 81), und die wirkung dieser analogie griff auch auf -*pōr* über und wandelte es in -*pŏr*.

-*por* aus *pŏcer* giebt uns einen terminus post quem für den wandel von *rĕ rĭ* zu *ŏ* an die hand: er muss jünger sein als die entstehung von *er* aus dem specifisch italischen, durch die synkope von *ŏ* ins leben getretenen silbebildenden *r* (*pouros* über *poyrs *poyr zu *pŏrer*). Terminus ante quem ist, wie schon angedeutet, der eintritt der dreisilbenbetonung; dies lehren die adjektiva auf -*ŏnsus* aus -*ŏ-renssos* -*ă-renssos*, *nōntius* aus *nŏventios*, *momentum fōmentum* u. s. w. aus *mŏrimentom *fŏrimentom, *gloria* aus *glŏresiā*, *omen* aus *ŏcismen, opiter* aus *ăcĭpater, ōtium* aus *ŏvetiom*.

Ob der wandel von unbetontem *rĕ rĭ* in *ŏ*, der durch die vorstehenden untersuchungen für das lat., wie ich hoffe, ausser zweifel gestellt ist, auch anderen ital. mundarten eigen war, ist eine frage, die wir mit den uns zu gebote stehenden mitteln kaum beantworten können. abgesehen vom faliskischen, für das er durch das o. s. 89 besprochene *rootum* erwiesen wird. Beim osk. und den kleineren sog. zwischendialekten liegt zwar nichts vor, was uns zu einem 'ja' veranlassen könnte, im gegenteil, soweit die wörter, um die es sich handelt, belegt sind, zeigen sie *ou*: osk. *Nŭrlanŭis Nurk(i)rinum*, päl. *Nounis*[1]). Aber das sind auch alle belege, die wir überhaupt haben, und ich bezweifle, ob jemand bei diesem dürftigen material und angesichts der vielen doppelformen im lat. den mut haben wird mit 'nein' zu antworten. Beim umbr. sind wir, was die zahl der belege anbetrifft, ein wenig besser gestellt: *Noniar comohota fons* gen. sg. nom. pl. *foner* (= lat. *farens*) an. *ulu* nu. *ulo* an. *uraku uru ures* nu. *uru orer* (s. o. s. 93), vielleicht auch *ooserclom* VI a 12, wenn Panzerbieters

---

1) Ob auch *nounas* CIL. X, 2381 (o. s. 84) ein rest des landesdialekts ist?

deutung aus *ari-serclom gegenüber der Bücheler'schen = observaculum das richtige trifft (vgl. v. Planta 1, 209) [1]). Hier aber tritt einer sicheren entscheidung die andere schwierigkeit in den weg, dass in umbr. *o* älteres *o* und ältere *ou au*, mögen diese nun ursprünglich oder erst durch synkope aus *oue oui aue aui* entstanden sein, zusammengefallen sind. Es ist also nicht auszumachen, ob *Noniar* dem lat. *non-us* oder *noan-dinum*, *ulu* lat. *ol-im* oder *ul-s*, *comohota* lat. *motus* oder **mutus* (in *mutare?* o. s. 89) u. s. w. entspricht. Immerhin spricht die schreibung *comohota* vielleicht dafür, dass dies wirklich das genaue ebenbild von lat. *motus* ist, wofern man nämlich, wie dies schon v. Planta 1, 58 tut, in der schreibung -*oho*- den ausdruck zweigipfliger betonung sehen darf. Es vergleicht sich dann mit falisk. *rootum* und berechtigt zu denselben folgerungen wie dieses (o. s. 89). Auf alle fälle darf man sich nicht als beweis gegen den in rede stehenden lautwandel auf umbr. *nuvime* II a 26 berufen. Denn dies verrät sich gegenüber *Noniar* schon durch sein *m* als jüngere neubildung nach den ordinalien für 10 und 7, wie sie ähnlich z. b. im ai. *navamás*, avest. *naoma-*, apers. *navama-* stattgefunden hat.

Ich kann diesen abschnitt nicht schliessen, ohne noch in kürze auf die frage einzugehen: berechtigen die anderen beispiele, die Kretschmer in dem mehrerwähnten excurs beigebracht hat, dazu, den übergang von *ou* in *o* als einen dem sonderleben des lateinischen, bezw. der italischen sprachen angehörigen akt anzusehen? Kretschmer selbst lässt zwar, wie er auch Bezz. beitr. 19, 161 anm. 6 hervorhebt, das alter dieses vorganges in der schwebe. Tatsächlich aber setzen einige seiner beispiele voraus, dass die abneigung gegen die lautfolge *ou* + cons. noch in einzelsprachlicher zeit wirksam gewesen ist, diejenigen nämlich, in denen diese lautfolge erst durch die speciell italische synkope eines unbetonten mittelvocals zu stande ge-

---

[1]) Dagegen ist von Aufrecht-Kirchhoff's zusammenstellung von *pre-plo-tatu* VI b 60, *pre-ploho-tatu* VII a 49 mit lat. *plovere* des zusammenhanges wegen wahrscheinlich abzusehen (Bücheler Umbrica 101).

kommen sein soll: *gloria* aus *clorēsia, *opilio* aus *ōrīpilio, *ōmen* aus *ovīsmen, *prōrsus* aus *provorsus. Schon um das versprechen einzulösen, das ich bei der behandlung des letztgenannten wortes abgegeben habe (o. s. 63), muss ich die wenigen beispiele Kretschmers, die noch nicht erledigt sind, auf den bezeichneten gesichtspunkt hin prüfen.

Drei von ihnen haben sicher *o* aus *ou*, aber bei ihnen allen wird der verlust des *u* mehr oder minder direkt von den anderen sprachen geteilt, und diese übereinstimmung giebt uns das recht ihn in die urzeit hinaufzudatieren. *ōs oris*, dessen herkunft aus *ous J. Schmidt pluralb. d. neutr. 221. 407 erkannt hat, stimmt zu ai. *ās* gr. ὤα ags. *ōr ōra* an. *ōss* lit. *ustà ùstas*. *bos* geht mit dor. βῶς germ. *ko*- (Streitberg z. germ. sprachgesch. 60 ff.) und dem acc. ai. *gām* gr. hom. dor. βῶν hand in hand gegenüber ai. *gāuš* gr. βοῦς. Es muss dahingestellt bleiben, ob es direkt eine schon in der ursprache neben *gōus entwickelte schwesterform *gōs fortsetzt oder erst im sonderleben des ital. nach dem muster des acc. *bōm (erhalten in umbr. *hum*, im lat. ersetzt durch *bōvem*) neu geschaffen ist[1]. Endlich *glōs* neben hom. ϝαλοω dat. sg. nom. pl. ϝαλοων gen. pl., att. ϝάλως, altbulg. *zlŭva* oder richtiger, wie durch serb. *zaova* bewiesen wird, *zălŭva*, leitet Kretschmer s. 453 mit recht aus *glōus ab. Da es aber in seiner stammbildung zweifellos mit den in der anm. genannten μήτρως πάτρως, weiter ἥρως und den anderen ωϝ-stämmen identisch ist, so spricht auch hier die wahrscheinlichkeit durchaus dafür, dass es im nom. sg. das *u* nicht mehr in die ital. sonderexistenz mitgebracht hat. Übrigens ist seine idg. urform nicht mit sicherheit zu bestimmen. Sie kann *glos* (bezw. *gəlos) gelautet haben. Dann geht hom. ϝαλως auf *ϝάλωϝ-ος zurück, und dies ist durch übertritt der casus obliqui aus der conson. in die o-deklination zu stande gekommen, und altbulg. *zălŭva* beruht auf einer erweiterung

---

1) Streitberg sucht a. a. o. 50 ff. nachzuweisen, dass in idg. zeit nur *gōus gegenüber *gōm* bestanden habe. So scharfsinnig seine beweisführung und so ansprechend ihr ergebnis für den einzelnen fall ist, so scheint mir doch das letzte wort in diesen fragen durch ihn noch nicht gesprochen zu sein, vor allem deshalb, weil er die griech. nominative wie μήτρως (neben μητρυιά) πάτρως (neben ai. *pitŗvyas* lat. *patruus*) θύς (neben θέσω) u. a. (Prellwitz GGA. 1886, 764 f.) nicht in den kreis seiner untersuchung gezogen hat.

der schwächsten stammform *ǵolu- um das feminin-α. Die lat. lautgesetze gestatten aber auch, wie im nächsten abschnitt gezeigt werden soll, glos aus *glōeos herzuleiten, und dessen zwillingsform läge dann in hom. *γαλόως vor, nur dass sie in die deklination von λεώς u. s. w. übergeschlagen ist und att. γάλως seinen accent zurückgezogen hat (nach μήτρως πάτρως?), und nicht minder in altbulg. *zŭlŭva*, nur dass infolge des lautgesetzlichen überganges von -os in -a das wort in die bahnen der a-stämme geraten ist. Da jeglicher etymologische anhaltspunkt für das wort fehlt, so lässt sich eine entscheidung zwischen den beiden möglichen urformen nicht treffen.

Nach Sueton Aug. 87 und Mar. Vict. GLK. VI, 9, 4 sagte Augustus im gen. sg. ausschliesslich *domos*, nicht *domūs*. Kretschmer s. 453 vergleicht dessen -os dem -aŭš der avest. genetive *bazauš rizauš* u. s. w. Ich zweifle, ob wir das recht haben in einer so vereinzelt bezeugten form eine altertümlichkeit derartigen ranges zu sehen, und halte dafür, dass wir es mit einer individuellen spracheigentümlichkeit des kaisers zu tun haben, für die ich freilich eine erklärung nicht zu geben weiss. Übrigens ist der avest. gen. auf -aŭš nur ein glied in einer kette von casus mit au (nom. sg. -auš, acc. -aum, loc. -au, nom. acc. pl. -ăvō Jackson Avesta gramm. § 262 ff.), und es ist die frage, wie viele von diesen ihrem alter nach über die einzelsprachliche zeit hinaufreichen; nach Brugmann grdr. 2, 613 f. sind sie alle aus dem sicher ererbten loc. sg. auf -au erwachsen.

So bleibt nur *rōbus* 'rot' (Paul. Fest. 359, 8. Iuven. 8, 155) nebst der weiterbildung *rōbeus robius* (Varro r. r. 2. 5, 8 u. ö.; belege bei Keil im comm. zur Varrostelle p. 175 f.) und der ableitung *robigo Rōbigus*, die in späterer zeit in offenbarer anlehnung an *ruber rufus* durch *rubeus* (Pallad. 4, 11. 2. 14, 3) *rubīgo* (App. Probi GLK. IV, 119, 5: *robigo, non rubigo* und anderes bei Schuchardt 2, 112) ersetzt werden. *rōbus* gegenüber *rŭbus* 'brombeere' *rŭfus* 'rot' wagt Kretschmer selbst nur zögernd dem ai. *lauhas* 'rot, kupfern' neben *lohás* dass., got. *raups* u. s. w. gleich zu setzen (s. 455), und ich glaube nach allem, was im obigen auseinandergesetzt ist, nicht, dass man sich um dieses einen wortes willen entschliessen wird speciell ital. übergang von *ou* in *ō* zu statuieren. Wie das *o* zu verstehen ist, weiss ich nicht mit sicherheit zu sagen. Da das *f* in *rūfus* aus einem nicht lat. dialekte bezogen ist, so möchte ich es nicht als ausgeschlossen betrachten, dass in ähnlicher weise das *o* aus einer der mundarten eingedrungen ist, in denen sich urital. *ōu* = idg. *eu* zu *o* entwickelt hat: vgl. umbr. *rofu rofa* VII a 3. 6 und beachte auch das o. s. 85 f. über das praenestinische und faliskische bemerkte. Freilich trägt das *b* ein speciell latinisches gepräge, und wir werden deshalb vielleicht an kreuzung verschiedener mundartlicher formen zu denken haben.

3. Schwund des *r* zwischen gleichen vocalen.

Wo *r* zwischen qualitativ gleichen vocalen steht, kann es ausfallen: die umgebenden vocale fliessen zu einem zusammen. Auch dieser satz ist, obwohl nicht wenige von den beispielen, aus denen er folgt, längst gefunden sind, doch in seiner allgemeingültigkeit bisher nicht erkannt worden. Er wird bewiesen durch die nachstehenden fälle:

1. *ā* aus *ara*.

lātrīna 'bad, abtritt, bordell' Plaut. Curc. 580. Lucil. 11, 26 M. u. sp.; *latrīnum* 'bad' Lucil. 6, 29 M. Laber. 36 R.[2] aus *larātrīna* *larātrīnom*. *larātrīna* ist erhalten Varro l. l. (5, 118.) 9. 68. Pompon. 53 R.[2] aus Nonius 504, 23, wo die hss. *latrinam* (-em) bieten, die viersilbige form aber vom metrum gefordert wird und von Lachmann zu Lucr. p. 393 hergestellt ist. Eine grundform *lyātrīna*, an die von Planta 1. 206 anm. 1 denkt, wird niemand annehmbar sein.

lābrum 'becken, wanne' nebst deminutivum *labellum* aus *larābrum*, das Lucret. 6, 799 überliefert und von Lachmann z. st. endgültig sichergestellt ist, auch von Mar. Victor. GLK. VI, 9. 20 als alte form für *labrum* bezeugt wird. *labrum* und *labellum* setzt Georges noch in der 7. aufl. des wtb. II, 454. 464 mit *ă* an, obwohl Lachmann a. a. o. längst das richtige gelehrt hat. Aus den beiden zeugnissen, die für *labellum* angeführt werden (Nonius 544, 28 ff. — Afranius 187[1] und Laber. 38 R.[2]), ist die quantität nicht zu erkennen, *labrum* aber misst an allen dichterstellen, die Georges verzeichnet, sein *a* als länge, und die etymologie beweist, dass dies natur-, nicht positionslänge ist.

Andere ableitungen von *larāre* bewahren, ebenso wie die verbalformen selbst, -*ava*- unverändert: *lăvatio* seit Plaut., *lăvandaria* 'wäsche' Laber. inc. fab. XVII R.², *lăvacrum* seit Gell. und Apul., *lăvatorium* Gloss. Labb.

2. *ĭ* aus *iei*,

wozu auch *ei* aus *eiri*, *ai* aus *aiei* (, *oi* aus *oiei*) gehören:

aetas aus **aivitas*, das als *aevitas* in den XII tafeln 3 mal und bei Varro sat. Men. 544 erhalten, von Apul. dogm. Plat. 1, 12 wider ausgegraben ist. *aeternus* aus **aiviternos* (*aecit*-Varro sat. Men. 437. Apul. de deo Socr. 1, 3; vielleicht auch Orelli 6017). Vgl. auch Varro l. l. 6. 11. Priscian I, 81, 6 Htz.

dĭus adj. 'göttlich' führe ich mit Bücheler rhein. mus. 37, 644 und Fick wtb. 1⁴, 67. 460 auf **divios* zurück und setze es dem ai. *divyás divíás* gr. δῖος aus **διϝιος*¹) gleich.

1) δῖος wird in der regel aus **διϝ-ιος mit vocalischem ι des ableitungssuffixes erklärt (Curtius grdz.⁵ 519. Fick Ilias 557. wtb, a. a. o. Brugmann grdr. 2, 120). Dies wird aber durch den gebrauch des wortes bei Homer unmöglich gemacht. Die erste silbe hat ihren regelrechten platz in der arsis (Nauck Mél. Gréco-Rom. 2, 401), gestattet also keine auflösung. Die homerische sprache aber verwendet zwei ursprünglich durch digamma getrennte vocale, abgesehen von vereinzelten ausnahmefällen, noch durchaus als uncontrahiert (W. Schulze ztschr. 29, 234), und dieser regel sind selbst zwei gleiche vocale untertan: ἀάτη (Nauck a. a. o. 3, 230 ff.) θαάσσω ῥέεθρον und vor allem διίφιλος, um von Διί zu schweigen, das auch im att. infolge analogischer neuschöpfung üblich ist; auch ἔνδιος, das gegenüber ἔνδιος auf **ἔνδιϝ-ιος beruht (cf. ἐννύχιος Legerlotz ztschr. 7. 299), hat an den beiden stellen, au denen es bei Homer vorkommt (Λ 726. δ 450), -δῖ- in der thesis. δῖος direkt aus **διϝ-ος herzuleiten, woran Prellwitz etym. wtb. 76 und Bronisch die osk. *i*- und *e*-vocale 120 denken, geht nicht an, weil die basis *deiṷ*-, anders vocalisiert *diṷ*-, in der tiefstufe nur *ĭ*, nicht *ī* kennt; *dī*- als tiefstufe zu *dejā*- hat damit zunächst nichts zu schaffen. Es bleibt nur ein ausweg: δῖος geht auf **διϝ-ιος mit consonantischem *i̯* zurück, und die verschmelzung von ῐ + *i̯* zu ῑ steht auf einer linie mit der von ε + *i̯* zu ει in εὐρεῖα aus **εὐρεϝi̯α, dessen ει bei Homer ebenfalls unauflösbar ist (unter 39 belegen haben 18 ει in der vershebung). Bei αἱ aus ον*i̯* (καίω παῖδες Wackernagel ztschr. 27, 277), οἱ aus ον*i̯* (οἱός Wackernagel a. a. o. οἰωνός J. Schmidt 32, 374 ff. -βοιος in ἐννεαβοίων Z 236 aus -βοϝ*i̯*ος) handelt es sich um epenthese, wie vor allem korinth. ἀμοιϝάν Coll. 3119 c aus **ἀμοϝ*i̯*άν zu ἀμεύ-σασθαι beweist. Ob

Es ist ausser bei Varro l. l. 7, 34 (*Casmilus dius quidam administer diis magnis*) nur in der dichtersprache[1]) und in den festen formeln *dius Fidius*, *Dea dia* erhalten, sowie als substantiviertes neutrum in der wendung *sub dio sub diu*[2]) 'unter freiem himmel', wozu Paul. Fest. 50, 12. 52. 30 den nom. *dium* 'himmelsraum' überliefert (vgl. auch Pseudo-Ascon. zu Cic. II Verr. 1, 51). Im täglichen gebrauch ist es als adj. durch *divus* verdrängt, und vielfach wird es deshalb als blosse nebenform dazu betrachtet. So von Thurneysen ztschr. 28, 156 und v. Planta 1, 173 f., die *divus* und *dius* aus *divios auf dem wege der epenthese entstehen lassen. Ich habe schon o. s. 72 bemerkt, dass mir epenthese im sonderleben des ital. oder lat. vor der hand höchst problematisch erscheint, und ebenda *divus* zusammen mit *deus* auf *deivos zurückgeführt. Aus dieser grundform auch *dius* abzuleiten, wäre nur mit hülfe von ganz künstlichen constructionen möglich. Dagegen ist die herkunft aus *divios angesichts der im folgenden beizubringenden parallelen vollkommen einwandsfrei und empfiehlt sich auch mit rücksicht auf die übereinstimmung des substantivierten *dium* mit ai. *divyāni* 'die himmlischen räume'. Überdies besitzen wir ein direktes zeugnis für die existenz von *divio-* und die entwicklung von *divi-* zu *di-* auf lat. boden in einer alten namensform der göttin *Diana*, der man bisher, wie es scheint, nicht die beachtung geschenkt hat, auf die sie anspruch erheben darf. Birt hat in Roschers myth. lex. 1, 1003 richtig hervorgehoben, dass bei der etymologie dieses namens von der form mit *ī* auszugehen sei, die Plaut. Bacch. 312 und Enn. ann. 426 M. trag. 31 R.[2] und ab und zu noch bei dichtern der kaiserzeit steht, während das älteste beispiel für die verkürzung der wurzelsilbe vor dem folgenden vocal Varro sat. Men. 385 ist (Plaut. Bacch. 307 und Afran. 141. 144 R.[2] sind zweideutig). Birt folgert daraus mit recht, dass *Diana* von

---

wir uns bei ει aus -εϳί-, ι aus -ιϳί- den physiologischen vorgang ebenso denken dürfen, ist deshalb zweifelhaft, weil zwar bei αρί αυί, ορί ουί epenthese eintritt, aber nicht bei ερί ευί, ιρί ιυί. Vergleichbar ist bis zu einem gewissen grade -ει- aus -εσί- in hom. ἐμεῖο σεῖο εἷο (ztschr. 32, 537), -ῑ- aus -ῑσϳ- in hom. κονίω aus *κονῑσ-ϳω, οἴομαι aus *ὀ.ισ-ϳομαι (W. Schulze quaest. ep. 352 ff.).

1) Hat auch Varro es dieser entlehnt?
2) Näheres über deren gegenseitiges verhältnis unten.

dīus bezw. *dium* abgeleitet sei[1]). Nun bemerkt Varro l. l. 5, 68: *Diana dicta quod luna in altitudinem et latitudinem simul eat [it Spengel] Diviana appellata*. Die äusserst lahme erklärung beweist zur genüge, dass Varro oder wer sonst sie zuerst auf den markt gebracht hat, dies *Diviana* sich nicht um etymologischer spielereien willen aus den fingern gesogen, sondern es wirklich vorgefunden und nun versucht hat auf irgend eine weise damit fertig zu werden. Wir haben darin also die älteste gestalt des namens der göttin anzuerkennen. Sie würde eine erfreuliche bestätigung finden, wenn sich bewähren sollte, was Deecke in Roschers myth. lex. 1, 1011 s. v. *Diana* über etrusk. *Tiv* andeutet: dass darin der name einer mit *Diana* identischen mondgöttin stecke[2]).

Nur ein schwieriger punkt bleibt bei der deutung von *dius* aus **divios*: das ist das osk. *diieiai* auf dem ringe von Aesernia Dressel dtsch. lttztg. 1882 p. 1132. Bücheler rh. mus. 37, 643. Zvet. III. 107. Dass man dessen *ii* nicht ohne weiteres mit dem *ei ei* gleichsetzen darf, das die sonstigen

---

1) Birt meint, nur das substantivische *dium* könne zu grunde liegen, da adjektiva auf -*ānus* nur von substantiven oder verben gebildet würden. Aber *veterānus* von *vetus*? Vergl. überhaupt Schnorr v. Carolsfeld archiv 1, 177 ff. Die andere möglichkeit, die B. offen lässt, dass *Diāna* von *dies* komme, das vielleicht einmal ĭ gehabt habe, muss ausser betracht bleiben, da *dies* eben nie ĭ besessen hat, wie die verwanten sprachen zeigen.

2) Benfeys gleichung *Diāna* = Διώνη Or. Occ. 1, 280 ist also hinfällig, und es dürfen an sie nicht die schlüsse auf graecoitalische cultur- und cultgemeinschaft geknüpft werden, zu denen sie noch v. Bradke beitr. z. kenntnis der vorhist. entwickl. 30 verwendet. Es begegnet allerdings einmal Διώνη, hymn. Hom. Apoll. Del. 92 f.:

θεαί δ' ἔσαν ἔνδοθι πᾶσαι,
ὅσσαι ἄρισται ἔσαν, Διώνη τε 'Ρείη τε,

aber das ist auch, soviel ich habe feststellen können, die einzige stelle mit ῑ, während sonst in der ganzen griech. poesie von Homer an (E 370. 381) die wertung des ι als kürze feststeht, und deshalb ist die sehr leichte verbesserung Wolfs: ὅσσαι ἄρισται ἔασι aufzunehmen, wie Baumeister getan hat. Der hinweis Gemolls s. 135 seiner ausgabe auf P 377 ὅσσοι ἄριστοι ἔσαν, dem der erste halbvers in der überlieferten fassung entspricht, ist natürlich kein durchschlagender grund. Zudem ist Διώνη neben Διώνη sprachlich kaum erklärbar; die vermutung W. Schulzes quaest. ep. 155 anm. 7, der dichter des Apollohymnus habe es sich nach dem muster von Δίων neben Δίων gestattet, ist wenig wahrscheinlich.

vertreter des wortstammes im osk. aufweisen *deivai deivin[ais] deivast* u. s. w.', bemerkt v. Planta I, 145 f. mit recht. Wenn die orthographie zuverlässig ist, so kann *ii* nur = urspr. *i* sein, aber die erklärung, die v. Planta a. a. o. und 173 f. giebt, ist zu compliciert, um wahrscheinlich zu sein, ganz abgesehen davon, dass sie ital. epenthese von *i* zur voraussetzung hat, und die annahme Bronischs s. 120, *ii* setze idg. *ī*, also die 'nebentonige tiefstufe', fort, ist schon s. 110 anm. 1 abgewiesen worden. Sind wir denn aber bei dem sonstigen charakter der inschrift, die nach Dressel nicht älter als die Sullanische zeit sein kann, wirklich berechtigt in ihre orthographie unbedingtes vertrauen zu setzen? Sie hat *dunum = donom* ohne diakritische punkte, ferner in *Anagtiai diiriai ai*, nicht *aí*, und so darf man vielleicht fragen, ob nicht der graveur mit dem (linksläufigen) *I I* nur eine doppelte bezeichnung für *i* gegeben hat, indem er zunächst das jüngere zeichen wählte, das er auch in dem diphthongen *ai* verwendet hat, dann aber in seiner unsicherheit das ältere hinzufügte. Oder dürfen wir annehmen, dass auch im osk., wie es sicher im pälign. der fall gewesen ist (s. u.), *v* zwischen gleichen vocalen ausfallen konnte, dass also **diriai* und **dui* neben einander im gebrauch waren, wie wir solchen doppelformen im lat. mehrfach begegnen werden, und dass der graveur zunächst **dui* einritzen wollte, als er aber bis *dii-* gekommen war, ihm doch die andere form aus dem griffel herauskam? Wir bleiben in der unsicherheit stecken, aber es wäre zu viel verlangt, wollte man bei den kläglichen trümmern, die uns von den ital. dialekten geblieben sind, über jede form sicheren aufschluss haben, und wir müssen uns bescheiden und auf die zukunft und neue funde hoffen.

Es sind noch ein paar worte erforderlich über das verhältnis von *sub dio sub diu sub divo*. Das üblichste in classischer und nachclassischer zeit ist *sub divo*. Daneben findet sich nicht ganz selten *sub diu*, das zuerst Lachmann zu Lucr. p. 226 in sein recht eingesetzt hat: Plaut. Most. 765 in der Palatin. recension, während die in A erhaltenen reste auf eine ganz andere spur führen (s. jetzt Schöll z. st. und p. XI der praef.), Lucr. 4, 211. Vitruv. 5, 9, 5. 6. 6, 3, 9. 7, 1, 5. Plin. n. h. 21, 84. Acta fratr. Arv. a. 38 c z. 40. a. 101 I z. 14. Endlich *sub dio* ist allein bezeugt nur bei Colum. XII praef. 2 (in einer stelle aus Cicero) und cap. 12, 1, für welchen schriftsteller wir freilich immer noch auf die Schneidersche ausgabe angewiesen sind. An anderen stellen wechselt es in den hss. mit *sub divo*: Verg. Geo. 3, 435 (*sub dio* P *divo* M R), Hor. carm. 2, 3, 23 (Keller Epil. 128). 3, 2, 5 ib. 189), wo die durch das folgende *et* nötig werdende elision *sub divo* als richtig erweist (Lachmann a. a. o.); Cic. Verr. 1, 19, 51 haben sämtliche hss. *divo*, Pseudo-Asconius aber las *dio*. Ein besonderer *u*-stamm, wie er wohl für *sub diū* angenommen worden ist, schwebt ganz in der luft. Ich denke, von den drei formen kann *sub dio* (zu *dium*) den anspruch auf das höchste alter machen, trotz der spärlichen und unsicheren belege, in denen es erhalten ist. Als *dium* und *dius* in der lebendigen rede ausgestorben waren, stand *sub dīō* ganz allein da. Es suchte anschluss bei ähnlichen bildungen und fand ihn an zwei stellen: bei *diū* 'bei tage', nach dessen muster es sein *ō* zu *ū* umformte[1]), sodann bei *divos*, das ganz allgemein den platz von *dius* eingenommen hatte und von dem es das *v* annahm. Eine bestätigung dieses entwicklungsganges dürfen wir in den schicksalen von *subdialis* 'unter freiem himmel befindlich' (Plin. n. h. 14, 11, 34, 117), neutr. *subdiale* 'altan' (ib. 36, 186) erblicken: in der späten latinität erscheinen auch dafür *subdivalis subdival(e)*, s. Georges II⁷ 2553, lex. d. wortf. 659 ²).

An stelle des üblichen *dīvinus* (*deivinam* CIL. I, 603, 16) ist auf der inschr. von Spoletium (Bormann Misc. Capit. 6 ff. Schneider 95) *deina* z. 6. *dinai* z. 8 zu tage gekommen.

— —

1) Auch dies ein anzeichen dafür, dass *diū* urspr. selbständig, nicht bloss in verbindung mit *noctū* üblich war (vgl. excurs III).

2) Stolz² s. 279 leitet allem anscheine nach auch *dialis* von *dius* ab und nimmt verkürzung des vocals ante vocalem an. *Dialis* in dem namen des *flamen Dialis* ist offenbar von *Diēs-piter*, dem alten nominativ, gebildet zu einer zeit, als dieser noch nicht in so weitem umfange durch *Juppiter* verdrängt war (vgl. exc. III). Die beziehung dieses *Dialis* auf *dies* bildet die pointe des von Macrob. Sat. 2, 2, 14. 7, 3, 10 erzählten witzes. Wenn Apul. Met. 6, 15 schreibt: *optimi Iovis regalis ales . . . aquila . . . alti culminis diales vias deserit*, so spielt er deutlich mit dem adjektiv, das gleich dem zu *Juppiter* gehörigen *Dialis* ist, zugleich aber auch auf *dium* 'himmelsraum' bezogen werden kann, das dem schriftsteller bei seinen antiquarischen neigungen sicherlich bekannt war. — Woher Stolz a. a. o. die messung *dies* hat, weiss ich nicht.

Auf grund dessen hat Bücheler rh. mus. 35, 628 f. bei Plaut. Epid. 316 die lesart des Vetus *dinam* gegenüber der vulgata *divinam* zu ehren gebracht:

quae| dúm rem dinam fáceret, cantarét sibi.

Weniger sicher sind die vermutungen Leos rh. mus. 38, 2 f., die *dinus* auch Truc. 307, Amphitr. 672 (vgl. auch Goetz in der adnot. crit. der grösseren ausg., Mil. 675 einzusetzen bezwecken.

In der flexion und den ableitungen von *dīves* laufen *dīves dīvitis* und *dīs dītis, dīvitior dīvitissimus* und *ditior ditissimus, dīvitiae* und *ditiae* neben einander her. Plautus braucht, wie Langen beitr. z. krit. und erkl. d. Pl. 279 ff. nachgewiesen hat, beim positiv des adj. durchaus die uncontrahierten formen, bei *dīvitior* einmal die uncontrahierte (Pseud. 1318), einmal wahrscheinlich die contrahierte am versschluss (Aulul. 809), bei *dīvitiae* an weitaus der mehrzahl der stellen die viersilbige form, nur 3 mal am versschluss die dreisilbige (Capt. 170. Rud. 542. Trin. 682; ebenso Poen. prol. 60). Ebenso wird Enn. trag. 275 R.² *divitias*, 276 *divitiis*[1]) durch das metrum sicher gestellt. Dagegen hat Terenz nur *ditiae* Andr. 797, Heaut. 194, 527, überall am versschluss; im adj. *dīs* Ad. 770, *dītis* Ad. 582, *dītem* Heaut. 609, Phorm. 653, *dītes* Ad. 502 und nur einmal *dīriti* Phorm. 276; an der einzigen belegstelle des comparativs Phorm. 42 lässt sich zwischen *divitioribus* und *ditioribus* nicht entscheiden, da das metrum beide zulässt, die hss. aber, deren meiste und beste *divit-* haben, in diesen fragen gar keine autorität beanspruchen dürfen. Ich fühle mich verpflichtet diesen tatbestand in extenso vorzuführen, deshalb weil Langen aus ihm den schluss gezogen hat, dass die kürzeren formen zu Plautus' zeit eben erst aufgekommen und vom positiv des adj. noch ausgeschlossen gewesen seien. Ich wage es nicht dagegen *ditem* ins feld zu führen, das bei Prisc. I, 235, 20 Htz. die hss. in einem verse des Naevius aus dem bell. Poen. 62 M. bieten: denn es ist zu unsicher, wie der Saturnier metrisch zu constituieren sei. Wenn ich aber erwäge, dass in anderen analogen fällen die kürzere form schon zu Plautus' zeiten allein oder neben der längeren gäng und gäbe

---

1) Doch wird dieser vers von Ribbeck als späterer zusatz ausgeschieden.

ist, so kann ich mich nicht dazu entschliessen *dit-* für diese zeit dem allgemeinen sprachgebrauch noch fast ganz abzusprechen, sondern kann in der offenbaren bevorzugung von *dicit-* nur eine individuelle eigentümlichkeit des dichters sehen. — Betreffs des namens *Dis pater* und seines verhältnisses zum stamme *Dior-* einerseits, zu *dices* andererseits verweise ich auf die hypothese Thurneysens ztschr. 32, 559, die mir im wesentlichen das richtige zu treffen scheint.

fibula aus *figi-bla zu *figere*, der alten form von *figere*, die nach dem zeugnis des Paul. Fest. 65, 19 noch Cato gebrauchte. Diese ableitung Brugmanns (grdr. 1, 371 verdient zweifellos den vorzug vor der gewöhnlichen, die *fibula* aus *fig-bula hervorgehen lässt (Stolz² s. 306). Nur mit grösster reserve wage ich zu demselben verbalstamm auch das adj. *foedus* aus *foiridos zu stellen, das in seiner bildungsweise mit *fordus* zu *fero* (Skutsch forsch. 1, 46) übereinstimmen würde. Denn *figere* hat die urspr. sinnliche bedeutung 'stechen' durchaus festgehalten. Zudem besteht die möglichkeit *foedus* an *findo* anzuknüpfen, wie Kluge et. wtb.⁵ s. v. *bitter* tut. Dabei erhebt sich freilich das gleiche semasiologische bedenken; denn das verhältnis von *bitter* zu *beissen*, zu dessen illustrierung Kluge die lat. wörter heranzieht, deckt sich doch nicht ganz mit dem zwischen diesen obwaltenden. Frohdes zusammenstellung von *foedus* mit lit. *gėda* 'schande, schimpf', preuss. *gida* (Bezz. beitr. 17, 311) empfiehlt sich wegen des vocalismus wenig.

Während man in K. O. Müllers Festusausgabe p. 117, 6 liest: *a laeva laevum sinistrum et laevorsum sinistrorsum*, giebt Thewrewk de Ponor p. 83, 32 den passus in folgender fassung: *a l. laetrum s. et laetrosum s.* Ersteres wird bestätigt durch CGL. II, 120, 20 *laetrum* ἀριστερόν. Es geht zurück auf *laivitrom, und dies ist zu *laevom* hinzugebildet nach dem vorbilde von *dextrom* oder richtiger wohl nach dessen ältester form *dexī-terom, die für ererbtes *deksi-os (gr. δεξιός) oder *deksi-nos (ai. *dakšiṇas* althulg. *desĭnŭ* lit. *deszinė*) eingetreten ist (cf. gr. δεξι-τερός). *laetrum* reiht sich also den beispielen für die gegenseitige beeinflussung der ausdrücke für 'rechts' und 'links' an, die Brugmann rh. mus. 43, 401 f. besprochen hat¹). — In derselben weise ist, wie ich

---

1) Auch *longitrosus* Paul. Fest. 86, 7 hat sein *-itr-* schwerlich

vermute, der gentilname *Laelius* aus *Laivilios entstanden, das sich zu *Laecius* verhält wie *Atilius* : *Atius*, *Lucilius* : *Lucius*, *Manilius* und *Manlius* aus *Manilios : *Manius*, *Seredius* : *Servius*, *Hostilius* : *Hostius*, *Publilius* : *Publius*, *Statilius* : *Statius* u. s. w.[1], und vielleicht auch, wie hier angefügt sein mag, *Aelius Aedius* (vgl. CIL. IX index p. 703) aus *Airilios *Airidios zu *Aerius*, für das ich freilich nur einen beleg kenne: *Aeria Sabina* auf einer inschr. aus Forum Sempronii in Donatis supplementum zu Muratori p. 378, 3: doch vgl. *Aerillius* XII, 324. 351. *Aeril)onius* V, 6528 a. 6530.

Naepori CIL. I, 1539 c. *Naeipurs* gen. XI. 2174. *Naepur* (?) XI, 2175 für *Naici-porer (o. s. 103): *Naici-* wie *medi-* in *medi-terraneus* u. s. w. Beachtenswert sind auch die schreibungen *NEI* auf einem gefäss aus Puteoli CIL. X, 8056, 165 und *NEI* auf einer schale ebendaher ib. n. 226 h, während sechs andere schalen gleicher herkunft ib. n. 226 *Naeci* oder *Naer* haben.

Von den älteren scenikern wird ein paar mal anstatt *oblivisci oblisci* gebraucht. Direkt überliefert ist es bei Accius 190 R.[2] in der Leydener und Bamberger hs. des Nonius (500, 4), und danach ist es evident, dass auch Plaut. Mil. 1359:

múliebres morés discendi, oblivíscendi stratiótici

und Acc. 488 R.[2] *án ego Ulixem obliviscar unquam* beim lesen die zusammengezogene form zu substituiren ist. Nicht ohne wahrscheinlichkeit findet sie Fleckeisen auch in dem von

---

anderswoher erhalten als von *dextrosus sinistrosus*, wie schon bei Paulus bemerkt ist.

1) Bei den namen auf *-ilius* laufen zwei typen neben einander her: solche auf *-ilius*, die offenbar von bildungen auf *-ulus*, insbesondere von deminutiven, und solche auf *-ilius*, die vermutlich von adjektiven auf *-ilis* abgeleitet sind: *Aemilius* von *aemulus*, *Caecilius* von *Caeculus*, *Quintilius* (Georges II[7] 1940 falsch *Quintilius*, vgl. Hor. Carm. 1, 24, 5. Ars poet. 438. Iuven. 6, 75. 280) von *quintulus (vgl. *sextula*), *Iulius* aus *Iovilios von osk. *iovilo* (Bücheler rh. mus. 43, 135); *Servilius* von *servilis*; zu *Lucilius Manilius* vgl. *luci mâni*. Leider ist bei sehr vielen von diesen namen die quantität des *i* nicht festzustellen; die angaben in der 7. aufl. von Georges' lex. und in Forcellini- de Vits Onomasticon sind zum teil willkürlich, einige geradezu irrig. Es ist mir deshalb nicht gelungen ausfindig zu machen, ob etwa bestimmte beziehungen zwischen der quantität des *i* und der form des zu grunde liegenden namens bestehen.

Prisc. I, 384, 4 ff. angeführten verse des Appius Claudius Caecus im saturnischen metrum:

Amicum cum vides, obliriscere miserias.

Dagegen scheint mir Plaut. Capt. 985:

quor ego te non nóri? quia mos ést oblirisci hóminibus

zu der gleichfalls von Fleckeisen jhb. 101 (1870), 73 vorgeschlagenen änderung der zweiten vershälfte in:

quia iam mós est oblisci hóminibus

kein ausreichender grund vorhanden zu sein. In späterer zeit ist allein *oblirisci* üblich. Dagegen hat sich beim pte. perf. — so launenhaft und inconsequent ist der usus - nur die contrahierte form *oblitus* behauptet. Dass dies aus *obliritus* entstanden ist, ist an sich einleuchtend und wird bewiesen durch die äusserung des Caesellius bei Cassiodorius GLK. VII, 206, 1 ff., laut der '*lirisci* et *liritus*, quod nos hodie per elisionem *oblitus*, ... latet in antiquis monumentis'. Nur einmal findet sich in späterer zeit *obliritus*: bei Commodian instr. 1, 27, 8; wir haben es aber darin schwerlich mit der erhaltenen alten form, sondern vielmehr mit einer jungen vulgären neubildung zu *oblirisci* zu tun.

praeco praecio (Paul. Fest. 280, 22) aus *prai-rēco -rēco zu gr. ϝέπος (Bersu 140). Über das verhältnis von *prai-rēco zu *rōco rōx s. o. s. 16 f. In der regel führt man *praeco* auf *prai-rōco zurück (Corssen I² 316, beitr. z. ital. sprachk. 409 f. Leo Meyer vgl. gr. I² 198, 858, W. Meyer-Lübke archiv 8, 322): ich werde weiter unten auseinandersetzen, warum ich das für unzulässig halte.

praes praedis aus *prai-rēds *prai-rēdis, älter *prai--rāds *prai-rādis, vgl. *sub-rades* XII tab. I, 10 p. 119 Sch. Die längeren formen sind noch in der lex agraria (a. u. c. 643) CIL. I, 200 im gebrauch: *praerides* z. 46, 47, 100) neben *praes* 47, 48, 84 einerseits und *praedes* in der lex repet. (a. u. c. 631/32) I, 198, 57, *praes* III 17 und *praedes* I 7 der lex par. fac. I, 577 (a. u. c. 649, doch in der kaiserzeit restauriert), *praedibus* I, 209 (Gracchenzeit) andererseits. Ob wir *praedium* (lex agr. 46, 48, 74, 84) nach der alten anschauung, deren sich Joh. Schmidt voc. I, 107 anm. wider angenommen hat, zu *praes* zu stellen, also aus *prai-rēdium abzuleiten oder mit Corssen I² 105, beitr. z. ital. sprachk. 268 f. an *praeda* anzuknüpfen, also auf *prai-hēdium (J. Schmidt a. a. o. 109) zurückzuführen haben, dafür weiss ich ein entscheidendes kriterium nicht beizubringen.

sis = *si ris*, älter *sei reis, worin *ei* den aus urspr. *ai* bezw. *ei* hervorgegangenen geschlossenen *e*-laut bezeichnet (vgl. o. s. 88 und Idg. forsch. IV). Auf grund der proportion *ris* : *sis* = *voltis* : *x* ist als vierte proportionale *soltis sultis gebildet. Dies auf rein lautlichem wege aus *si voltis* entspringen zu lassen ist kaum angängig. Wollte man auch den ausfall des *v* vor *ŏ* durch *nĕŏlo aus *nĕvŏlo, *nĕoltis aus *nĕvoltis (o. s. 53 f.) rechtfertigen — obwohl die dinge hier doch noch etwas anders liegen —, so bleibt doch unverständlich, wie das geschlossene *e* von dem *ŏ* vollständig hätte aufgesogen werden können. *sodes* aus *si audes* (Cicero orator 45, 154 [1]) steht auf einem anderen blatte, insofern hier der zweite bestandteil mit langem vocal anlautet. Ganz wunderlich ist das von Stolz a. dem in der anm. a. o. und gr.² s. 261 aufgestellte zwischenglied *si ultis (*u* = *yo*), wie nicht minder das für *sis* angenommene *sigis.

rita geht zurück auf *rirīta = gr. βιοτή, lit. *gyvatà*. Ebenso ist *ripera* nach der in frühe zeit zurückreichenden etymologie aus *rivī-pera* 'lebendige junge zur welt bringend' entstanden.

Nun findet auch die alte deutung von *riso* als urspr. desiderativum zu *video* = ai. *riritsati* (classisch, neben *riridišati* in der Brāhmaṇaperiode) (Aufrecht ztschr. 1, 190, Pott II², 1, 574) ihre lautgesetzliche unterlage, und es erledigt sich der anstoss, den Froehde Bezz. beitr. 16, 183 f. genommen hat. Freilich streitet mit dieser gleichung eine andere um den vorrang: die mit got. *ga-reison* 'nach jem. sehen, besuchen', die auf eine grundform *reid-so führt (Brugmann grdr. 2, 1025). Was sonst an erklärungen vorgebracht ist, kann diesen beiden gegenüber nicht in betracht kommen. Osthoff's versuch *riso* aus *rid-to = lit. *rýstu* 'erblicke, werde gewahr' abzuleiten (MU. 4, 77, Perf. 631) ist von Froehde a. a. o. widerlegt. Froehdes eigene annahme aber, *riso* sei urspr. futurum = *risjo, scheitert daran, dass -*sj*- im lat. sonst nicht in dieser weise

---

[1] Diese deutung darf nach den bemerkungen von Stolz ztschr. f. öst. gymn. 1889, 220 f. und Bréal MSL. 8, 46 gegenüber der Froehdeschen aus *sredhes ztschr. 12, 159 f. wohl als gesichert gelten.

umgestaltet wird, ganz abgesehen davon, dass das -*si*-futurum bisher über den rahmen der arischen und slavo-lett. sprachen hinaus nicht mit sicherheit hat nachgewiesen werden können, dass es also bei den gemeinsamen eigentümlichkeiten, die die genannten sprachzweige unbestrittener massen aufweisen, sehr wohl möglich ist, dass diese bildung überhaupt von allem anfang an auf sie beschränkt gewesen ist. Eine entscheidung zwischen der beziehung auf das ai. und der auf das got. lässt sich deshalb nicht geben, weil wir über den urspr. wert des *ī* nicht klar sehen. Umbr. *revestu* 'revisito' V a 7. 9 scheint zwar eher auf urspr. *ei* hinzuweisen (v. Planta 1. 107), zwingend ist es aber nicht, da immerhin einige beispiele sicher stehen, in denen auch in stammsilben urspr. *ī* durch umbr. *e* wiedergegeben wird. Die lesart *reisse* aber, die der Ambr. nach Studemunds apographon Plaut. Rud. 567 hat, wird niemand verwerten wollen, der einen blick auf die im register s. 504 zusammengestellten fälle mit *ei = ī* wirft und darunter *neino sceis* u. s. w. findet.

Die bisher behandelten fälle lassen es als möglich erscheinen, dass auch im perfektsystem der verba nach der 4. conj. die kürzeren formen auf -*isti* -*imus* -*istis* -*isse* -*issem*, sowie die auf -*ī* und -*it*, die mit den anderen nicht ohne weiteres auf gleiche stufe gestellt werden dürfen, durch lautgesetzlichen schwund des *v* und contraktion des *i-i* aus den längeren auf -*īvisti* -*īvimus* u. s. w. bezw. -*ivī* -*ivit* hervorgegangen sind. Doch ist es auch hier wie o. s. 90 bei den perfekta auf -*ovi* geratener, die endgültige entscheidung bis zu dem punkte der untersuchung zu vertagen, wo die perfekta auf -*avi* mit in die betrachtung hineingezogen werden können.

Einige von den obigen beispielen bedürfen noch einer besonderen rechtfertigung, die wörter nämlich, bei denen das zweite der beiden zusammengeflossenen *i* kurz war und vor consonant stand, also *actus ditis oblitus praeco praescīta* u. s. w. Allgemein ist jetzt, wie es scheint, die auffassung in schwange (Brugmann grdr. 1, 154. Schweizer-Sidler² s. 35. Stolz² s. 321. 325. v. Planta 1, 204. 228. W. Meyer-Lübke archiv 8. 321 f.), dass hier nicht zuerst das *v* ausgefallen, sondern das *ī* (bezw. bei *praeco*, das aus *prai-voco erklärt wird, das *ŏ*) durch synkope beseitigt und dann das vor den consonanten tretende *u* nach *ai* und *ī* geschwunden sei. Diese erklärung ist schon

an sich bedenklich. *v* war im lat. bis in späte zeit reines *u*
consonans. man sieht also nicht ein, warum es vor consonant
hinter *ai* und *i* hätte schwinden und nicht mit diesen lauten
zu einer silbeneinheit hätte verschmelzen sollen. Dass die *i*-
laute an sich der vereinigung mit einem *u* auch im lat. nicht
widerstrebt hätten, dafür spricht *seu* aus *seiue (Skutsch forsch.
1, 53), bei dem es sich allerdings nicht um reines *i*, aber doch
um das dem *i* sehr nahestehende und schliesslich mit ihm zu-
sammengefallene sehr geschlossene *e* handelt, das in unbetonter
silbe aus *ai* entstanden ist (o. s. 88. 119 und Idg. forsch. IV). Ja,
wir hätten einen strikten beweis in dem von Paul. Fest. 283,
17 überlieferten *prägnum*, wenn nur dessen identität mit *prirignum* so sicher wäre, wie in sprachwissenschaftlichen arbeiten
in der regel angenommen wird (Corssen I² 315. Stolz Wiener
stud. 8, 152. Schweizer-Sidler² s. 35). Aber die hss. haben
als erklärung der glosse *pronum* oder *prunum* oder etwas
ganz verstümmeltes, und die lesart '*pro prirignum*' ist nur
conjektur von Lindemann, die K. O. Müller zwar, wenn auch
mit sehr grossen bedenken, in den text aufgenommen, der neueste
herausgeber aber zu gunsten von *prönum* verschmäht hat. Wie
es sich indess auch damit verhalten mag¹), ich denke, man
wird, einmal aufmerksam gemacht, die gleichartigkeit, die
zwischen den fällen mit -*iei*- und denen mit -*iri*- und -*uru*-
obwaltet, nicht verkennen können und schon aus diesem grunde
meiner erklärung den vorzug vor der anderen geben, die diesen
zusammenhang zerreisst²).

3. *e* aus *ere*.

Hier kommen nur verbalformen auf -*erant* -*eram* -*ero*
-*erim* neben längeren auf -*ecčrant* -*ecčram* u. s. w. von stämmen
auf *e* in betracht. Doch soll auch an diese hier nur erinnert,
ihre eingehende behandlung ebenfalls verschoben sein.

---

1) Ein versuch *prugnum* : *pronum* zu erklären bei Havet MSL.,
6, 36 f.
2) Für einige der in frage kommenden wörter ist der gang
der entwicklung schon von Corssen I² 316 richtig bestimmt worden,
doch ist das treibende moment nicht aufgedeckt und verschieden-
artiges zusammengeworfen.

4. *o* aus *oro*.

glos vielleicht aus *glŏros o. s. 108.

ploro ist von Pott wurzelwtb. 1, 1135 höchst ansprechend als *plŏroro, also als denominativum zu *pluor* 'regen' Laber. 59 R.² für *plŏcor (wie *pluo* für *plŏvo*; genaueres unten) gefasst, mit der grundbedeutung 'mache einen fluss, regen': vgl. *laboro* : *labor*, *coloro* : *color*. Anders Brugmann MU. 1, 45, der *ploro* von einem stamme **plo-ro̅-* oder *plo-s plo-r-is herleitet, den er direkt zu gr. πλώω got. *flodus* u. s. w. stellt. Doch verdient Potts deutung den vorzug, weil sie von einem wirklich belegten stamme ausgeht. Möglich wäre es übrigens auch *ploro* aus *plŏrŏs-āio über *plŏŏro nach dem im vorigen abschnitt begründeten lautgesetze zu erklären; es wäre dann schon zu einer zeit gebildet, wo die alte abstufung bei den wörtern auf -*os* noch lebendig war.

Die interjektion *prox*, die Festus 332, 7 nach Labeo so erklärt: *prox bona rox relat quiddam praesignificare videtur* und die bei Plaut. Pseud. 1279 so viel als 'mit respekt zu sagen' bedeutet, erklärt Corssen II² 717 als *prorox.

Ich hoffe o. s. 70 f. wahrscheinlich gemacht zu haben, dass intervocalisches *r* vor *o* an sich nicht schwindet. Deshalb dürfen die genannten drei wörter, sofern sie wirklich aus den angenommenen grundformen hervorgegangen sind, nicht etwa unter III, 1. 2 eingereiht, sondern müssen hierher gezogen werden.

Verschiedene von den wörtern, die im obigen als belege für den ausfall des *r* zwischen gleichen vocalen verwertet sind, haben daneben die längere form mit unversehrtem *r* bewahrt. Einige nur in den älteren und ältesten sprachdenkmälern (*laeatrina larabrum aeritas aeriternus Diriana liritus praerides*), andere aber durch alle phasen der lat. sprachgeschichte hindurch (*dirinus dires diritis obliviscor*), und es muss deshalb auch für jene fälle der verdacht bei seite bleiben, als ob in ihnen nur die letzten reste der alten formen vorlägen, wie sie vor dem inkrafttreten des lautgesetzes bestanden haben. Dazu giebt es nun noch eine anzahl von wörtern, in denen *r* trotz seiner stellung zwischen gleichen vocalen immer erhalten ist: *ararus araritia*, *clara clarator*, *laratio* und die anderen ableitungen von *laro* (o. s. 110) nebst den verbalformen mit *a* selbst, *gravastellus* (Plaut. Epid. 620, Paul. Fest. 68, 27), *cava prava* und die anderen feminina von adjektiven auf *-arus*: *civis* (nur einmal auf einer sorgfältig geschriebenen inschr. CIL. VII, 972 *cis*[1]) *civitas civilis, oblivio oblivium, ac- de- pro-clivis, livīdus, privignus privilēgium, festivitas vacivitas* und die anderen subst. auf *-vītas* (W. Meyer-Lübke archiv 8, 327), *birium trīvium quadrīvium, rivis rivīmus* u. s. w.; *sěvěrus*.

Es leuchtet ein, dass in weitaus den meisten dieser fälle die bewahrung des *r* sich aus dem einflusse verwanter wörter begreifen liesse, in denen *r* nicht von gleichen vocalen eingeschlossen ist: *lāratrina* und die anderen wörter mit *lāra*- nach *lāvo, dīvinus* nach *dīvos, ārārus* nach *āreo, livīdus* nach *liveo livor, privignus privilegium* nach *pravos, birium* nach *cia* u. s. w. Man könnte ferner das nebeneinander von *dis ditis* und *dires divitis, praes praedes* und *praevides* zur not aus lautgesetzlichen flexionen: *dives ditis* und **praeves praedis* ableiten. Ein paar beispiele aber bleiben immer, bei denen diese mittel der erklärung versagen: *clara gravastellus civis obliviscor sěvěrus*, und sie zeigen, dass der schwund des *r* in der beregten stellung noch an bestimmte speciellere bedingungen geknüpft ist, lehren aber zugleich, wenn man sie mit den beispielen zusammenhält, die *r* verloren haben, dass diese nicht in der quantität der vocale, der lagerung des accents oder ähnlichen faktoren, auf die man zunächst verfallen könnte, zu suchen sind. Die ganze erscheinung erinnert lebhaft an den schwund des *h* zwischen gleichen vocalen. Auch hier weisen einige wörter nur die contrahierte form auf: *nemo* aus **nĕhĕmo, bimus quadrimus* aus **bi- quadrī-hīmos* (Autrecht ztschr. 4, 414 f.), *praeda* aus **prai-hida* (J. Schmidt voc. 1, 109), bei anderen aber haben sich die längere und die kürzere neben einander gehalten: *Ahala Ala, rehemens remens, prehendo prendo, nihil nil, mihi mi*[2]), *debibeo debeo, praehibeo prae*-

---

1) Ob *cibus* CIL. II suppl. 5304 = *civibus* ist, ist gänzlich unsicher, vgl. Hübner z. st.

2) Schweizer-Sidler hat Berl. phil. woch. 3, 715 unter zustimmung von Stolz[2] s. 315 *mi* von *mihi* getrennt und gleich ai. *mē* gr. μοι gesetzt. Dagegen spricht die tatsache, dass es neben *tibi sibi* kein **ti si* (= gr. τοι σοι ai. *tē* präkr. *se*) giebt. Allerdings haben Bücheler dekl.[2] § 292, Leo Hermes 18, 581 f. bei Plautus und Luc. Müller Nonius 342, 31. 512, 10 bei Ennius aus metrischen rücksichten *ti* für

beo, cohors cors. Offenbar wurde *h* wenig energisch artikuliert, und bei schnellem sprechen wurde zwischen gleichen vocalen die schwingung der stimmbänder nicht unterbrochen. Bei *r* in gleicher lage wurde die engenbildung so mangelhaft ausgeführt, dass überhaupt kein reibungsgeräusch mehr hörbar war; machte doch bei ihm die schwäche der artikulation sich in der kaiserzeit auch zwischen ungleichen vocalen gelegentlich so sehr geltend, dass es auch hier weggelassen wurde (näheres weiter unten). Die contrahierten formen sind also die der schnelleren alltagsrede, die mit erhaltenem *r* die der langsameren, getragenen rede, und sie verhalten sich zu einander wie die formen mit und ohne synkope eines unbetonten vocals nach der von Osthoff archiv 4, 464 f. aufgestellten, zweifellos richtigen theorie.

Theoretisch sind wir also berechtigt neben allen wörtern mit erhaltenem *r* kürzere formen mit contraktion vorauszusetzen, nur dass diese, von der regelrechten orthographie niedergehalten, nicht an die oberfläche kommen. Von diesem standpunkte aus rückt das einmalige *cos* in die richtige beleuchtung. Vielleicht gewinnen wir von ihm aus auch die möglichkeit an einigen stellen der alten komiker die überlieferung trotz ihrer scheinbaren metrischen unrichtigkeit zu retten, wenn wir beim lesen an stelle der längeren form mit *r* die kürzere mit contraktion substituieren. So Plaut. Merc. 846:

citam amicitiam civitatem laetitiam ludum iocum;
citatem haben schon Spengel T. Maccius Plautus s. 96 und Koch jhb. 103 (1871), 828 lesen wollen, während G. Hermann und Lachmann für *civitatem hilaritatem*, Ritschl, dem Goetz in der ausg. folgt, *voluptatem* vermutete und C. F. W. Müller plaut. pros. 473 *amicitiam* messen will. Ferner Plaut. Rud. 805:

ehem óptume edepol éccum clávator ádvenit
mit BCD, während Schöll in der ausg. nach Müllers vorschlag

überliefertes *tibi* einsetzen wollen, doch zeigt Skutsch forsch. 1, 75 mit anm. 3, dass *tibi* bei richtiger skansion gar keinen anstoss bietet. — Quintilian 1, 5, 21 führt aus den alten schriftstellern, insbesondere den tragikern, die accusativform *mehe* an; offenbar ist sie nach dem zwillingspaar *mihi : mī* neben *mē* gesetzt, es ist ungewiss, ob in der lebendigen umgangssprache überhaupt oder nur in der gehobenen sprache der poesie, der die längeren formen mehr anstehen als die contrahierten. [So jetzt auch Stolz festgruss aus Innsbruck 115 f.]

(plaut. pros. 472) *clárator eccum* umstellt, Bentley *renit* für *adrenit* lesen wollte, andere noch anderes versuchen (Schöll app. crit. p. 167). Endlich Ter. Andr. 857:

tristis sēveritās inest in voltu atque in verbis fides,

ein vers, der, wie zuletzt Fleckeisen jhb. 141 (1890), 294 f. hervorgehoben hat, unter lauter trochäischen septenaren steht, also nicht als iambischer octonar gelesen werden darf, wie gewöhnlich geschieht; Fl. selbst schlägt vor: *tristis est sevéritas in vóltu* etc.

Auf eine merkwürdige scheinbare verschmelzung in spätlat. inschriften hat Weissbrodt Philolog. 43, 466 hingewiesen: *quixit* (CIL. V. 251. 5410 [539 n. Chr.]. 7380. IX, 4785; *quiixit* VI. 12626) = *qui rixit*, wozu *quexit* CIL. X. 1503 = *quae rixit* kommt. Da jedoch diese beispiele ganz vereinzelt gegenüber den tausenden von inschriften mit *qui rixit* dastehen, so dürfte es sich wahrscheinlich in ihnen nur um irrtümer der steinmetzen handeln, die von dem ersten *i* sogleich zum zweiten übersprangen, vgl. *felixit = felix rixit* XIV, 1490, 3. CIL. X. 1503 steht *que* am zeilenschluss, *xit* am nächsten zeilenanfang, es liegt also auch hier klärlich nur ein versehen des steinmetzen vor, der auch sonst nicht tadellos gearbeitet hat.

Von den nichtlat. mundarten ist zufälligerweise die pälignische die einzige, aus der bisher entscheidende wörter bekannt geworden sind. Sie zeigen dieselbe behandlungsweise wie im lat. Wichtig sind vor allem die feminina zu gentilnamen auf *-aros*, die bereits Pauli altital. stud. 5, 23 richtig beurteilt hat: *Acca* Zv. III. 16. CIL. IX, 3146. 3166. 3196. 6082, 5 (sämtlich aus Corfinium) neben *Accarae* IX. 5371 (Firmum Picenum). *Acchara* VI, 10476 und *Accaus Accari Accaro* (belege o. s. 46). *Annae* IX, 3241 (Corfinium) neben *Annara* V. 1072 (Aquileja) und *Annaus Annaro* (o. s. 45 f.). Sie lehren, dass auch Büchelers deutungen von *des* III. 14. *deti* 13 = lat. *dies* und von *aetate* 14. *aetatu* 13 = lat. *aetat*- seitens der lautgesetze ein hindernis nicht im wege steht; auch von seiten der bedeutung sind sie die einleuchtendsten von den bisher versuchten. Ebenso könnte Deeckes zusammenstellung von *praicim-e* in dem 'weihgedicht' von Corfinium Zv. III. 13 mit lat. *praeco* (appendix zu Zv. III. p. 177) vor den lautgesetzen bestehen.

Über umbr. *reresta* vgl. o. s. 120.

4. Übergang von *ār ōr* in unbetonten silben in *ā ō*.

Streng genommen gehören nur die bildungen zu unserem thema, in denen *ō* an stelle von älterem *ōr* erscheint. Nur sie erwecken den eindruck, als ob in ihnen *r* einfach weggefallen wäre, während es in den fällen mit *ā* für *ār ōr* klar auf der hand liegt, dass eine schwächung der ganzen silbe, nicht schwund des einzelnen lautes stattgefunden hat. Indess ist eine richtige würdigung der ersteren nur möglich im zusammenhange mit den letzteren, und ich muss deshalb auch diese in die betrachtung mit hineinziehen. Dabei mache ich keinen unterschied zwischen *ā* und *ār*; es bleibt dem nächsten abschnitte vorbehalten zu untersuchen, nach welchen grundsätzen diese beiden schreibungen mit einander wechseln, und es wird sich dabei herausstellen, dass es sich tatsächlich nur um verschiedene schreibungen, nicht etwa um verschiedene lautwerte handelt.

Osthoff MU. 4, 80. 158. perf. 259. Brugmann grdr. 1. 153. Schweizer-Sidler[2] s. 18. Havet MSL. 6, 19. Stolz[2] s. 262. v. Planta 1, 180 ff. 196 ff.[1] haben entgegen der älteren auffassung, wie sie sich z. b. bei Corssen 1[2] 670 findet, richtig bemerkt, dass lautgesetzlich nur unbetonte silben von dem in rede stehenden wandel betroffen werden. Freilich deutet W. Meyer-Lübke ztschr. 30, 343 an, dass er ihn auch für betonte silben annehme, doch lässt sich diese ansicht nicht diskutieren, so lange Meyer sie nicht näher begründet, vor allem angegeben hat, in welcher weise er sich mit den wörtern *bōris fōrea fōreo Fōri Jōris mōreo nōrem nōcus ōris ōro cōreo* abfinden will. Die fälle aber, in denen der wandel scheinbar auch in betonten silben eingetreten ist, erklären sich alle mühelos als angleichungen an andere bildungen desselben formensystems, die *ā* in unbetonter silbe entwickelt haben. Nur muss man dabei einen umstand im auge behalten, der in den bisherigen untersuchungen über den gegenstand nicht mit genügender klarheit hervorgehoben worden ist: die wirksamkeit des

---

[1] Wertlos, weil durchweg aus sekundären quellen compiliert, ist die Upsalaer dissertation von Fehrnborg de verbis latinis in *uo* divisas desinentibus Stockholm 1889.

lautwandels erstreckt sich über zwei in einem entscheidenden punkte grundverschiedene perioden der lat. sprachgeschichte: er trat in kraft, als noch das uritalische prinzip der betonung der ersten wortsilbe in geltung stand, und er war noch wirksam, als das jüngere dreisilbengesetz durchgedrungen war. Nach diesem gesichtspunkt haben wir die einschlägigen beispiele anzuordnen.

1. Übergang von *ăr ŏr* in *ă* zur zeit der uritalischen betonung, d. h. in nachtonigen silben.

1. *ăr*.

lăvo, aber *ab- ad- circum- col- di- e- inter- pol- pro- sub- lăo* nebst *al- circum- col- di- sub- mal- pel-lŭvium*, *al- col- di- e- il- inter- pro- sub-lŭvies*, *al- circum- col- di- e- pro- lŭvio*, *mal- pel-lŭviae*; *lăvacrum*, aber *elăvcrus* (Cato). Die geschwächte form ins simplex zu übertragen hat sich nur Silius Ital. 11, 22 erlaubt: *luitur*.

păvio[1]), aber *depăvio*, das aus dem von Naev. com. 134 R.² und Lucil. bei Paul. Fest. 49, 20 gebrauchten perf. *depa(v)it* mit sicherheit zu entnehmen ist und dessen inf. im Thes. nov. Lat. in A. Mais auct. class. 8, 175 als *depavire*, bei Paul. Fest. a. a. o. als *depurere* angegeben ist²): *obpăviat verberat* Paul. Fest. 217, 5 (wohl in *verberet* zu verbessern, worauf vielleicht auch der umstand führt, dass der glossograph mit *a paviendo*, nicht *a paviando* fortfährt).

---

1) Gegen die zusammenstellung mit gr. παίω, die noch bei Fick 1⁴, 470 widerkehrt, s. ztschr. 29, 98 f. Auch die heranziehung von lit. *piáuju piáuti* (Fick a. a. o. Wharton etym. lat. 73. Brugmann grdr. 2, 1074) stösst auf bedenken. *piáuju* mit seiner ganzen sippe (Leskien ablaut d. wurzelsilben 305) hat ganz vorzugsweise die bedeutung 'gras, getreide schneiden, mähen'. Es liegt deshalb sehr nahe damit lit. *pëvá* 'wiese' zu verbinden (vgl. lett. *pļaũa* 'wiese, heuschlag'), das W. Schulze quaest. ep. 45 anm. 2 überzeugend dem gr. ποίη πόα gleichgesetzt hat. Dies aber spricht dafür, dass das *i* in *piáuju* nicht parasitär eingedrungen ist, sondern der wurzel von anfang an eigen war, dass diese also nach bekannten analogien zwischen *piev* und *pei̯u* wechselte.

2) Letzteres aller wahrscheinlichkeit nach falsch erschlossen; vgl. Thurneysen herkunft und bildung der verba auf -*io* s. 39.

domāi aus *domā-rai zu gr. παν-δαμά-τωρ u. s. w. (Osthoff perf. 259).

Vielleicht gehen dementsprechend auch *con- in-grāo* auf *con- in-ghrāro mit derselben vocalstufe zurück, die hom. ἔχραον aufweist, wozu sie Döderlein hom. gloss. 1. 257 und W. Schulze ztschr. 29, 241 gestellt haben. Doch ist als tiefstufe zu wurzel *ghray* (in gr. Ζαχρηής, lit. *griōviau* Pott wurzelwtb. 1, 744) nach den regeln, die für die abstufung von diphthongen mit langem erstem bestandteil gelten, auch *ghrā, vor vocalen *ghrār möglich. Ein davon gebildetes praesens liegt wirklich vor in lit. *griaŭu*, das, wie Wiedemann lit. praeterit. 73 wahrscheinlich gemacht hat, an die stelle von älterem *griārū getreten ist, *griáuti*, und so können auch die lat. verba auf *con- in-grāo mit lautgesetzlichem schwunde des *r* nach *u* (s. den nächsten abschnitt) beruhen.

2. ŏv.

denāo aus *dé nŏvo.

ex- ind-ūo aus **-ŏvō*, *ex- ind-ūviae red-ūvia* Lange Curtius' stud. 10, 250 ff. aus **-ŏvia* nach umbr. *an-ov-ihimu*, lit. *aviù arěti*, altbulg. *ob-uja -uti*, lat. *ōmentum* aus *ŏvī-mentom (o. s. 91).

ab- ad- in- re-nūo aus **-nŏvō* zu ai. *návate* 'bewegt sich' (Fick 1⁴, 98), gr. νεύω. Ein simplex *nŭo*, das man in etymologischen werken oft angeführt findet, kommt nicht vor.

com- de- im- per-plŭo aus *-plŏvō* in *plovebat* Petron. 44. *perplovere* Fest. 330, 29 = ai. *plávate* gr. πλέω altbulg. *ployą*: entsprechend *com- im-plŭvium* aus **-plŏviom*. Ebenso *af- con- de- ef- in- per- prae- pro- subter-flŭo* aus *-flŏvō* in *confloront* sent. Min. CIL. 1. 199, 23 zu gr. φλέψ φλεβάζω (Bersu 7 anm. 1) οἰνό-φλυξ φλυκτίς φλύκταινα, die zu einander in dem verhältnis von hoch- und tiefstufe stehen (wurzelform *bhleg*, vgl. Brugmann grdr. 1. 317[1]): entsprechend *com- de- ef- pro-flŭvium* aus

---

[1] Diese etymologie allein ermöglicht es alle stammformen der lat. wortsippe, die mit und die ohne guttural, aus einer und derselben wurzelgestalt herzuleiten, und deshalb ist sie ohne zweifel richtig. Doch bedarf bei ihr noch die länge des *u* in *flūxi flūxum flūctus* der erklärung, da nach den lautgesetzen sich nur *-lŭ-* aus *l* rechtfertigen liesse. Marx hülfsbüchlein² s. 33 setzt nun in der tat

*-flŏviom. Mit recht behaupten Osthoff perf. 259 und Stolz² s. 262, dass die simplicia plŭo flŭo ihre lautgestalt aus den compositis bezogen haben. An analogen fällen ist kein mangel flŭxi flŭxum an wegen der romanischen tochterformen. Allein die unter ihnen, die dazu anlass gegeben haben, sind mittlerweile als germanisches sprachgut erkannt worden (Körting lat.-rom. wtb. sp. 334), und die wirklichen nachkommen lateinischer bildungen weisen auf ŭ zurück: ital. flutto = lat. flŭctus, ital. flusso = lat. flŭxus. Überdies wird die länge des u indirekt erwiesen durch strŭxi strŭctus, die durch das zeugnis des Gellius 12, 3 und die roman. reflexe (prov. destruit frz. détruit ital. destrutto Gröber archiv 5, 481, vgl. auch 2, 101) gesichert sind, die ihrerseits aber erst nach dem muster von flŭxi und dem nachträglich durch flŭxus verdrängten, aber von Priscian I, 488, 5 H. als alt bezeugten flŭctus ins leben getreten sind (Stolz² s. 290). Ich sehe nur eine möglichkeit der erklärung: da flŭo im praes. mit frŭor (aus *frŭvor = ahd. brŭhhan; vgl. den nächsten abschnitt) übereinstimmte, wurde *flŭctum nach frŭctum (Marx² s. 31) zu flŭctum umgestaltet und übertrug sein ŭ auch in das perf. flŭxi, vielleicht mit unter dem einflusse von dŭxi (jedoch dŭctum Marx² s. 29). Oder dürfen wir für alte zeit ein actives *frŭo voraussetzen (fruas Afranius 288 R.² ist lediglich conjektur Ribbecks in einem bei Festus 388, 27 in heilloser zerrüttung überlieferten verse)? Dann kann sich auch flŭxi direkt nach dessen perf. *frŭxi gerichtet haben. In diesem falle könnte übrigens auch das formensystem von strŭo nach *frŭo entstanden sein. — conflŭges Liv. Andr. tr. 18 R.² (aus Nonius 62, 15)

cónflŭges ubi conventu cámpum totum inŭmigant

mit ŭ anzusetzen, wie es Curtius grdz.⁵ 301. Fehrnborg a. a. o. 37 tun, berechtigt uns nichts; die länge wäre sprachgeschichtlich nur höchst gezwungen zu erklären, und flŏridus Lucrez 2. 464. 466 beweist nichts, da es eine specielle freiheit ist, die sich dieser in sprachlichen dingen nicht selten neuernde dichter, durch gewisse analogien verführt, gestattet hat (näheres im folgenden abschnitt). Ich führe conflŭges nach Luc. Müller, nicht conflŭgae nach Bücheler (Greifswalder ind. schol. wtsem. 1868,69 p. 11 ff.) und Ribbeck an. Schon die handschriftlichen verhältnisse machen das erstere wahrscheinlicher: im verse selbst hat zwar nur der Harl. -es, der Guelf. -ae und der Lugd. prior und der Harl. aus correktur -e, aber im lemma stimmen sämtliche hss. in -es überein. Bei conflŭges kann ferner das folgende ubi bleiben, während es Ribbeck in cubi ändern muss. Entscheidend sind endlich sprachhistorische erwägungen. Bei einer bildung mit suffix -a hätte das urspr. -gv zwischen vocalen zu v werden, also *conflŭ(v)ae entstehen müssen, und es bliebe unerklärlich, woher das g und warum es nur in dies eine wort, nicht auch in flŏrius u. s. w. eingeführt sein sollte; bei conflŭges aber erklärt sich die erhaltung des gutturals ohne weiteres vom nom. sg. *conflŭx aus (Bersu 141. 151).

(*cerno plico cludo spicio miniscor* u. a. Osthoff MU. 4, 2 nebst anm. 3. Brugmann grdr. 1, 54[1]), und dem naheliegenden einwand, dass namentlich bei *plno* das simplex sicherlich viel häufiger angewendet wurde als die composita, wird durch den hinweis darauf die spitze abgebrochen, dass unter der herrschaft des jüngeren accentgesetzes, wie weiter unten nachgewiesen werden wird, auch bei den simplicia in den formen, wo der accent von der wurzelsilbe nach dem wortende zu rückte, z. b. in dem viel gebrauchten imperf. *plaébat fluébat*, sich *ā* aus *ŏr* entwickelte und so dem von den compositis ausgehenden drucke in die hände arbeitete. Den kampf zwischen der ungeschwächten und der geschwächten lautform zeigt die sent. Minuc. CIL. I, 199 (a. u. c. 637), die neben einander *confloront* z. 23 und *confluont* z. 13 hat. In dieser zeit des

---

[1] Ein paar weitere, bisher nicht beachtete beispiele seien hinzugefügt. In der sent. Minuc. CIL. I, 199 heisst es *sicet* 40. *sicare* 41 statt *sec-* auf grund der composita *prosīco* Plaut. Poen. 456. *resīco* Cato r. r. 33, 2. 47. Varro r. r. 1, 31, 2. *subsīco* Varro r. r. 1, 50, 1. 2. *dissīco*, das nach Georges I⁷ 2076 in den hss. mit *disseco* wechselt. Später ist *sĕco* allein gebräuchlich und hat auch in den verbalen compositis die oberhand gewonnen, während die nominalen zusammensetzungen das lautgesetzliche *i* bevorzugen: *insīcia* (Varro l. l. 5, 110) *isīcium*, *praesīca* (Varro l. l. 5, 104) *praesīciae*, *prosīcies* *-um -ae*, *subsīcīvus*, *fenisīcia -um*. In der volkssprache scheint aber *sīco* nicht vollständig ausgestorben zu sein: darauf lässt die schreibung *sīcale* im Edict. Diocl. 1, 3 für *sĕcale* (Plin. h. n. 18, 141) schliessen. — *bīto* Plaut. Curc. 141. Merc. 465. Stich. 608. Lucil. 26, 78. 30, 66 M. Pacuv. tr. 255 R.² (*bilite* ist mit L. Müller in seiner ausg. des Nonius 77, 20 auf grund des hss. *bibite* zu schreiben, nicht mit Ribbeck *baetite*, vgl. dieselbe corruptel *bibet* statt *bitet* Plaut. Curc. 141 in cod. F; dass im lemma bei Nonius *baetere* steht, beweist nichts für die form des Pacuviusverses) für *baeto* (Pacuv. 227. Varro sat. Men. 553) = osk. *baiteis* (nach der deutung Büchelers rh. mus. 33, 29) aus den compositis *ăbīto* (Plaut. Epid. 304. Rud. 777. Gloss. Placid. 8, 11 D.) *adbīto* (Plaut. Capt. 604. Lucil. 9, 27. Gloss. Plac. 7, 3) *ēbīto* (Loewe acta soc. phil. Lips. 5, 314) *imbīto* Plaut. Epid. 145) *perbīto* (Liv. Andr. tr. 27 R.² Plaut. Pseud. 778. Rud. 495 u. ö.) *rebīto* (Plaut. Capt. 380. 409. 747); umgekehrt *abaetat* Plaut. Truc. 96. Die schreibung *bet-* in den hss. bei Nonius a. a. o. (doch *baet-* mehrfach in den wertvolleren) und im cod. Sangall. 912 saec. VII—VIII (Loewe a. a. o. 311), der v. Planta 1, 336 sprachgeschichtlichen wert beimisst, ist nichts anderes als die ganz gewöhnliche mittelalterliche verderbnis für *ae*. — *cīlium* für *cŭlium zu gr. κύλα (Corssen I² 462 f.) nach *sŭpercīlium*.

wechsels zwischen *flŏvo* und *flăo*, *plŏvo* und *plăo* trat neben *flŏvius*, wie die sent. Minne. in der regel noch schreibt (*flŏvium* 6. 7. 9 bis. 13. 19. 21. 22. 23. *flŏvio* 7 bis. 10. 14. *flŏvi* 23) *flăvus*, wie sie daneben schon einmal hat (*flăo* 9, neben *plŏvius *plŏvia plŭvius plăvia¹). In der folge ist beim verbum wie bei den nominalbildungen die alte ungeschwächte wurzelform verschwunden, die geschwächte allein hat das feld behauptet. Wenigstens in der schriftsprache. In der volkssprache dagegen ist allem ausscheine nach die letztere form lange nicht so ausschliesslich zur herrschaft gelangt, wie man auf grund der litteratur vermuten könnte, ja die romanischen sprachen scheinen vorzugsweise oder durchgehends die formen mit -ŏv- fortzusetzen, soweit ich als nichtfachmann nach den bemerkungen von Foerster ztschr. f. rom. phil. 3, 499 f. Schuchardt ib. 4. 122. Gröber archiv 2, 425. 4, 444. 6, 389 mir ein urteil habe bilden können: span. *llorér*, port. *chover*, prov. *plover*, afrz. *ploroir*, rät. *plover*, ital. *piovere* aus *plŏvere*; prov. *ploja*, frz. *pluie*, rät. *plierja*, ital. *pioggia* aus *plŏvia; afrz. *flueve flueve fluie*, nfrz. *fleuve* aus *flŏvius*. Nur span. *lluvia*, port. *chuva* einerseits, ital. *fluvio*, prov. *fluvi* andererseits scheinen von *plŭv-* bezw. *flŭv-* abzustammen, wenn nicht auch hier bei den ersteren besondere einflüsse im spiele sind (Gröber 6, 389) und die letzteren gelehrte entlehnungen darstellen. Allerdings verwahrt sich W. Meyer-Lübke ztschr. 30. 343 sehr entschieden gegen einen unmittelbaren zusammenhang zwischen lat. *plŏvere* in *perplŏvere* und dem von den roman. verbformen vorausgesetzten *plŏv-*. Allein Petrons *plovebat*, über das sich M. nicht äussert, spricht ein sehr gewichtiges wort zu gunsten der ununterbrochenen erhaltung von *plŏv-* in der volkssprache.

Höchst wahrscheinlich ist auch *iăvo* aus dem compositum *adiăvo* verallgemeinert und in diesem aus *-*iŏvo* entstanden. Dafür sprechen falisk. *iovent* (CIL. XI. 3078 b 6 = I I I. 72 a und *adiouta* CIL. I, 1290) = X. 3569. Freilich könnte man die beweiskraft jeder einzelnen von diesen beiden formen in zweifel ziehen, bei *iovent* darauf hinweisen, dass die inschrift der köche eine gewisse unsicherheit im gebrauch von *ŏ* und *ŭ* zeigt (*quqei huc* = *coqui hoc*) und *adiouta* auf eine linie mit

---

1) So für *flăvius* bereits Bersu 163. Stolz² s. 267.

conraverunt I. 1419. X. 3574. *plouruma* I. 1297 stellen. Aber das zusammentreffen ist doch zu merkwürdig, als dass es blosses spiel des zufalls sein sollte. *iūro* entspricht demnach dem ai. *ri-yárauta* RV. 5, 2, 5. nicht *yaránta* ib. 8, 71, 4; vgl. Fick I⁴, 111. Brugmanns etymologie (zu lit. *džiaũgiù* 'froh werden' grdr. 2, 957), die schon hinsichtlich der bedeutung wenig einleuchtend ist, wird durch jene formen hinfällig.

Brugmann grdr. 2, 926 hält es auch bei *clŭo* 'heisse, gelte' und 'reinige' und bei *rŭo* für möglich, dass ihre -*ŭo* in unbetonter stellung aus -*ĕvo* -*ūvo* hervorgegangen sind¹). Nur für *rŭo* kann ich diese möglichkeit zugeben. In diesem worte sind, wie der wechsel der quantität in dem part. *rŭtus*, aber *ruta caesa* (Varro l. l. 9, 104) lehrt, zwei urspr. verschiedene verba zusammengefallen: eines mit der grundbedeutung 'graben' (s. darüber W. Schulze quaest. ep. 318), pte. urspr. *rutus*, zu altbulg. *ryją* 'grabe' (Osthoff MU. 4, 28 f.), also wohl aus *rujo entstanden, das andere mit der bedeutung 'reisse, raffe', dem ai. *rúvati* 'zerschlägt' (pte. *rutás*) und altbulg. *rŭvetŭ* 'evellit' entsprechen. Da die composita zahlreich und vielgebraucht sind (*cor- de- di- e- ir- ob- pro- sub- super-rŭo*), so ist es wohl möglich, dass -*rŭo* in ihnen aus *rōvo entstanden ist und sich dann auf das simplex ausgebreitet hat.

Anders dagegen steht es mit den beiden *clŭo*. *clŭo* 'reinige' ist nur aus Plin. h. n. 15, 119 als altes wort bekannt; von compositen wissen wir nichts. Von der ai. wurzel *çru* 'fliessen', die ausser gr. κλύζω damit verglichen wird (Froehde Bezz. beitr. 8, 162)²), ist eine praesensbildung nur nach der 6. classe bezeugt: *çruvati* (PW. VI, 383). Also entbehrt ein *clŏvo nach der 3. conj. jeglicher stütze. *clŭo* 'heisse, gelte' aber kommt erst in junger zeit auf; es findet sich zuerst, soviel ich sehe, bei Senec. apocol. 7, v. 1. Die ältere latinität kennt nur *clueo*. Allerdings werden aus ihr zwei belege für *cluo*

---

1) Noch weiter geht Fehrnborg in der o. s. 126 anm. 1 genannten dissertation, der z. b. auch *lŭo* 'büsse, bezahle' aus *lĕvo zu gr. ἀλέομαι herleiten will (s. 13 f.), während es doch klärlich zusammenhängt mit gr. λύω (die messung λὔω ist erst sekundär vom fut. und aor. her eingeführt; W. Schulze quaest. ep. 310 ff.) entweder auf *lŭvo oder auf *lujo beruht.

2) Doch ist fraglich, ob diese nicht lediglich eine andere schreibung der gleichbedeutenden wurzel *sru* darstellt.

angeführt, aber in beiden beruht es erst auf conjektur. Plaut. Truc. 615 haben die hss. (es kommt hier nur auf die verbalformen an):

si tu Bellonae bellator cluis, at ego Culinae cine.

Für *cluis* wollte Pareus *cluis* einsetzen, Camerarius aber und die neueren herausgeber schreiben *clues* und *clueo*. Acc. pract. 39 bietet Ribbeck[2]: *qui recte cónsulat, consúl cluat*. Bei Varro l. l. 5, 80 aber, wo der vers erhalten ist, steht in den hss. *consulciat*, und *cluat* ist erst conjektur von Palmerius, die zwar auch Spengel aufnimmt, die aber an der tatsache scheitert, dass der älteren latinität eben nur *clŭeo* eignet[1]. Dieses selbst zeigt im vergleich mit gr. κλέϝω κλέϝομαι[2], altbulg. *slova* die tiefstufige wurzelform, die den *e* an die wurzel anhängenden praesentia von rechts wegen zukommt (*liceo video sileo rubeo* u. s. w. Brugmann grdr. 2, 960 ff.)[3]. Aus ihm ist *clŭo* durch jüngere umbildung, man darf mit sicherheit sagen gelehrter art hervorgegangen, für die wohl gr. κλύω massgebend war.

Ebensowenig hat sich *strŭo* in den compositis aus *-strŏvo* entwickelt, wie man mit rücksicht auf got. *strau-jan* annehmen könnte; dass dem verbum vielmehr von anfang an tiefstufiger vocalismus eigen war, macht umbr. *struhçla strusla* wahrscheinlich.

Altumbr. *purtuvi(e)tu purturies*, neuumbr. *purdovitu* legen die vermutung nahe, dass altlat. *dŭim dŭis dŭit dŭint, dŭam* in den compositis (belegt *addŭit interdŭim perdŭis prodŭit* Neue II[2] 441 f.) oder in verbindungen wie *ne dŭas* (Neue ib.) aus *dŏviem *dŏvam entsprungen seien. Diese grundformen hat z. b. Hoffmann Bezz. beitr. 14, 287 angesetzt. Indess kann *dŭim* ebensogut die für den optativ unthematischer verba regelrechte schwächste wurzelstufe enthalten, und *dŭam* kann seinem beispiele gefolgt sein. Sicher auf analogischer neubildung beruhen *credŭam -as -at, credŭis -it*, wie schon Stolz[2]

---

1) Augustinus las den schluss des verses *consul fuat*; Laetus hat *consul fiat* und Niebuhr *consul siet* vorgeschlagen.

2) κλύω ist vielleicht erst sekundär aus dem aor. ἔκλυον herausgebildet (W. Schulze ztschr. 29, 240).

3) Unrichtig Leo Meyer Bezz. beitr. 5, 180 und Schweizer-Sidler[2] s. 18 (*clŭeo* für *clŏveo *clĕveo). Die messung *clŭvat* Plaut. Men. 576 ist unberechtigt; vgl. Brix z. st.

s. 362. 377 bemerkt hat. Denn für die wurzel *dhe* ist eine weiterbildung mit *u.* wie sie für *do* durch das zeugnis der ital. und vielleicht auch anderer sprachen feststeht (Persson stud. z. lehre v. d. wurzelerweit. u. s. w. 139), nirgends nachzuweisen, und der *ra*-aorist, den Hoffmann a. a. o. nach Bechtels und Ficks vorgange in den formen sucht, ist an und für sich ein höchst problematisches gebilde und für gr. kypr. κατέθιjαν, böot. ἀνέθε(ι)αν ἀνέθιαν, die ihn enthalten sollten, jetzt von Hoffmann selbst aufgegeben (gr. dial. 1, 265; vgl. dazu ztschr. 32, 528)[1]).

minūo und *sternūo*, die beiden einzigen repraesentanten der ai. 5. classe im lat., = ai. *minómi* und gr. πτάρνυμαι, können aus *-nŭco -nŭro entstanden sein, also das urspr. -*neŭmi* in derselben weise umgebildet haben wie gr. θυνέω = ai. *dhūnómi*, κινέω neben κινυντο κινύμενος[2]. Nach Brugmann grdr. 2, 1015 sollen osk. *menenm minice-* herkunft von *minuo* aus *mingo wahrscheinlicher machen. Allein auch sie können ganz gut auf *minou-* zurückgehen, s. u.

*octūaginta aus *octōeaconta = gr. ὀγδοήκοντα; danach *septūaginta* für *septumaginta = gr. ἑβδομήκοντα (Wackernagel ztschr. 25, 281). Allerdings sind die belege, die man für ein vulgärlat. *octuaginta* aus den autoren anzuführen pflegte, die während der existenz des römischen reiches geschrieben haben, durch die neueren kritischen ausgaben aus der welt geschafft, wie Skutsch forsch. 1, 23 f. betont hat, und die form lässt sich authentisch erst im mittellat., zuerst vielleicht bei Gregor von Tours, nachweisen. Dadurch wird aber Wackernagels annahme nicht erschüttert: *septūaginta*, das jeder anderen deutung spottet[3]), weist mit zwingender gewalt auf vorhistorisches *octūaginta zurück. Es hat also einer jener kreisläufe stattgefunden, wie wir sie im sprachleben oft genug treffen: urspr. *octūaginta wich, nachdem es *septūaginta* gezeugt hatte, dem durch den übermächtigen druck der einzahl ins leben gerufenen

---

1) Anders über *duam creduam* Thurneysen Bezz. beitr. 8, 286.

2) Brugmann wird seine zweifel an dieser deutung von κινέω (grdr. 2, 1014 f.) wohl nicht mehr aufrecht erhalten, nachdem ich, wie ich glaube, mit sicherheit nachgewiesen habe, dass lakon. κινέω mit seinem ε urspr. ·έϝω erfordert (ztschr. 32, 541 f.).

3) Mahlows ansatz eines idg. *septu (die langen vocale ā ē ō 79) hat mit recht keinen anklang gefunden.

octōgintā, und dies wurde nach jahrhunderten wider unter dem einfluss der nachbarzahl *septūāgintā* durch *octūāgintā* abgelöst; vgl. *coster-rester-roster* o. s. 21 f.

errum über *ĕrŏom aus *ĕrŏrom *ĕrŏyrom = gr. ὄροβος aus *ἔροβος (Havet MSL. 6, 21 f. J. Schmidt ztschr. 32, 325).

pelvis, älter *pĕlūis* (Laber. 94 R.² aus *pĕlōvis = ai. *palavī* 'gefäss' (J. Schmidt voc. 2. 5. pluralbild. d. neutr. 68'. Auch *pulvis* setzt älteres *pŭlūis voraus, da aller wahrscheinlichkeit nach urspr. *lṷ* im ital. zu *ll* assimiliert worden ist (W. Meyer-Lübke ztschr. 28, 163 f. Bréal MSL. 6, 120 ff. v. Planta 1, 186 ff.), und dies kann dieselbe starke vocalstufe im ableitungssuffix haben wie lett. *pelavas*, kann aber freilich ebenso gut uranfängliches *-āvis* vertreten mit der suffixform *-u-*, die durch lett. nom. acc. pl. *pelus*, dat. instr. *pelum* gleichfalls für die ursprache gesichert wird (J. Schmidt pluralbild. d. neutr. 67).

Suffix *-āus -āa -āum* aus **-ĕvos -ĕvā -ĕvom*, **-ŏvos -ŏvā -ŏvom*: *vīdūa* = ai. *vidhává*, altbulg. *vĭdova*, gr. ἤιθεος: *nocāus cacāus compascāus perspicuus relicāos pedisecāos exigāus irrigāus praecipāus fatāus litāus mortāus mutāus noctūa perpetāus assidāus caedāus annāus cervāus ingenāus strenāus ianāa*, vgl. ai. *keça-vais*. gr. διωκτέος aus **-τέϝος, ῥωγαλέος aus -αλέϝος (Brugmann grdr. 2. 138): ebenso *belūa*, *milvos* jünger *milvus*, *salvos* (bei Plautus und Terenz, s. Havet de Saturnio 52 anm. 1. MSL. 6, 22. 116 und vgl. umbr. *saluuom saluua* VI a 41 f.¹) jünger *salvus* aus *sălŏvos (erhalten in *Sallovius Sallovia* CIL. V. 7916. vgl. u.²). *cālvos,

---

1) Ob die sehr viel häufigere schreibung *saluom salua* u. s. w. silbisches oder unsilbisches *u* enthält, lässt sich nicht entscheiden, da sie nur auf den tafeln mit lat. schrift vorkommt.

2) Thurneysen ztschr. 28, 160 und v. Planta 1, 186 vergleichen gr. ὀλοός. Ich kann dafür aber keinen beleg finden, es müsste denn ὀλοόφρων gemeint sein, das einige alte und neue philologen in der Odyssee, wo es epitheton von personen ist, als οὖλας ἢ ὑγιεῖς τὰς φρένας ἔχων deuten im gegensatz zur Ilias, wo es von tieren ausgesagt wird und sicher ὀλοός 'verderblich' enthält. Aber diese scheidung ist sehr wenig wahrscheinlich; auch in der Odyssee kommt man mit derselben bedeutung aus wie in der Ilias. An und für sich ist ein *ὀλοϝος neben *ὄλϝος (ai. *sárvas* lat. osk. *sollus*) natürlich ebenso gut möglich wie z. b. κενεϝός neben κενϝός. *ἀραϝά neben ἀρϝά (W. Schulze quaest. ep. 90), und vielleicht hat es wirklich einmal

dessen ansatz durch das jüngere *calcus* mit seinem nicht assimilierten *lc* erfordert wird, aus *cālāros* (erhalten in osk. *Kalúrieis*), wozu sich ai. *(ati-)kalras* verhält wie *κενϝός zu κενεϝός u. s. w. (vgl. die letzte anm.)[1], vielleicht auch *sīlāa*

existiert. Wenigstens würden wir dann eine möglichkeit gewinnen das höchst merkwürdige ion. ὅλος in dem bestattungsgesetze von Iulis auf Keos (Cauer² 530, 7 ὁλοσχερέαι), das auch die Herodothss. haben, zu verstehen. Nach dem brauche des ion. dialekts wäre dehnung des vocals der ersten silbe zu erwarten wie in hom. οὖλος, ὅλος könnte contaminationsbildung aus οὖλος und *ὁλοός sein. Übrigens wäre *ὁλοός, wenn es je in dieser form bestanden hat, wohl durch assimilation aus *ὁλεϝός hervorgegangen wie ὀλοός ʼverderblichʼ aus *ὀλεϝός (J. Schmidt ztschr. 32. 332); auch *ἀραϝά könnte urspr. *ἀρεϝά gelautet haben, vgl. die beispiele der assimilation von unbetontem ε an α bei J. Schmidt a. a. o. 355 ff.

1) v. Planta 1, 188. 258 legt für *cālāos urspr. *cālācos zu grunde wegen der auf lat. inschriften vielfach begegnenden namensform *Calavius*. Er kann sich nicht entschliessen darin, wie es gewöhnlich geschieht, lediglich die oskisch-sabellische gestalt des lat. *Calvius* zu sehen (osk. *Kalaviis* päl. *Calavan*), deshalb weil in anderen fällen, z. b. *Alfius Helvius*, der osk. einschubsvocal auf lat. inschriften nicht zum ausdruck kommt. Auch Buck vocal. d. osk. 142. 184 ist geneigt *Calavius* und *Calvius* als genetisch verschiedene bildungen aufzufassen, weil ersteres auch auf stadtrömischen inschriften vorkomme. Aber *Calavius* kann gar nicht echt lateinisch sein: das lat. hat ja bei den nach dem urital. accentprincip hinter dem hauptton stehenden -ăv- -ŏv- die schwächung zu -ă(v)- ausnahmslos durchgeführt, wie die obigen untersuchungen zeigen. Ferner weisen die geschichtlichen nachrichten aus älterer zeit in der tat auf oskisches gebiet als die heimat der *Calavii* (Mommsen unt. dial. 267. Forcellini-de Vit 2. 60), und auch von den inschriftlichen belegen für diese namensform kommen die meisten auf CIL. IX und X oder entstammen — so der *Calavius* aus Aquae Sextiae XII, 520. die *Calavia* aus Forum Iulii ib. 265 und die aus Aquileja V 8305 — gegenden. die sich auch sonst durch namen von specifisch oskisch-sabellischem gepräge auszeichnen, wie sogleich im texte des näheren nachgewiesen werden wird, und nur vereinzelt begegnet ein *Calavius* und eine *Calavia* in Rom VI, 14053 und in Ostia XIV, 737, was so wenig wunder nehmen kann wie das erscheinen von *Alfi* oder *Rufrii* in Latium. Endlich lassen sich nach den für die nichtlatein. dialekte geltenden lautgesetzen *Kalāv-* und *Kalav-* (aus *Kalv-*) sehr wohl als gemeinsame abkömmlinge von urspr. *Kalov-* verstehen, wie am schlusse dieses abschnittes erhellen wird; wir sparen also die unangenehme notwendigkeit für sie zwei von anfang an verschiedene stammgestalten anzusetzen, wozu sich v. Planta gezwungen sieht.

(Horaz) jünger *silva* aus *-lŏrā *-lăvā, doch bleibt das unsicher, so lange nicht das verhältnis zwischen dem lat. wort und gr. ὕλη aufgeklärt ist, was auch den versuchen von Osthoff MU. 4, 158, W. Meyer-Lübke ztschr. 28, 163 f. Schulze quaest. ep. 80 anm. 1 nicht gelungen ist[1]); *ărăos* (Plaut. Truc. 149 im wortspiel mit *pascăos* Havet de Saturnio 82 anm. 1) jünger *arvus arvum* (vgl. umbr. einmaliges *aruria* III 31 neben stetigem *arvia arvia arves*) aus *ărăros*, vgl. gr. ἄρου-ρα mit 'echtem' ου nach ausweis des kypr. *a-ro-u-ra* Collitz 60, 20. *lărăa* jünger *larva* aus *lasŏva* zu *Lases*, *Minerăa* (so Plaut. Bacch. 893 nach den hss.:

Minerăa Latŏna Spes Opis Virtus Venŏs,

während Goetz nach Bergks vorschlage *Minerva Lăna Spes* u. s. w., andere anderes schreiben) jünger *Minerva* aus *Měněsŏv-a*, *acerrus*, älter *acerŏos*, wie aus dem wandel von urspr. *s* zu *r* hervorgeht (Skutsch de nom. lat. suff. *-no* ope form. 7 anm. 1), aus *ăcěs-ŏr-os* zu *acus*, *caterva*, älter *caterăa* aus *cătěs-ŏv-a* zu *cates-* in *catena* aus *cătěs-na* (Havet MSL. 4, 86. Skutsch a. a. o. 5 ff.), umbr. *kater-amu cater-ahamo*[2].

An und für sich könnte in all den aufgezählten beispielen

1) Auch *atrus matra fulvus gilvus helvus* weisen mit ihrem *lv* auf älteres *-lŭ-*, das aus *-lŏv- *-lăv-* entstanden sein könnte. Indess ist bei den drei letztgenannten zu bedenken, dass sie ihr suffix *-ro-* erst nach dem übergang von urspr. *-lu-* in *-ll-* von anderen farbbezeichnungen wie *flavus ravus* empfangen oder wider empfangen haben können (letzteres wegen *helvus* = ahd. *gelo*). Gänzlich unberechtigt ist es, wenn v. Planta I, 188 ein zeugnis für urspr. *hĭlăgo-* in lat. *Helarius* sucht. Diese namensform, die den lat. lautgesetzen schnurstracks zuwiderlaufen würde (vgl. das o. s. 136 anm. 1 über *Cdarius* bemerkte), hat v. Pl. vermutlich aus Fabrettis glossarium Ital. geschöpft, der s. 568 einen *T. Helarius Posides* aus Muratori 2073, 6 anführt. Aber CIL. VI, 20916, in einer inschrift, die offenbar mit der Muratorischen identisch ist, heisst der mann auf grund der angaben des P. Sabinus *T. Flavius Posides*, und es versteht sich von selbst, dass diese namensform vor der anderen den vorzug verdient.

2) Das umbr. wort hat keineswegs *g* hinter dem *r* eingebüsst, wie v. Planta I, 195 meint. Vielmehr verhält sich *kateramu* zu lat. *caterva* genau wie lat. *acerosus* 'mit spreu vermischt' *ob-acerare: obloqui atque alterius sermonem moleste impedire* Paul. Fest. 209, 9 zu *acerrus*, d. h. beide sind direkt von dem zu grunde liegenden *s*-stamme aus nach der *a*-classe gebildet.

ebenso gut die schwächere suffixform -*ǎrŏ*- vorliegen, die z. b. für das erste von ihnen durch got. *riduco* ahd. *witawa* verbürgt wird und die sich zu idg. -*ěrŏ*- ebenso verhält wie die lesb. und thess. form des suffixes der stoffadjektiva -ιος zu der in den meisten griech. mundarten gebräuchlichen -εος aus -*εjος, aus der sie nicht durch einzeldialektischen lautwandel hervorgegangen sein kann (ztschr. 32, 551 f. . Dass sie aber wirklich idg. -*ěrŏ*- fortsetzen, wird bewiesen durch die gentilnamen auf -*ā(r)ius*: *Acā(r)ius Asā(r)ius Betā(r)ius Etārius Fidā(r)ius Igārius Ingenā(r)ius Ligā(r)ius Masā(r)ius Orcārius Pacā(r)ius Pesārius Sallā(r)ius Vesā(r)ius Vetārius Vitrā(r)ius* nebst den ortsnamen *Igā(r)ium Lanā(r)ium Marrā(r)ium*[1]). Diese sind von formen auf -*āo*- mittelst -*io*- weitergebildet. Als die älteste gestalt ihres suffixes aber wird -*ōrios* sicher gestellt durch *Sallorius-a* CIL. V, 7916. *Vitrorius* I, 1227 = X, 1218. *Licorius* III, 5265. V, 1362. 1452. 1958. 8973, 15. -*ia* III, 5265. V, 1362. 1958. 8489 und durch umbr. *Fisonie Grabonie* aumbr. *Ikarinus liucina* neuumbr. *Iouinar*, marsisch *Cantonios*, osk. *Kalārieis*: bei *Marrā(r)ium* durch *Maroncai* Zvet. III. 8 aus *Mar-ōṇ-ik-ai. Nun erscheinen freilich in den oskisch-umbrischen mundarten neben den formen mit -*ōrio*- zum mindesten ebenso häufig solche mit -*aio*- bezw. dem nach bestimmten consonanten daraus entstandenen -*gio*-: umbr. *Piquier*, mars. *Pacuies*, osk. *Akriai Karkris* Πακ.ηις *Kalariis Salariis* aus *Kale- *Sale-, und bei den nicht, um -*io*- erweiterten bildungen kennen auch diese dialekte einzig und allein die suffixgestalt -*a(r)*- bezw. -*r*-: umbr. *salu(a)om salu(a)a aṙu ria mersuca*, pälign. *Calauan Salauatur*, osk. *eituam Kapra salaes*. Aber die allgemeinen gesetze, die für die lautliche entwicklung dieser dialekte gelten, gestatten, wie ich am schlusse dieses abschnittes genauer zu begründen hoffe, -*ōr*- und -*ā(r)*- als spaltformen zu betrachten, die aus urspr. einheitlichem -*ōr*- entsprungen sind, und ich meine, wenn uns die möglichkeit gegeben ist, die verschiedenen varianten der ital. mundarten aus einer urital. grundform abzuleiten, so werden wir allenfalls bei dieser erklärung besser fahren als bei der

---

[1] Belege im nächsten teil, wo von dem verhältnis der schreibungen *ā* und *āe* zu handeln sein wird.

annahme, dass das italische eine urindogermanische doppelheit mausgeglichen weiterführe.

Indess ich höre meine leser fragen: beweisen denn nicht die eben aus lateinischen inschr. angeführten *Sallōrius Vitrōrius Licōrius*, dass auch das lateinische das in ursprünglich nachtonigen silben stehende *ōr*, zum mindesten unter etwelchen bedingungen, unversehrt überkommen hat? In der tat, diese folgerung wäre unabweisbar, stünde es nur sicher, dass jene namensformen wirklich echt lateinisch sind. In wahrheit sind sie das nicht. *Vitrōrius* I, 1227 = X, 1218 steht auf einer inschrift aus Abella, also mitten aus oskischem sprachgebiet. Von den inschriften mit *Licōrius Licōria* (von demselben stamme wie *Licinius Liconius* IX, 1861, 1969) sind V, 1362, 1452, 8489, 8973 aus Aquileja, 1958 aus Portus Liquentiae westlich von Aquileja. Gerade in Aquileja aber, wie überhaupt in ganz Venetia bis nach Brixia hin finden sich eine reihe von namen, deren form ihre träger mit sicherheit nicht lateinischer, sondern oskisch-sabellischer abstammung überführt. Da begegnen solche mit dem suffix *-acus -ara*, das speciell pälignisch (*Acca(e)us Annaeus Accara) Annara*) o. s. 46, 125, dazu der praefectus cohortis Paelignae *Vibius Accaus* Livius 25, 14, 4, 13; *Ammaus* IX, 3312 aus Superaequum im gebiete der Päligner, s. 46 versehentlich ausgefallen), höchstens vielleicht noch in Picenum heimisch war (*Accai* IX, 5367, *Accara* 5371 aus Firmum Picenum; *Atarus* 5022 aus Hadria im südlichen Picenum)[1]; *Annaros* V, 8973,9 (neben *Licorius*), *Annaus* 8288, *Annara* 1072 in Aquileja; *Cariaus* V, 3932, *M. Virraus L. f.* und *M. Virrao M. f.* 3842 a[2]. *Sattara Sabina* (von demselben stamme wie *Sattius Satilius Satonius Satrius* 3605, sämtlich in Verona. Da erscheinen *Safinii* mit dem charakteristischen *f*: ein *L. Safinius L. f.* mit dem bezeichnenden cognomen *Sabellio* V, 1361 ("litteris vetustis quae videntur

---

1) Vereinzelt tauchen in anderen teilen Italiens träger solcher namen oder von weiterbildungen daraus auf (*Acchara Accharonius* VI, 10476, *Accaronia* ib. 10172, *Accaus* IX, 63 Brundisium, *Atarius -ia* X, 6347, 6348 Tarracina), wir werden für sie aber wohl herkunft aus den genannten gebieten annehmen dürfen.

2) Auch diese beiden formen sind, *Virraus* o. s. 46, *Virrao* s. 51 nachzutragen.

esse liberae reipublicae' Mommsen). *L. Safinius L. f. Sabellio pater* 8981 a. *Safinius* 8252, alle drei in Aquileja, *C.* und *L. Safinius* 3386 in Verona, *Safinia* 8797 in Ceneta nnw. von Aquileja, südl. von Bellunum; da *Rufrii* ebenfalls mit *f* (besonders häufig in CIL. IX, s. index p. 723): V. 1358. 8447 Aquileja. 2530 Ateste (südwestl. von Patavium). 4466. 4709 Brixia. *Rufria* 762. 1358 Aquileja. 3728 Verona. 3912 aus dem pagus Arusnatium nördl. von Verona. 4466 Brixia. Da giebt es ferner einen *Virrius* 8490. 8491 in Aquileja, eine *Virria* 4087 (= I, 602). 5 in Betriacum südwestl. von Verona, einen *Virraus* 3842 a in Verona mit der dem oskischen eigentümlichen umfärbung des urspr. $\bar{e}$ zu *i*: osk. *Virriis* = lat. *Verrius* (Bücheler rhein. mus. 43, 133)[1]. Den reigen schliesst endlich eine *Calaria* und *Turrania Calariana* mit der oskischpaelignischen vocalentfaltung V, 8305 in Aquileja (vgl. o. s. 136 anm. 1). Nach Celeia, dem heutigen Cilli, in Noricum, das den letzten beleg für *Licorius -ia* liefert (CIL. III, 5265), wird der name also wohl durch einwanderung aus Venetien gekommen sein.

Ganz ebenso steht es um *Sallōcius -ia*, das sich CIL. V, 7916, auf einer inschr. aus Cemenelum, nördl. von dem heutigen Nizza, vorfindet. Auch die provincia Narbonensis weist namen von charakteristisch nichtlateinischem typus auf: *Accarus* XII, 5975 (Narbo). *Safinius* XII. 5109 (Narbo). 5683, 268 (Arausio). *Virrius* 3099 (Nemausus). *Calarius* 520 (Aquae Sextiae). *Calaria* 263 (Forum Iulii). So ergiebt sich das auch für die geschichte, insonderheit die genauere kenntnis und würdigung der italischen politik der Römer höchst wichtige resultat. dass unter den colonisten, die in Venetien und in der

---

1) Die beiden namen von einander zu trennen, wie es die drei neuesten bearbeiter des oskischen tun (Buck 48. v. Planta 1, 85. 487. Bronisch 128 f.), ist gar kein anlass angesichts der schreibung *amiricatud* 'immercato' auf der tab. Bant. und der lat. *stircus* auf der oskisierenden inschr. von Luceria IX, 782, 1. *Mirqurios* I, 59. *Mircurios* I, 1500 = XIV, 4106 (praenestin. ciste). IX, 5350 (Firmum Picenum), vielleicht auch *commircium* Velius Longus GLK. VII, 77, 12; doch kann das *i* des letzteren der schwächung in der composition seinen ursprung verdanken. Offenbar kam $\bar{e}$ vor r + consonant in seiner klangfarbe dem *i* sehr nahe, was sich unschwer aus der artikulation des *r* als zungenspitzenlaut begreift (vgl. o. s. 23).

Provincia angesiedelt wurden, ein gewisser bruchteil oskisch-sabellisch-umbrischer stammeszugehörigkeit sich befand.

monŭi genŭi aus *mŏnē-rai *gĕnē-cai zu *monē-io monitum genī-tum (Osthoff perf. 259).

senatŭis altlat. *senatŭos*, *senatŭi* aus *senat-ĕv-es -os *senat-ĕv-ai, cf. gr. ἡδέος υἱέος ai. *sunáve* altbulg. *synovi* (Stolz² s. 262. 336. Brugmann grdr. 2. 577. 605). Möglich ist freilich auch, dass -*uis* -*uos* -*ui* urspr. -*āves* -*āvos* -*āvai* fortsetzen, also von den *ŭ*- auf die *ū*-stämme übertragen sind.

sŭus tŭus sind aus *sŏvos tŏvos* (= gr. ἑός τεός, lit. *sávas távas*) in unbetonter stellung im satze hervorgegangen und haben die betonten formen schliesslich ganz aus dem gebrauche verdrängt (Stolz² s. 262. Henry précis³ § 40 B).

Der vollständigkeit halber sei noch darauf hingewiesen, dass auch urspr. -*iv*- in nachtoniger silbe in -*u*- gewandelt ist: *bi- tri- quadri-dŭum*, *postridŭō* Plaut. Mil. 1082, das gesichert wird durch den von Macrob. Sat. 1. 15, 22. 16, 21 angeführten sacralen ausdruck *postridŭani dies*, aus *-*dīv*-.

2. Übergang von ŏv in ŏ ŭ zur zeit der jüngeren lateinischen betonung, d. h. in vortonigen silben.

Urspr. *clŏvaca* (zu *clŭo*, gr. κλύζω o. s. 132) CIL. I. 1178 = X, 5679 (Arpinum). X. 5055 (Atina, p. Chr. 6 ?), wahrscheinlich auch Varro sat. Men. 290 B,[1]) wandelt sich in *clŏaca clŭaca*. *clŏaca* ist die in inschriften und handschriften durch-

---

1) So schreibt Bücheler an stelle des von den hss. des Nonius 209, 17 gebotenen *claraca*. Auch der weitere beleg, den man für -*av*- in diesem worte zu haben meinte, hat sich nunmehr als unrichtig herausgestellt: Appendix Probi III GLK. IV. 198, 12, wo Keil nach den angaben Endlichers *cluaca non cluaca* schreibt. Förster nämlich erklärt auf grund seiner neucollation der Wiener hs. (die Appendix Probi Wiener stud. 1892, s. 24 des sonderabdr.) die lesung *clauaca* für unmöglich und erkennt in den schriftzügen vielmehr *cloaca* oder höchstens *cluaca*. Dass ersteres richtig ist, geht aus dem zusammenhange hervor, ferner aus der analogen regel *puella non poella* 198, 23, auf die ich noch zurückkomme. Übrigens wäre *clavaca* neben *cloaca* sprachgeschichtlich kaum zu erklären; vergebens müht sich z. b. zuletzt Ullmann in Vollmöllers rom. forsch. 7 (1893), 197 daran ab.

aus vorherrschende schreibung (insbesondere in dem titel *curator cloacarum*: CIL. VI, 1239 a—h. 1240 a—d. 1241 a. b. X, 1695. 1696. 3870. 5061. XI. 3364. XIV, 172. 3902. *cloacarius* Ed. Dioel. 7, 32'. *cloaca* findet sich nur selten (CIL. V. 8146 Pola, X. 4752 Suessa. Fronto p. 157. 1 N., wo in der hs. *cloacas* dicht neben *cloacis* steht). Von den orthoepisten wird es freilich als allein richtig empfohlen: App. Probi a. a. o. Mar. Victor. GLK. VI, 25. 9: *non est cloaca, ut putatis, sed cloaca quasi conluaca*, aber diese bevorzugung beruht, wie schon Brambach neugest. d. lat. orthogr. 81 gesehen hat, aller wahrscheinlichkeit nach nur auf der von Verrius Flaccus herrührenden etymologie: *cloacae a colluendo dictae* (Paul. Fest. 38, 35); Verrius Flaccus selbst schrieb, wie diese stelle im verein mit Paul. Fest. 46. 23: *cloacare inquinare, unde et cloacae dictae* (vgl. auch 42. 9) zeigt, noch o. Ähnlich liegen die dinge bei dem von *cloaca* abgeleiteten beinamen der Venus: er ist *Cloacina* geschrieben Plaut. Curc. 471 (cod. B). Liv. 3. 48. 5. Serv. zur Aen. 1, 720. Lactant. 1. 20, 11. Minuc. Felix 25. 8. Cyprian. quod idol. 4 und bei anderen kirchenschriftstellern; *Cluacina* Plin. n. h. 15. 119. 122. Augustin. de civit. dei 4. 8. 23, aber die quelle des *u* verrät die von Plinius an der ersten stelle gegebene etymologie: *cluere enim antiqui purgare dicebant*[1].

Clŏvātius CIL. IV, 1442. X. 1065 (beide aus Pompeji). *Clŏvātia* II, 545 (Emerita in Lusitanien). IX, 2385 (Allifae in Samnium). X, 7393 (Thermae Himeraeae in Sicilien) = osk. *Kluvatiis* (durchweg auf inschriften, die den diakritischen punkt über dem *v* nicht kennen, aber mit sicherheit mit *ú* anzusetzen nach Κλοϝατωι) wird zu *Clŏvātius Clŭātius -a. Cloatius* heisst der grammatiker, der zur zeit des Augustus lebte, bei Festus 116, 25. 212. 25. 220, 4 u. ö. Gellius 16. 12. Macr. Sat. 3, 6. 2. 18, 4. 8. 19, 2, und eine *Cloatilla* nennt Quintilian widerholt (8, 5, 16. 9, 2. 20. 3, 66. 4, 31). Dagegen erscheint ein *Cluatius* bei Cic. ad Att. 12. 18. 36 und CIL.

---

1) Servius seinerseits erklärt a. a. o.: *dicta et Cloacina, quia veteres cloare purgare dixerunt*. Dieses *cloare* macht ganz den eindruck, als ob es lediglich zur rechtfertigung des *o* im gegensatz zu der von Plinius angeführten etymologie erfunden wäre.

XI, 3254 II 14 (Colonia coniuneta Iulia Sutrina, wohl 1. jh.
u. Chr.), eine *Claatia* IX, 405 (Canusium in Apulien).

*Clŏcéntius Clŏcéntia CIL. XIV, 3464 (Rocca Canterano
bei Sublaqueum im gebiet der Aequi) wird zu *Clăentius* III,
1864. V, 2785. 3569. VI, 15856. X, 8047, 6. 7. 8059, 121.
XIV, 3750. *Clăentius* IRN. 6769 III 22 (Rom, 70 p. Chr.).
Claentia V, 4570. IX, 742. XIV, 3750.

Urspr. **Clŏḡilios* spaltete sich infolge der unter bestimmten bedingungen stattfindenden synkope des vocals der zweiten
silbe in die doppelheit *Cloulios* und **Clŏeīlios*: vgl. neben
einander *Aulius* (Forcellini-de Vit 1, 591 f.) — *Avilius* (CIL.
I, 85 = XIV, 3069. IX, 2380 [-a]. 5699); *Caulius* (Forc.-de
Vit 2, 187) — *Căvilius* (CIL. X, 1292); *Turpleio* (CIL. I,
65 = XIV, 2750) — *Turpilius*: ferner osk. *Niumsius* (Mommsen
unterit. dial. 282) — lat. *Numāsios* (CIL. XIV, 4123)
Numīsius Numĕrius[1]) und im allgemeinen über derartige
doppelformen o. s. 61. 84. *Cloulins* liegt vor CIL. I, 381. I,
1297 = IX, 4463. XIV, 2820. *Clulins* XII, 1185 add. (doch
nicht ganz sicher). *Clŏeīlios* hätte nach dem im abschnitt 2 (s.
82 ff.) behandelten lautgesetze zu **Clŏlius* werden müssen, es
blieb unverändert, weil es immer in engem zusammenhang mit
dem primären *Clŏrius* gefühlt wurde[2]), ebenso wie *Aeīlius
Căvilius* sich auf grund von *Arius Cărius* erhielten. Das
jüngere accentgesetz ergab **Clŏeīlius*, und dies ward zu **Cloi-
lius Cloelius Cluilius*, die urspr. viersilbig gesprochen wurden,
bis o u mit i zum diphthongen zusammenging. Dass diese
beiden namensformen wirklich mit einander identisch sind,
geht am besten daraus hervor, dass die benennung des letzten
königs von Alba longa und die des grabens, den er in Latium
gezogen haben soll, zwischen ihnen schwankt: Verrius Flaccus

---

1) Dagegen hat sich nur die synkopierte form in dem namen
der *Fūsii Fūrii* erhalten; *Fourios* (CIL. I, 63. 64 XIV, 2577. 2578.
I, 66—72 XIV, 2700–2707. XIV, 3189. X, 6838 auct.) aus **Fō-
ŭsios (-āsios?)* zu *Fūrī*, nach Paul. Fest. 62, 5 dem alten namen der
Fārī.

2) Bezeichnend für das gefühl der zusammengehörigkeit beider
bildungen ist die tatsache, dass der gesante der Römer an die Ve-
jenter, der bei Livius 4, 17, 2 *Cloelius* heisst, von Cicero 9. Philipp.
5 *Tullius Clurius* genannt wird (so die hss. nach der adnot. Müllers
Cic. op. II, 3 p. CXVIII).

schrieb *oe* nach Paul. Fest. 39, 12: *Cloeliae fossae a Cloelio, duce Albanorum, dictae*, und ebenso Cato in seinen Origines, worauf die verderbnis *Coelius PR. Albanus* Festus 202, 7 führt. Livius aber giebt stets *ai*: *Cluilius Albanorum dux* 1, 22, 4. 23, 4. 7. (*Volscorum dux* 4. 9, 12. 10, 7.) *fossa Cluilia* 1, 23. 3, 2. 39, 5. Die griech. autoren transskribieren oi: Κλοιλίας τάφρους Dion. Hal. 8, 22, 1 (so in A, doch in B nach der adnot. von Jacoby κλυ..ιας). Plut. Coriol. 30.

Von derselben wurzel wie die zuletzt genannten bildungen (*kleu* in gr. κλέ<small>F</small>ος altbulg. *slovo* u. s. w.), doch mit kürzerem suffix ist *Clŏrius*, umbr. *Klavier* V a 15 abgeleitet. In dieser form erscheint der name noch auf münzen eines praefekten Caesars in Macedonien vom jahre 708/9 d. st. (Friedländer bull. dell' inst. arch. 1870, 200 f.). Wie schon vorhin hervorgehoben, war er im sprachgefühl insbesondere mit seiner direkten weiterbildung *Cloelius Cluilius* nahe associiert. Was wunder also, dass in ihm nach deren muster, vielleicht auch nach dem von *Cluātius Cluentius*, ferner nach *Cluriēnus* die starke vocalstufe der wurzelsilbe durch die geschwächte ersetzt wurde: *Clŭrius* finden wir schon CIL. 1, 1235 (Nola), 1236 (Puteoli), ferner in der laudatio Turiae (8—2 v. Chr.) CIL. VI, 1527 I 16. 47. II 9 und so in der folgezeit immer; in der schreibung *Cluius -a* VI, 15864. IX, 4826. XIV, 2820.

Ich weiss nicht, ob ich es wagen darf auch in *clŭ(r)ior: nobilior* Loewe Prodromus 364[1]) das *ŭ(r)* auf rechnung von *Cluilius Clŭr.ius*, namentlich aber von *cluco* zu setzen: wenigstens sollte man bei dem comparativ eher *clŏrior erwarten. Loewe erschliesst aus dem von Martianus Capella gebrauchten *praecluis* einen alten positiv *clŭis. Dieser würde das *ŭr* noch leichter erklären, hätte auch in seiner bildungsweise genaue parallelen an got. *brūks unnuts* u. s. w., über die Streitberg PBr. beitr. 14, 167 f. gehandelt hat. Aber es ist doch sehr die frage, ob Martianus Cap. sein *praecluis* wirklich alten quellen entnommen und es nicht erst auf eigene faust zu *praeclu(e)o* gebildet hat.

Die verhältnisse, die wir eben bei den bildungen von der wurzelform *clŏr*- kennen gelernt haben, widerholen sich bei

---

1) *clŭior* gemäss der von Loewe angeführten schreibung *cruior* im cod. Amplonianus[2] ined. p. 299/300.

denen von *Iŏv-* : *Iŏvīnus* — *Iūīnus* IX. 2246, wozu auch *Iurinius Iurinia* II, 495 (Emerita). Nur hat hier der mächtige einfluss von *Iŏvis* u. s. w. immer wider zur restitution der starken vocalstufe geführt, und er hat sogar dazu verleitet für *Iŭ(v)entius*, obwohl es mit *Iŏv-* etymologisch nichts zu tun hat, gelegentlich *Iŏventius* CIL. XII, 1625. *Iŏventina* III, 5665[1]) zu schreiben. Urspr. *Iŏvīlios (von osk. *iúvilo* Bücheler rhein. mus. 43, 135) wird fortgesetzt einerseits durch *Iūlius*, andererseits durch *Iūīlius*, für das mir allerdings zur zeit nur ein beleg zu gebote steht: die vom Esquilin stammende laterne, die Dressel ann. dell' inst. arch. 1880, 269 publiciert hat; doch vgl. auch die *figulinae Iuilianae* CIL. XV, 256.

Cloelius aus *Clŏvīlios giebt uns das recht auch *Boelius* aus *Bŏvīlios herzuleiten; *Bŏvīlios : *Bŏvius* (CIL. VI, 13629 —32 u. ö.) = *Clŏvīlios : *Clŏvius* u. s. w. *Boelius* kann ich zwar nur zweimal nachweisen: CIL. II, 2530. IX, 4375 (-*a*)[2]), aber es ist in seiner bildung so einwandsfrei, dass der zweifel an seiner richtigkeit, den Hübner CIL. II a. a. o. ausgesprochen hat und auch im index zu II suppl. p. 1057 noch festhält, unberechtigt ist. Vielleicht verhält sich auch *Boatius* IX, 876 zu *Bŏvius* wie *Cloatius* zu *Clŏvius*. Endlich dürfte auch *Boillae* = *Bŏvillae* hierher gehören, das Nonius 122, 6 in der form *Bohillae* (mit einschub des *h* wie in *incohare aheneus* u. s. w.) anführt, nicht ohne eine törichte etymologie zum besten zu geben, und das die griech. schriftsteller durch die transskription Βόϊλλαι (Appian b. c. 2, 21. Steph. Byz. s. v.) Βοϊλλανός (Dion. Hal. 5, 61. 8, 20) bestätigen. Vgl. ferner Βοϊανόν Strabo 250. Ob *Bŏvillae* bloss in der litteratur festgehalten oder auch im volksmunde nach *bŏvis* u. s. w. widerhergestellt worden ist, ist zweifelhaft; mit rücksicht darauf, dass in der volkssprache im laufe der zeit auch im primären worte *bŏ-* immer mehr auf kosten von *bŏv-* um sich griff (o. s. 48 ff.). ist ersteres wahrscheinlicher.

Roesius CIL. X, 5750 (Sora im lande der Volsker) verbindet v. Planta 1, 205 ansprechend mit *ras*. Doch sind die

---

1) Den *mons Iorentio* CIL. I, 199, 17 (sent. Minuc.) lasse ich aus dem spiele, da wir nicht das recht haben seinen namen als lateinisch in anspruch zu nehmen; er wird viel eher ligurisch sein.

2) Vielleicht ist auch CIL. XIV, 697 (Ostia) *Boe-*, womit der stein abbricht, zu *Boelio* zu ergänzen.

mittelformen *Roysios Roÿsios, die er ansetzt, unrichtig, der gang der entwicklung vielmehr *Rŏrēsios (-ŭsios?) *Rŏrĭsios *Rŏrisios Roesius. Ist auch Ruelius X. 6494 (Ulubrae im Volskerlande) in derselben weise aus *Rŏrĭlios entstanden und die schwesterform zu Rullius oder ist es nur versehentlich für dieses eingehauen?

Lurianus CIL. IX. 4549 geht auf *Lŏrianus zurück nach ausweis von Lŏrius bull. épigr. de la Gaule 4, 235 (zu lu-crum?).

Es bleiben noch zwei fälle, bei denen es nicht so klar wie bei den bisher besprochenen auf der hand liegt, dass ŏr in unbetonter silbe zu ŭ geschwächt ist: pŭer und crŭor. Gleichwohl fügen auch sie sich der regel. Dass pŭer urspr. pŏrer gelautet hat, wissen wir durch pŏrero in einem senar. der in einen in Stein am Anger gefundenen ziegel eingeritzt ist (CIL. III p. 962 n. 2). Wer sich die ausserordentliche beliebtheit vergegenwärtigt, deren sich die deminutiva im volksmunde erfreuen, wird mit mir der meinung sein, dass an der ersetzung des ŏr durch ŭ in erster linie pŭellus schuld ist, das laut dem zeugnis Suetons Cal. 8 von den antiqui neben puer ebenso gebraucht wurde wie pŭella neben pŭera und das von Festus 324, 15 ff. mit je einer stelle aus Ennius, Lucilius und Plautus belegt wird. puella lautete übrigens in der volkssprache nach der App. Probi III GLK. IV, 198, 23 poella. Ob zu dieser sippe auch der name der Puilia saxa gehört, die Festus 330, 31 erwähnt? Dann geht er auf *Pŏeilia zurück, und die zwillingsform mit synkope haben wir vielleicht in L. Pouli CIL. I, 1556. M. Pouli auf vasen aus Tarraco II, 4970, 401.

Ai. kravis gr. κρέας machen es wahrscheinlich, dass crŭor urspr. *crŏrŏs vertritt (s. über das verhältnis dieser bildungen J. Schmidt pluralbild. d. neutr. 436 in verbindung mit 386). ŭ für ŏr ist in den casus obliqui crŭŏris crŭŏri crŭŏrem erwachsen. Freilich ist daneben mit der möglichkeit zu rechnen, dass crŭor für urspr. *crŭe-os steht mit der tiefstufigen wurzelform, die gerade bei den bildungen auf -ŏs im lat. recht beliebt ist (rŭbor cŏlor u. a. bei J. Schmidt a. a. o. 147); krŭ-, vor vocalen krŭv- als schwache form zu starkem krĕvā- hat Schmidt a. a. o. 338 f. in weitem umfange nachgewiesen[1]).

---

[1] Trifft diese zweite möglichkeit das richtige, so ist crŭor

crūen-tus ist wohl bis auf die erweiterung durch -*to*- mit lit. *krùvinas* altbulg. *krŭcĭnŭ* 'blutig' identisch.

Auch *plŭor* Laber. com. R.² 59 wird nach *plŭōris* u. s. w. an stelle von urspr. *plŏvŏr zu plŏvo eingetreten sein. Der gedanke, dass es erst zu einer zeit gebildet sei, als *plŭo* sich schon im simplex eingebürgert hatte, wird durch *plŏro* aus *plŏvoro (o. s. 122) ausgeschlossen. Sicher eine junge bildung dürfte dagegen *flŭor* sein, das erst Apulejus und spätere gebrauchen.

Endlich sind noch *Noember* CIL. I, 831. 909. 924. Νοενβρίων CIGS. 413, 60 (inschr. aus Oropos 73 v. Chr.), *Nuember* CIL. I, 884 und *noicia* I. 819 zu nennen, die den lautgesetzlichen zustand darstellen gegenüber den analogisch restituierten *November noricia*. In der volkssprache hat sich *Noember* dauernd gehalten: es taucht von neuem auf in der inschr. Gruter 607. 1 (155 n. Chr.) und CIL. XIV, 1923 (christl.), und auf griech. inschr. ist seit 117 n. Chr. Νοέμβριος die vorherrschende schreibung (Eckinger die orthographie lat. wörter in griech. inschr. Züricher diss. 1893 s. 92).

November nŏvicius führen uns auf die weiteren ausnahmen von unserem lautgesetz, die nicht schon im vorhergehenden zur sprache gekommen sind. Sie haben ebenfalls ihr *v* nach dem muster der stammwörter neu eingefügt: *bŏvārius*[1] *bŏvīle bŏvillus*; *nŏvālis nŏvellus* (doch *Noella* CIL. X, 4533 in einer christl. inschr.) *nŏverca*; *nŏvēni*; *ŏvālis ŏvillus ŏvīnus*. Das gilt auch für *nŏvacula* 'schermesser', das von *nŏvare 'scheren' zu ai. *kṣṇáuti* 'wetzen' *kṣṇótram* 'wetzstein' abgeleitet ist (Kretschmer ztschr. 31, 419. 470); entweder existierte *nŏvō noch zur zeit, als unser gesetz in kraft trat, oder *nŏvacula* war mit *nŏvus* volksetymologisch associiert oder beide momente haben zusammengewirkt.

Ratlos bin ich nur gegenüber *bŏvīnator bŏvīnāri*. Loewe hat Prodromus 317 ff. eingehend über diese wörter gehandelt, aber auch nach seinen ausführungen sind wir noch über die grundlage, von der jeder sprachgeschichtliche versuch ausgehen

---

nicht in dem masse für erhaltung von *v* vor *o* beweiskräftig, wie ich es o. s. 70 f. angenommen habe.

[1]) *bŏvārius*, das seit dem beginn der kaiserzeit an dessen stelle tritt, hat mit unserem lautwandel nichts zu tun; s. o. s. 50.

muss, über die bedeutung, im unklaren. In der litteratur ist *borinator* nur einmal überliefert, Lucil. 350 Lachm.

si tricosus borinatorque ore improbus duro[1]).
Gellius, der uns den vers übermittelt[2]), erklärt es mit *tergiversator*, ähnlich eine anzahl von glossaren mit *inconstans* oder *tricosus*. Danebenher aber läuft eine andere glossenreihe mit ganz abweichender bedeutung: *borinatur : conriciatur* Paul. Fest. 22, 19. *borinari : conriciari. clamare* Placid. 14, 5 D. u. a. *borinatores* (cod. *bom*-) : θορυβοποιοί. Θρύλλον ποιοῦντες ἢ ταραχήν gloss. Philoxen. CGL. II, 31, 13. Loewe will wegen der völlig abweichenden bedeutung beide reihen ganz von einander trennen; *borinari* 'clamare' möchte er zu *bŏrāre bŏāre bŏere* 'clamare' stellen. Aber die letztere ähnlichkeit ist trügerisch: nur die formen ohne *r* sind die üblichen (*boāre*, das entlehnte gr. βοᾶν, *reboāre* bei dichtern seit Plautus und späteren archaisierenden prosaikern; *bount* mit übertritt in die 3. conj. bei Pacuv. tr. R.² 223, Varro sat. Men. 386), einzig Ennius hat *r* in dem versschluss *clamore borantes* ann. 475 M.[3]), und ihm, der ebenso sehr grammatiker wie dichter war, der sich dinge wie *cere comminuit brum* (ann. 552 M.) geleistet hat, dürfen wir wohl zutrauen, dass er *r* einschob, weil er *boāre* von *bŏs bŏcis* ableitete. Giebt doch auch Varro l. l. 7, 104, dem wir die kenntnis der Enniusstelle verdanken, und Nonius 79, 5 dieselbe etymologie[4]). Ich kann mich mit der

---

1) Diese lesung hat jetzt auch Luc. Müller in seiner ausgabe des Nonius p. 79, 26 angenommen im gegensatz zu seiner ausgabe des Lucil. 11, 27.

2) Von ihm hat ihn Nonius entlehnt (Hertz jhb. 85 [1862], 716. Lachmann zu Lucil. 350. Dziatzko rhein. mus. 33, 98 anm. 3).

3) Auf diese stelle geht jedenfalls auch die glosse *bobante* (lies *borantes*) βοῶντες CGL. II, 30, 54 zurück.

4) Dass *borāre* sein *r* von *bos* bezogen hat, haben schon Weise gr. wörter im lat. 30 und Bersu 140 anm. 1 vermutet, doch haben sie den rein gelehrten charakter dieser übertragung verkannt. Durch die obige darstellung erledigen sich die bedenken Froehdes Bezz. beitr. 14, 91. — Wohl mit recht sieht Bersu a. a. o. auch in *bora* ('wasserschlange' Paul. Fest. 22, 20. Plin. n. h. 8, 37. Placid. 13, 4 D. 'weingefäss, weinschlange' Varro sat. Men. 329. 'crurum tumor, rubor' Paul. Fest. a. a. o. Plac. a. a. o. νόσος βοῶν CGL. II, 31, 31) gegenüber *boa* ('anschwellung' Lucil. bei Fest. 548, 18. 'masern' Plin. n. h. 24, 53) erzeugnis der volksetymologie oder der grammatik.

von Loewe vorgeschlagenen trennung nicht befreunden, und es erscheint mir sehr wohl denkbar, dass auch die zweite glossenreihe nur dem versuche entsprungen ist das in der sprache verschollene wort in jenem Luciliusverse zu erklären. Die deutung, die sich bei Gellius und in der ersten glossenreihe findet, fusst auf dem parallelwort *tricosus*; konnte nicht mit demselben rechte ein anderer grammatiker, etwa Verrius Flaccus, bei seinem erklärungsversuch den zusatz *ore duro* als massgebend ansehen, der z. b. auch für Lucian Müller s. 233 seiner Luciliusausgabe der anlass gewesen ist die Gellianische deutung zu verwerfen, und daraufhin und indem er *bocinator* etymologisch mit *boāre*, evtl. mit Ennius' *borare*, in verbindung setzte, ihm die bedeutung *conviciator* zuschreiben? Konnte er nicht ein verbum *bocinari : conviciari* rein daraus erschliessen, wie wir das heutzutage unzählige mal tun? Trifft die deutung *tergiversator* das richtige, so bleibt die wahl zwischen der von Scaliger versuchten anknüpfung an *bos* (*bovinare* oder *-ri* eigentlich 'in arando strigare') oder der von Loewe vorgezogenen an *bōra*. Jede von beiden würde die erhaltung des *ŏr* hinreichend erklären.

Wie dem aber auch sei, auf keinen fall darf man *bŏrinātor* etwa zu der folgerung benutzen, dass zu Lucilius' zeit *ŏr* in vortonigen silben die schwächung überhaupt noch nicht erfahren habe. Ebensowenig taugen zu chronologischen schlüssen die überreste von *clŏaca Clŏratius -a Clŏrentia*, die o. s. 141 ff. beigebracht sind. Von den belegen für *Clŏratius -a* stammt die mehrzahl aus oskisch-samnitischem gebiet, zu dessen bereich wir auch Sicilien rechnen dürfen, stellt also einfach die oskische form dar; es liegt nahe, dementsprechend für die *Clŏratia* aus Emerita und für die *Clŏrentia* aus Sublaqueum oskisch-sabellische herkunft zu vermuten. *clŏaca* aber konnte sich als amtliche bezeichnung noch zu einer zeit erhalten, wo es in der umgangssprache längst zu *clōaca* geworden war, vgl. was o. s. 102 über *coventionid*, ferner was von Wackernagel ztschr. 33, 55 über *foedus poena* und von mir selbst o. s. 20 über *divortium*, Idg. forsch. IV über *pomerium* auseinandergesetzt worden ist. Auch in der Varrostelle, wo ein vergleich zwischen dem menschlichen körper und einer stadt durchgeführt wird, ist es offizieller terminus (*sensus portae, renae hydragogiae, clŏaca intestini*). Wann die schwächung eingetreten ist, können wir mit unseren bisherigen mitteln nicht bestimmen. A priori ist es wahrscheinlich, dass die verschiebung des accents von der ersten silbe sie in unmittelbarem gefolge gehabt hat, und jedenfalls hindert nichts die annahme, dass z. b. *clŏaca* Plaut. Curc. 122. *Clŏacina* ib. 471 von des dichters eigener hand herrühren.

Der wechsel zwischen *ŏ* und *ă* lehrt, dass der durch die schwächung aus *ŏr* entstandene laut in der mitte zwischen beiden gelegen hat. Vielleicht können wir in seiner genauen bestimmung noch etwas weiter kommen. Erwägen wir nämlich, dass auf der einen seite *clŏaca Clŏacina* allein die lebendige aussprache widerzugeben scheint und dass es im volksmunde *pŏella* hiess, auf der anderen seite aber stets *Clŭ(r)ius pŭer (crŭor)* geschrieben wird, so werden wir auf die vermutung geführt, dass der laut da, wo er in unbetonter silbe verblieben war, mehr nach *ŏ*, da, wo er in eine betonte getreten war, mehr nach *ă* hin klang. Dann wären also *Cloatius Boatius Boillae* die genaueren schreibungen, *Cluātius Cluentius puella (Puilia)* hätten sich in der orthographie nach *Clŭ(r)ius pŭer* gerichtet. Bei *Cloelius Boelius Roesius* begreift sich die bevorzugung des *oe* aus der natur des diphthongen: *u* geht weniger leicht mit *i* zu einer einheit zusammen als *o*. Nur *Iūlius Iūnus Lūrianus* fügen sich dieser annahme nicht; aber vielleicht hat bei den beiden ersteren die rücksicht auf *Iūlius Iunius* mitgespielt.

Während die ältere schwächung hinter der tonsilbe stehende *ŏr* und *ăr* ohne unterschied betroffen hat, hat sich die jüngere nur auf vortonige *ŏr* erstreckt, *ăr* in gleicher lage unverändert gelassen. Das zeigen *făvilla făvissa făvōnius Lăverna*, um von andern, weniger isolierten beispielen zu schweigen, die ihr *ăr* nach formen, in denen es den hauptton trägt, widerhergestellt haben könnten. Nur auf den lehrreichen gegensatz zwischen *lăvācrum* und *ēlŭacrus* sei noch hingewiesen.

Es ist nunmehr an der zeit ein wort nachzuholen, das eigentlich schon unter 1, 1 dieses teiles hätte besprochen werden müssen, aus guten gründen aber bis hierher aufgespart worden ist: *oboedio*. Wie *audio* auf *ăvĭz-diō* zu gr. αἰσθάνομαι aus *ἀϝισ-θ-, so geht *oboedio* auf *ŏbăvĭz-diō* zurück; beide mal ist die unmittelbar auf den hauptton folgende silbe

von der synkope bezw. der schwächung betroffen worden. Das
hat schon W. Schulze ztschr. 29, 251 ausgesprochen, aber nur
Prellwitz etym. wtb. d. gr. s. 9 ist ihm gefolgt, andere gelehrte wie Stolz² s. 270 anm. 2 und Wackernagel ztschr. 33,
55 haben sich lieber der sehr bedenklichen annahme Havets
(MSL. 4, 410) angeschlossen, wonach *oboedio* 'umgekehrte
schreibung' für *obudio sein soll[1]), offenbar weil Schulze seinem
ansatz nicht die nötige begründung beigegeben hat. Die bei-
spiele, die im vorstehenden für die schwächung von $\bar{o}e\bar{\imath}$ in oe
zusammengetragen sind, werden hoffentlich die zweifel an der
lautgesetzlichen entstehung von *oboedio* endgültig beseitigen.
Allerdings weist von den fällen, in denen $\bar{a}e$ $\bar{o}e$ in nachtoniger
silbe reduciert worden ist, keiner $\bar{o}$, sondern alle $\bar{a}$ auf, indess
ist unter ihnen auch keiner, bei dem der durch die schwächung
entstandene laut mit folgendem i zu einem diphthongen ver-
schmolzen wäre, im diphthongen aber erklärt sich die verschiebung des ersten componenten von dem unbequemen ende
der vocalreihe nach deren mitte hin ohne weiteres (vgl. o. über
Cloelius Boelius Roesius).

Oskisch-umbrisch.

Wir kommen jetzt zu der frage, wie die oskisch-umbrischen dialekte mit $-\bar{o}r-$ in unbetonter silbe verfahren sind[2]).
Auch nach den bemerkungen v. Plantas 1, 196 f. 198 ff. er-
heischt sie erneute untersuchung, da dieser forscher das material in wesentlichen punkten unrichtig beurteilt hat. Um das
resultat, auf das schon im vorhergehenden widerholt bezug
genommen ist, vorweg hinzustellen: silben, die nach uritalischem accentprincip dem haupttone, also der ersten wortsilbe,
folgen, haben $\bar{o}r$ entweder zu $\bar{a}r$ geschwächt oder es unverändert behalten, silben, die nach lateinischem accentgesetz
vor dem haupttone stehen, haben $\bar{o}r$ unverändert behalten.

---

1) Noch anders, aber verkehrt Danielsson in Paulis altit. stud.
4, 165. v. Planta 1, 151. 205 anm. 1. Parodi studi ital. di filol. class.
1 (1893), 437.

2) Für $-\bar{a}r-$ steht uns kein sicherer fall zu gebote, da wir über
die quantität des a in dem päligu. suffix *-arus* (*Aeca c'us* u. s. w.
o. s. 139) nichts wissen; ist es kurz gewesen, so stellt es sich zu den
wörtern, in denen $\bar{o}r$ unverändert geblieben ist.

Für die erste hälfte dieses satzes legen das unzweideutigste zeugnis die namen ab, die neben einander -*oui*- und -*ui*- sowie daraus entstandenes -*ui*- aufweisen und bei denen wir doch, wenn irgend möglich, von einer einheitlichen grundform ausgehen werden: umbr. *Fisouie* -*oui* aumbr. -*uri* u. s. w. *Fisouina, Grabouie* -*ouei* au. -*uri* u. s. w., au. *Ikuvins Ikuvini* auf münzen (Büch. Umbr. 177). *Ikuvinus* -*u* -*e* -*a Iiuvina* -*as* auf den älteren, *Iiouinur* -*am* -*a* -*ar* auf den jüngeren tafeln, aber daneben *Piquier* V b 9. 14, das sich zu lat. *Picii* verhält wie lat. *Paquius* zu *Pacius*, also ebenso wie *Paquius* aus *Pacōrios, aus *Picōri- entstanden ist; marsisch *Cantonios* Zv. III. 45, aber *Pacnies* ib. 43; osk. *Kalúvieís* rh. mus. 44, 322 I. II, wonach auch *Kaluris* III. 229 mit *ú* anzusetzen ist, aber *Kalariis* III. 107. *Calarius* o. s. 136 anm. 1 aus *Kalr-, *Akviiai* III. 129, 10. *Karkvis* in der von v. Planta Idg. forsch. 2, 437 herausgegebenen dritten bleitafel IV. 10 (vgl. v. Pl. s. 440). Πακϝηις III. 236, *Salariis* ib. 122. Dazu nach dem s. 139 f. ausgeführten *Vitrōrius Licōrius Sallōrius*.

Ebenso ist -*ōv*- unversehrt in umbr. *an-ouihimu* VI b 49 zweimal. *pur-douitu* VI a 56, wodurch das -*ur*- in au. *purturitu* (10 mal in II III IV) *purtuvetu* II b 17. *purtuvies* II b 28[1]) als -*ōv*- gekennzeichnet wird, auf der anderen seite zu -*u(r)*- -*u*- reduciert in umbr. *saluuom saluua* VI a 41 f. *saluom salua* u. s. w. (s. o. s. 135). päl. *Salauatur* III. 25. osk. *salavs* 132. σαλαϝς 236 aus *salv-; päl. *Calauan* 23 aus *Calv-.

Angesichts dieser zwiespältigen behandlungsweise dürfen wir unbedenklich die doppelformen: umbr. *touer* VI b 30 zweimal — *tuua* VI a 42. *tua* 13 mal auf VI a. b. VII a. *tuer* 5 mal auf VI a; marruc. *suam* III. 8. 12; päl. *suois* ib. 35; osk. *súvad* ib. 89 — *sureís* 136, 9. 35 (cipp. Abell., der *u* und *ú* scheidet; zweideutig sind *suram* z. 1. *turai* z. 11 der bleitafel 129, auf der die diakritischen punkte nicht zu erkennen sind)

---

1) Wertlos ist gegenüber dieser zwölfmaligen schreibung die einmalige *purtuetu* II b 11, um so mehr als mit *purtu* die zeile abbricht, mit *etu* die nächste anfängt, der irrtum des graveurs sich also doppelt leicht erklärt. Überdies würde sie, wenn man ihr *u* mit v. Planta 1, 180. 182. 199 *u* setzen wollte, der ständigen gewohnheit der älteren tafeln widersprechen, die vor vocalen nie -*u*-, sondern stets -*uv*- schreiben (v. Pl. 182). [So auch J. Schmidt ztschr. 32, 404.]

gemeinsam auf den starken stamm *tōc- sōc-* zurückführen, der den lat. formen zu grunde liegt[1]). Wir haben weiter das recht das stammbildende suffix *-ăr- -ă-* nebst dem daraus entstandenen *-e-* überall gleich *-ŏe-*, idg. *-ěr-*, zu setzen: umbr. *arŭ)- ria mersuva dersva eikvasatis*, osk. *eitiuva Kapru*, dürfen in dem *ǎ(v)r* der *u*-stämme die starke stufe *-ey-* sehen: umbr. *kastruvu(f) vatuva berva pequo*, endlich das *v* in osk. *menvum minive-* aus *-ŏv- -ěv-* erklären (o. s. 134)[2]).

Das zwiefache schicksal des unbetonten *ŏr* erregt auf den ersten blick befremden. Das verständis geht uns auf, wenn wir die behandlung ins auge fassen, die die oskisch-umbrischen mundarten den nach uritalischem accentprincip unbetonten vocalen überhaupt haben angedeihen lassen. Sie gehen mit dem latein hand in hand, wo diese vocale gänzlich ausgedrängt worden sind, bei der synkope, sie stehen in scharfem gegensatz zu ihm, wo sie nicht ausgedrängt worden sind: hier schwächt das lat. *ă, ĕ, ŏ* zu *ĭ* bezw. *ŭ*, die osk.-umbr. dialekte lassen sie unverändert. Mit anderen worten, die synkope ist ein gemeinitalischer vorgang, die vocalschwächung etwas specifisch lateinisches, und sie geht, wie uns die fibula von Praeneste, die man dem 6. jh. v. Chr. zuweist (rh. mus. 42. 317), mit ihren *Număsioi vhevhăked*[3]) gelehrt hat, in gar nicht so alte zeit hinauf. Nun erinnere man sich weiter, dass die synkope, wie im laufe dieser untersuchungen widerholt betont worden ist, zunächst überall doppelformen hinterlassen hat mit und ohne ausfall des vocals. Also musste durch die synkope unbetontes *-ŏv-* in *-ŏr-* und *-ă(r)-* gespalten werden. Diese dop-

---

1) Bucks behauptung (vocal. d. osk. 99 f.), osk. *sureis* päl. *suois* marruc. *suam* und in weiterer folge auch lat. *suus* könnten nur ved. *sura-* sein, ist demnach hinfällig.

2) Bücheler deutung der umbr. *priuvatus*, neuumbr. *prinuatur* = lat. *praenovati* (Umbrica 90 ff.) ist also ebenfalls hinsichtlich des *ǎ(r)* einwandsfrei. Wenn ich dennoch zweifel an ihrer richtigkeit hege, so geschieht dies wegen der form der praeposition, die sonst im umbr. durchaus als *pre* erscheint (s. den index der Umbrica p. 215). Wie weit päl. *pristafalacirix* auch für das umbr. beweisend ist, ist die frage, und ob *pri*, das nach Paul. Fest. 282, 27 die antiqui für *prae* gesagt haben sollen, wirklich authentisch und nicht bloss zum zwecke der etymologie von *pirignus* erschlossen ist, möchte ich dahingestellt sein lassen.

3) Unrichtig beurteilt von Brugmann grdr. 2, 1239. Buck voc. d. osk. 27.

pelheit haben die nichtlatein. mundarten beibehalten, das latein. hat die der synkope entgangenen formen mit -ŏr- von nenem der schwächung unterworfen, wobei ŏ unter dem einflusse des folgenden r zu ū gewandelt ist, r aber, wie überall nach u (s. den nächsten abschnitt), zu einem flüchtigen übergangslaut herabgesunken ist, der in der schrift in den meisten fällen nicht zum ausdruck gebracht wurde. Die lat. ū sind somit keineswegs so einheitlicher natur, wie es von vornherein scheint, sondern erst die frucht zweier ganz verschiedener und zeitlich weit auseinander liegender vorgänge, die zu dem gleichen resultat geführt haben.

Wenden wir uns nun zu dem ŏr der silben, die nach lat. accentgesetzen vor dem hauptton stehen würden. Ob das auch nach den oskisch-umbrischen der fall war, wissen wir nicht: es ist bisher, auch durch v. Planta 1, 592 ff. nicht, noch kein sicheres kriterium dafür beigebracht worden, ob und event. in welcher weise diese dialekte die urital. betonung geändert haben. v. Planta freilich führt 1, 199 ff. gerade die behandlung, die ŏr in der bezeichneten lage erfahren haben soll, für verschiebung des accents an: es soll nach ihm lautgesetzlich zu u geworden sein. Von seinen beweisstücken aber ist umbr. *purtuetu* schon o. s. 152 anm. 1 abgetan: aequisch *Nuersens* aus *Noversens III. 289 muss bei seite bleiben, da die inschrift aufs dringendste der fälschung verdächtig ist (vgl. Zvetajeff's adn.); endlich das einmalige *Iuue* auf den jüngeren umbr. tafeln (VI a 22) gegenüber sonstigem stehendem *Ioui Iouie* u. s. w. darf nur als (durch religiöse bedenken veranlasste?) herübernahme der altumbr. schreibweise angesehen werden; v. Pl.'s meinung (s. 201), *Iuu-* sei aus verbindungen wie *Iuvepatre* hergeholt, ist an sich wenig wahrscheinlich und wird überdies der tatsache nicht gerecht, dass die jüngeren tafeln, abgesehen von den beiden zeilen VI a 41. 42. vor vocalen nur *u*, nicht *uu* schreiben[1]. Bleibt also nur altumbr. *Puemune Puemunes* sabin. *Poimunien* III. 10, das v. Pl., um den nach dem vorgange anderer angenommenen zusammenhang mit lat. *Pōmōna* zu rechtfertigen, aus **Pŏyŏmōno-* herleitet (vgl. dazu o. s. 95 f.). Ihm stehen gegenüber umbr. *an-onihimu pur-douitu*

---

[1] Rätselhaft ist mir *Iue* in der von Hülsen röm. mitt. 5 (1890), 297 veröffentlichten lat. inschr. aus Avezzano im gebiete der Marser ('caratteri assai antichi').

Fisouīna Tiouīnur, osk. *Núcellum* I I I. 128. *Búraianud* 93. Κλο.Fατωι auf einem in Basilicata gefundenen gefäss Mommsen unterital. dial. 270 und *Kluvatiis*, das zwar nur auf inschriften vorkommt, die den diakritischen punkt über dem *u* nicht kennen (I I I. 110 a. b. 111 b. 117 a. b. 129, 2. 9. 10; auch *Kluv-* in der dritten bleitafel Idg. forsch. 2, 437 II 5 ist vielleicht dazu zu ergänzen), für das aber *-ov-* durch Κλο.Fατωι völlig gesichert ist. Nun kann man freilich die ersten sechs fälle ihrer beweiskraft mühelos entkleiden durch die annahme, sie hätten ihr *ōv* aus formen, die es betonten, von neuem bezogen, und v. Pl. tut dies wirklich s. 202. Auch Κλο.Fατωι *Kluvatiis*, mit denen v. Pl. sich nicht abfindet, wären einer solchen erklärung nicht unzugänglich: man brauchte nur nach lat. *Clorius* umbr. *Kluvier* auch dem osk. ein *Klúviis* zuzuschreiben und anzunehmen, dies habe seinen vocalismus auf die längeren bildungen übertragen, umgekehrt wie es im lat. geschehen ist (o. s. 144). Ja, man könnte sich dafür sogar auf *Cloil* in der inschrift *Statis Cloil. C. I I I.* 109 auf einer aus dem ager Tarricinensis stammenden tessera berufen und darin die lautgesetzliche behandlung erkennen. Aber wenn auch die ganze inschrift mit Wilmanns eph. epigr. 1, 32 als oskisch[1]) angesehen werden muss, so kann ich mich doch nicht dazu verstehen, auch in *Cloil* eine echt osk. namensform anzuerkennen; es erscheint mir undenkbar, dass *Klúviis* zwar *Klúatiis* umgestaltet haben sollte, nicht aber *Cloil*-, das ihm doch mindestens ebenso nahe stand. Ich sehe deshalb in dem träger des letzteren namens einen abkömmling der latinischen gens, dessen vorfahren in oskisches gebiet ausgewandert waren und der deshalb einen oskischen vornamen führt und den namen seines vaters in osk. weise ohne *f.* anfügt. Lohnt es denn aber um des einen *Puemune Poimunien* willen diesen apparat von analogien aufzubieten? Scheitert von Plantas erklärung, um von anderen schwierigkeiten zu schweigen, nicht schon an der tatsache, dass auf den altumbr. tafeln echtes *u* vor vocalen stets den übergangslaut *v* hinter sich hat (v. Planta 1, 182)? So werden wir wohl

---

1) v. Planta 1, 26. 204 rechnet sie zu den volskischen, hat aber das schwerwiegendste bedenken dagegen, obwohl er es selbst bemerkt, nicht hinweggeräumt: der vatername steht hinter dem gentilnamen, während die Volsker ihn, wie die bronze von Velitrae lehrt, zwischen vor- und gentilname einschoben.

auf die vereinigung von *Paemune Poimunien* mit *Pomona* verzichten und uns an Thurneysens deutung (ztschr. 32, 560) halten müssen, derzufolge *ue* == altem *oe* ist, das in dem götternamen weiter fortgeführt wurde. Für *ōr* aber in der stellung, die uns jetzt beschäftigt, gilt bis zum beweis des gegenteils die regel, dass es unverändert bleibt.

Unter dem material für *u* aus *ōr* führt v. Planta 1, 201 auch neuumbr. *bue* abl. sg., *buo* gen. pl. an. Es sei gestattet auch diese formen noch aufs reine zu bringen. v. Pl. meint, *ū* für *ōr* (lat. *bōre bōrom*) sei aus formen übertragen, in denen *ōr* unbetont war; es dürfte ihm schwer fallen das glaubhaft zu machen. Daneben lässt er die möglichkeit offen, dass *bū*- die idg. stammform *guy*- fortsetze, für die er sich auf Brugmann grdr. 2, 452 beruft. Auch damit ist nichts geholfen. Wirklich belegt ist eine stammform *gū*- nur im zweiten gliede von compositis (vgl. J. Schmidt ztschr. 25, 54): ai. *driṣṭa-guś krçá-guś*, gr. ἑκατόμ-βη aus *-gʋ-ā. Brugmann a. a. o. möchte allerdings *gū*- in ags. *cū* aisl. *kýr* gegenüber as. *kō* ahd. *chuo* suchen. Über diese formen macht mir mein freund Bremer folgende mitteilungen, die ich mit seiner erlaubnis hier veröffentliche: 'Alle german. formen des wortes 'kuh' ergeben sich ganz natürlich aus einem consonantisch flektierten urgerm. **kōz*, gen. **kōas* bezw. **kōis*, loc. **kōi*, acc. **kō*, pl. nom. acc. **kōiz* u. s. w. Im anglofries. und westnörd. ist *ō* zwar nicht, wie Mahlow (die langen voc. 61), van Helten (PBr. beitr. 15, 478 anm. 2), Streitberg (z. germ. sprachgesch. 61) annehmen, im auslaut, wohl aber vor folgendem vocal zu *ū* geworden, und zwar mag dieser lautwandel vielleicht begonnen haben, bevor *h* zwischen vocalen geschwunden war, vollendet ist er jedenfalls erst nachher. Der wichtigste beleg hierfür, an dessen beweiskraft sich kaum rütteln lässt, ist das wort 'schuh': altfrs. *skóch*, pl. *skyār* < **skoar*. Zwar giebt v. Richthofen im wtb. *sko* an, aber awfrs. *schoech* ist W 439, 14 belegt und neuwfrs. heisst der schuh *skoech*. Der altfrs. pl. *skyar*, der im nwfrs. durch die naheliegende neubildung *skoen* ersetzt worden ist, lässt sich mit sicherheit aus Cadovius-Müllers *schuar* folgern. Ebenso erklärt sich afrs. *dya* 'tun' aus **dōan* und *hya* 'hängen' aus **hōan* < **hōhan* < germ. *haχan*, *fa* 'fangen' aus **fya* aus **fōan* < **fōhan* < germ. **faχan*[1]).

---

1) Zu dem afrs. lautwandel *ōa* > *yā* ist noch zu bemerken,

Es musste also germ. *köz, pl. *köiz zu *kö, pl. *käi > kȳ werden, daher mit verallgemeinerung der ā-formen auch im nom. acc. sg. afrs. kā, pl. kȳ > nwfrs. kou, pl. kij, wangeroogisch kū, pl. kier (mit der neuen endung -er nach 'kälber' 'lämmer' u. s. w.). Im ags. und westnord. liegt die sache ebenso, nur scheint im ags. h zwischen vocalen später geschwunden zu sein: westsächs. dón fón steht north. dóa fóa gegenüber; zu scóh 'schuh' lautet der plur. scós. Doch könnte der letztere sein ó von scóh bezogen haben, ähnlich wie nwfrs. skoen, und dón hat ohnehin wahrscheinlich erst nach vollendung des behandelten lautwandels die endung -an der anderen verba angenommen. fóa ist dann statt *fáa nach analogie von dóa eingetreten, nach dem es sich in seiner flexion auch sonst gerichtet hat[1]. Der altwestnord. pl. skáar skuar zu skór kann nur wie afrs. skyar erklärt werden, auch er ist in jüngerer zeit durch die analogiebildung skór abgelöst worden. Mit dem á von sá 'die' = got. sō verhält es sich anders: hier ist anlautendes unbetontes germ. -o wie sonst zu -u gewandelt, und später sind derartige einsilbige wörter gedehnt worden; sie waren wohl anceps im anglofries. wie im nord., wahrscheinlich auch im deutschen.

As. kō ahd. chuo haben dem ausscheine nach ihr o überall unverändert gelassen. Vielleicht ist aber der westnord. und anglofrs. lautwandel gemeinwestgerm. gewesen. Diesen gedanken legen ahd. stāen zu got. stauā < germ. *sto-, ahd. bauan zu got. bauan < germ. *boau und ähnliche fälle nahe[2]. Dann könnte auch Otfrids duit 'er tut' statt auf *duoit direkt auf *doit zurückgeführt werden, und in as. ko ahd. chuo wäre das

dass zugleich mit der verwandlung von o zu ū auch eine verkürzung des langen vocals stattfand; denn altes u vor vocal ist vor a nicht zu uā kontrahiert, sondern geblieben, z. b. in búwa trūwa. Immerhin lehrt afrs. kū, dass ōa nicht etwa über uā zu ūa geworden ist.

1) Sievers nimmt ags. gr.² § 218 anm. 3 an, in dem intervocalischen h, das in den ältesten sprachdenkmälern, z. b. den Epinaler glossen, oft erscheint (thóhae wlóham u. a.), sei das germ. h noch bewahrt. Ich bin geneigt darin einen rein orthographischen, durch den hiatus veranlassten einschub zu sehen.

2) Es wäre dies wegen des fries. (s. s. 156 anm. 1) nur unter der voraussetzung möglich, dass das o in *boan von dem in *doan < dōn quantitativ oder qualitativ verschieden gewesen wäre.

o des nom. acc. sg. im ganzen paradigma verallgemeinert worden.'

Diese aufschlüsse über die germ. formen werfen auch auf das umbr. licht. In *bue bau* steckt nichts anderes als die starke stammform *bō-*, die vom acc. sg. *bum* = ai. *gam* av. *gąm* gr. hom. dor. βῶν, acc. plur. *buf* = ai. *gas*[1]) av. *ga* gr. dor. βῶς (nur ist die gewöhnliche endung *-us*, jünger *-f* an stelle der singulären *-s* getreten) in die anderen casus verschleppt worden ist. Auch die jüngeren tafeln, auf denen allein *bue buo* begegnet, zeigen für idg. *o u*, ohne dass die bedingungen, unter denen es mit *o* wechselt, aufgeklärt wären (vermutlich handelt es sich um künstliche uniformierung in der orthographie, s. Buck s. 131). Ein vollwichtiges analogon für *u* = *o* vor vocal ist auf alle fälle *pue* 'quo' = *pŏ + i (Bücheler Umbrica 193. 216). In ähnlicher weise ist ja auch im späteren latein in manchen teilen des sprachgebiets die flexion von *bos* umgestaltet worden: nach dem gen. pl. *boum* haben zunächst der nom. acc. pl. ihr *e* aufgegeben (o. s. 50), dann hat, wie die italien. span. port. tochterformen ausweisen (W. Meyer-Lübke ztschr. 30, 341), der verlust auch die singularcasus ergriffen.

5. Wegfall des *v* nach *u*.

Während die nationale schrift der Umbrer und Osker *v* zwischen *u* und einem folgenden vocal, gleichgültig ob diese lautgruppe *-uv-* aus der ursprache ererbt oder erst im sonderleben des italischen in der im vorigen abschnitt erörterten weise aus *ou* entwickelt war, ausnahmslos durch *v* zum ausdruck brachte (aumbr. *tuva tuver kastruvu(f) vatuva vatuva manuve mersuva prinuvatu(s,*[2]); osk. *eituvad eituvam suveis* v. Planta 1, 182), lassen die im lateinischen alphabet geschriebenen denkmäler der genannten stämme jenen übergangslaut ebenso regelmässig unbezeichnet: neuumbr. *duir castruo vatuo prinuatur tuer tua* — nur in den beiden zeilen VI a 41. 42 steht sa-

---

1) Brugmann hätte nach dem, was uns Bezzenberger und Sievers über den reflex der idg. 'schleifenden' betonung im versbau des Rigveda gelehrt haben, nicht mehr grdr. 2, 681 behaupten sollen, das 'unmetrische' *gās* im Rigvedatext sei durch *gavas* zu ersetzen.

2) Über das einmalige *purtuetu* s. o. s. 152 anm. 1, über *Puemune* s. 154 f.

Iunom salunu tuua —: osk. tab. Bant. Zv. III. 231: *eituas*
9. 13. 18. 27. *eituam* 19. *faid* 28. 29. Desgleichen die inschriften der sogen. 'zwischendialekte', die, soweit uns erhalten, sich durchweg des latein. alphabets bedienen: marruc. *eituam* III. 8. 11. *suam* 8. 13. päl. *suois* 35. mars. *Pacuies* 43. Es wäre verkehrt, wollte man aus diesem wechsel der schreibung auf einen umschwung in der aussprache schliessen. Dagegen sprechen schon die paar -*uu*- auf den jüngeren umbr. tafeln. In wahrheit ist lediglich mit den lat. schriftzeichen die lat. schreibgewohnheit übernommen. Das lateinische nämlich lässt, soweit hinauf wir seine orthographie an der hand der inschriften verfolgen können, jenen übergangslaut unbezeichnet: *dũo senatũos crãor tũa ianũa sũis*. Nur eine anzahl ganz bestimmter wörter werden in den inschriften der kaiserzeit und in den handschriften, deren orthographie im grossen und ganzen die in der kaiserzeit übliche ist, mit -*uu*- geschrieben: *iũuenis iũuentus, iũuo iũui, ũuu uuesco uuidus* nebst den weiteren zugehörigen der betr. stämme; ferner die bildungen auf -*ũuius* -*ũuia* -*ũuium*: *flũuius flũuia* -*flũuium, plũuia plũuius* -*plũuium, ex- ind-ũuiae redũuia*, -*lũuium* -*lũuiae* -*lũuies* -*lũuio, Clũuius Clũuienus Lũuianus* (o. s. 146), die eigennamen mit suffix -*ũuius* wie *Asũuius Pacũuius Sallũuius Vesũuius Vitrũuius* und -*ũuium* wie *Igũuium Lanũuium Marrũuium* sowie die bildungsgleichen *simpũuium*[1]) *cidũuium obluc̃uiasse* Paul. Fest. 209, 18 nebst den abgeleiteten *Igũuinus Lanũuinus Marrũuinus Vesũuinus*; endlich *cluuior* Loewe Prodromus 364. Aber auch in diesen wörtern schrieb man anfänglich nur ein *u*. Das lehren die inschriften der republikanischen zeit: *iuenta* CIL. I, 1202. *Iuentia* 885. *Iuent[ius]* 602, 8 (a. u. c. 695; so ist statt des dort gegebenen *Iuuent[ius]* nach V, 4087 zu bessern, wo die inschrift aus der originalquelle, die sie erhalten hat, widerabgedruckt ist); *fluio* I, 199, 9 (a. u. c. 637); *Orcuio* XIV. 3199. *Orcuius* 3201 (sehr alte grabschriften aus Praeneste). *Salluio* XIV, 2218 (unmittelbar nach dem dritten Mithridatischen krieg). *Asuiae* I.

---

1) *simpũuium* wird als verhältnismässig junge ableitung gekennzeichnet durch die herübernahme des *p* aus *simpulum*, wo es sich zwischen *m* und *l* (umbr. *seples* III 17) lautgesetzlich entwickelt hatte; wzl. *sem-* in lit. *semiù* 'schöpfe' (Fick wtb. I⁴, 562).

1204 = X, 4024. *Liguius* XI, 3584 (etwa aus der zeit Caesars, cf. I, p. 257 zu n. 1341). Auch auf das charakteristische *sursuorsum* I, 199, 14 neben *susouorsum* 7. *sarsumuorsum* 15 sei hingewiesen. Erst um das ende der republikanischen zeit beginnt die schreibung -*uu*-, wie schon Weissbrodt im Braunsberger ind. lect. wts. 1879/80 s. 8 ausgesprochen hat. Ihre ältesten beispiele sind *Cluuius* I, 1235. 1236, und derselben zeit entstammt *suuo* I, 1242, um von *fuueit* I, 1051 abzusehen, das an und für sich nicht ganz unzweifelhaft feststeht (nur Marini giebt es, die andern gewährsmänner haben *fueit*) und, wenn richtig, ebenso gut *fueit* wie *fueeit* bedeuten kann.

Während der regierungszeit des Augustus ist dann -*uu*- in den gebildeten kreisen Roms herrschend geworden: die laudatio Turiae CIL. VI, 1527 (8—2 v. Chr.) hat *Cluuio* I, 16. *Cluuius* I, 47, das monumentum Ancyranum *iuu[enes]* II. 46. *iuuentutis* III, 5. *Iauentutis* IV, 8. VI, 33. *inui* III, 34. *Dan[u]uium* V, 48 und nur einmal noch *Dan[u]i* V, 47. Man bekommt einen einblick, wie die neue orthographie sich allmählich ausgebreitet hat, wenn man die inschriften mustert, die einen der beiden enkel des kaisers, C. oder L. Caesar, mit dem ihnen zuerst beigelegten ehrennamen *princeps iuuentutis* bezeichnen. Dem C. Caesar wurde er anno 749 a. u. c. verliehen, und er legte ihn ab 754, als er das consulat antrat, dem L. Caesar wurde er 752 gegeben, und er behielt ihn bis zu seinem tode 755 (Mommsen res gestae divi Augusti[2] s. 52 ff.). In diesen zeitraum und in die nächstanschliessenden jahre fallen also die anzuführenden inschriften. Soweit sie nun in der hauptstadt abgefasst sind, haben sie ausschliesslich *pr. iuuentutis*: CIL. VI, 884. 897. 898. 900, ferner eine städtische münze Eckhel 6, 171 (nach Mommsen a. a. o. 53 vom jahre 752 oder 753). In der provinz dagegen findet sich zwar auch diese schreibweise: XIV, 2910 a (Praeneste). X, 1115 (Abellinum). XI, 1420 (Pisae). V, 6416 (Ticinum). 6835 (Aosta). II, 607 (Metellinum in Lusitanien). 1063 (Arva in Baetica). 2109 (Urgavo in Baetica), daneben aber ebenso häufig noch die alte *pr. inentutis*: X, 1622 (Puteoli). IX, 3078 (Sulmo). 3343 (Angulus im lande der Vestini). V, 2067 (Feltria nördl. v. Vicentia). II, 3267 (Castulone in Hisp. Tarraconensis). 3828 (Saguntum). XII, 141 (Forum Claudii, jetzt Martigny).

Auch in der folgezeit ist, wenngleich -*uu*- durchaus die

landläufige schreibung geworden ist, doch einfaches -u- nie gänzlich verloren gegangen. Es ist dieselbe erscheinung, die wir o. s. 39 ff. bei -vo- neben -vu- kennen gelernt haben. Es hat keinen zweck die belege, die mir gesammelt vorliegen, alle vorzuführen. Nur für die namen auf -*auius* möchte ich sie, des onomatologischen interesses halber, mitteilen, und zwar bei den seltneren namen zugleich mit den belegen für das schulgerechte -*uu*-:

Acuius VI, 3148. *Acuia* VI, 10566 — *Acuuius* VI, 175. VIII, 3320. XI, 3805, 19 (26 n. Chr.). *Acuuia* VI, 10565. IX, 591. *Aquuia* X, 812.

Asuius X, 4023. XII, 762. 3429. *Asuia* IX, 2003. XII, 3429 — *Asuuius* XI, 225. *Asuuia* IX, 2487. *Asuiuia* IX, 941.

Betuius IX, 5169 (litteris antiquioribus). *Betuia* V, 3313 — *Betuuius* V, 1008. VI, 13571 (-*ub*-). *Betuuia* V, 82. X, 1870 (-*ub*-).

Danuius X, 3508 — *Danuuia* XI, 1501.

Etuuius V, 821. 1197. 2209.

Fiduia X, 8379 — *Fidubius* X, 112.

Iguuius XI, 114.

Ingenuius VII, 221. XII, 5814. *Ingenuia* XII, 2262 — *Ingenuuius* -*a* III, 1400. V, 2383.

Liguuius XI, 1941.

Masuius *Masuia* XI, 767 — *Masuuius* IX, 5731.

Pacuius VI, 23703 (neben *Pacuuia*). 23708. 23713. VIII, 8119. X, 883. 5505. *Pacuia* III, 2193. VI, 23713.

Pesuuius IX, 4752.

Salluius XIV, 3676. *Salluia* 5220.

Vetuuius X, 3099.

Vitruius V, 2380 (— *Vitruuius* VIII, 978 [a. u. c. 734]).

Betreffs *iuen*- *iuu*- sei bemerkt, dass eine reihe von den belegen, soweit sie überhaupt datierbar sind, aus dem ersten jh. n. Chr. stammen, wo die fortführung der alten schreibweise am wenigsten wunder nehmen kann: *iuenis* II, 5117. IV, 1373. 1755 (neben sehr häufigen *iuuenis* in Pompeji). XII, 2926. *Iuenalis* XII, 4967. *Iuenilla* IV, 294. *iuentus* IV, 932. XI, 1172. *Iuentius* XII, 4562 add., vielleicht auch noch *iuat* II, 59 = 5186, andere sich in versen finden: *iuenis* II, 3475. 3871. IX, 2128. *iuenta* V, 7570, endlich nicht wenige auf schalen, krügen, siegeln und anderem hausrat stehen: *Iuenis*

VII, 1310. 1336, 547. *Iuenalis* II, 4970, 249. XII, 5686, 465 b. 5691, 7. *Iuentius* X, 8051, 19. XII, 5686, 466. *iuat* IX, 6082, 3. Auch den hss. ist einfaches -*u*- nicht fremd; belege z. b. aus dem Pal. Rom. Vat. des Vergil, dem Taur. des Cicero bei Schuchardt 2, 472 ff. 3, 300 f.

Die änderung der orthographie, die um den beginn der kaiserzeit eingetreten ist, spiegelt sich auch in der griechischen transskription der davon berührten wörter wider: bis in die zeit des Augustus hinein werden sie mit ου geschrieben, später mit ουου oder ουβ. So[1] Σαλούϊος Kaibel epigr. gr. ex lap. coll. 815, 3 (Kreta, 'II. fere saeculi' Kaibel; auch Σαλουίου in der überschrift demnach = *Sallui*). Σαλλουίῳ Inscr. Ital. et Sic. 1121 = CIL. XIV, 2218 (kurz nach dem Mithridatischen krieg). Κλούιον bull. corr. hell. 8, 119 (Delos; republ. zeit). Κλουίου ib. 385 (Lydien)[2]. Ἰουέντιος CIG. add. 4716 d¹ (14 n. Chr.). 4716 d² (17 n. Chr.; beide aus Aegypten); doppeldeutig sind Πακουιος CIG. 6587 (Rom). Πακουία Πακουίῳ bull. corr. hell. 11, 395 (Aegae in Aeolis), die ebensowohl lat. *Paquius* (s. u.) wie *Pacuius* vertreten können. Dagegen in der kaiserzeit Ἰουουεντιανός Ἰούβενις Πακούβιος (Eckinger a. a. o.). Entsprechend schreiben Strabo Ἰτούιον 227 C. Λανούιον 239. Μαρούιον 241 und Dionys von Halikarnass Μαρούιον 1, 14, 4, aber Dio Cassius Κλούουιος 49, 44, 3. 52, 42, 4. Πακούουιος 53, 20, 2. Ἰουουέντιος 46, 51, 3.

Es erhebt sich die frage: warum wurde gerade nur in den aufgeführten wörtern die schreibung geändert? Haben wir mit Dittenberger Hermes 6, 304 anm. 2 anzunehmen, dass man in ihnen auch in republikanischer zeit schon -*uu*- sprach und nur, weil man sich scheute dasselbe zeichen V hinter einander erst in vocalischer, dann in consonantischer geltung zu gebrauchen, sich begnügte ein *u* zu schreiben? Dabei bliebe völlig rätselhaft, warum nur in *iŭuenis* = ai. *yuvan-*, *iŭuo* (o. s. 131 f.), *āua* aus *āgua (lit. *ùga* altbulg. *ein-jaga*[3]), *uuesco*

---

1) Ich verdanke die inschriftlichen belege z. t. der dissertation von Eckinger, die orthographie lat. wörter in griech. inschriften Zürich 1893, s. 77, die handschriftlichen Dittenberger Hermes 6, 304 f.

2) Doch könnten diese auch = lat. *Clŏrius* sein.

3) Über das verhältnis der vocale s. Wiedemann lit. pract. 37. Kretschmer ztschr. 31, 385.

ūidus aus **ŭksu̯e-* (zu ai. *ukṣ-áti*, gr. ὑγρός an. *rǫkr* sind erst in weiterer folge verwant, s. Frochde Bezz. beitr. 16, 203. 210 ff.) und den wörtern auf *-ūuius* sich *u̯* nach *u* erhalten haben sollte, nicht aber in den anderen physiologisch ganz gleichen fällen wie z. b. *crŭentus* aus **crŭu̯entos* zu lit. *krúvinas* (o. s. 147), *sŭis* aus **sŭu̯-es* cf. lett. *suw-ḗns* 'ferkel' (zu *sūs*, dat. pl. *sŭbus* Lucr. 5, 969. Varro sat. Men. 127 B.[1]) wie gr. σῦός aus **σῦϝ-ός zu σῦς, ai. *bhrŭv-ás* zu *bhrŭś* Osthoff MU. 4, 356 f.), *trŭa* 'rührkelle, quirl' aus **trŭu̯-ā* mit *-u̯-* vor vocal aus *-ū-* vor consonant in gr. ἄ-τρῡ-τος 'unaufreibbar' τετρῡ-μένος τρύμη τρύχω τρύω (W. Schulze quaest. ep. 334 anm. 2) aus **τρύ-ι̯ω = altbulg. *tryją tryti* 'reiben' (vgl. zu der auflösung von *ū* in *ŭu̯* τρῦος aus **τρῦϝος 'drangsal, mühe' Etym. Magn. 94, 42)[2]. Suchen wir nach der gemeinsamen eigentümlich-

---

1) Die nebenform *sŭbus* hat ebenso wie das in späterer zeit allein übliche *sŭibus* ihr *ŭ* von *sŭis* u. s. w. bezogen, wie gr. σῦσί ἰχθῦσι ihr *ŭ* von σῦός ἰχθύος. Aus *sŭ-is* ist auch der in der composition verwendete stamm *sŭ-* (*sŭ-cerda*) abstrahiert; vgl. σῦ-βώτης σῦ-φορβός. Übrigens ist *sŭbus* mit sicherheit nur aus Lucrez nachweisbar (Bücheler decl.² s. 123), und da dieser dichter sich auch sonst gelegentlich änderungen der vocalquantität auf grund von analogien gestattet hat, die an sich auch in der volkssprache hätten wirksam sein können, es tatsächlich aber nicht gewesen sind (s. u. s. 170 anm. 1), so ist nicht ausgeschlossen, dass *sŭbus* lediglich sein individuelles produkt ist. Anders, aber schwerlich richtig wird es von Osthoff MU. 4, 219 f. J. Schmidt pluralb. d. neutr. 219 anm. 1 beurteilt.

2) *trŭ-* ist tiefstufe zu *těrŭ-* in gr. τέρυ · ἀσθενές, λεπτόν; τερύνης · τετριμμένος ὄνος. καὶ γέρων; τερύσκεται · νοσεῖ. φθίνει u. a. bei Hesych (Frochde Bezz. beitr. 9, 123 f. Schulze quaest. ep. 317 anm. 4). Dazu erscheint die *ŏ*-stufe (vgl. ὀλοίτροχος ὀλοίτροχος aus **ϝολοϝ- zu ϝελύω) in τορύνη 'rührkelle, quirl'. Dessen *υ* schwankt allerdings zwischen kürze und länge: τορύνη Eupolis fgm. 370 I 356 C. Kock. Leon. Tar. Anth. Pal. 6, 305, 6 — τορύνη Arist. Av. 78. Equ. 984, man wird aber kein bedenken tragen, die der wurzelform *tŏrŭ-* allein angemessene kürze für das ältere zu halten, wenn man die historischen belege bei dem gleichfalls schwankenden κορύνη (zu κόρῡ-ς) ins auge fasst: Homer braucht nur κορύνη H 141. 143. κορυνήτης H 9. 138. Bei Hesiod Scut. 289 ist κορυνόεντα kritisch sehr unsicher und, wenn richtig, wegen der möglichkeit rein metrischer dehnung (Schulze quaest. ep. 232) zu irgend welchen schlüssen untauglich. Sicher steht κορύνη erst bei Eurip. Suppl. 715. Die späteren dichter brauchen dann *ŭ* und *ū* durcheinander. Das aufkommen von -ύνη für -ύνη bei den Attikern wird auf anlehnung an andere bildungen

keit, die die fälle mit -uu- gegenüber den anderen auszeichnet, so ergiebt sich, wie schon o. s. 53 angedeutet, dass sie eine ausschliesslich für das geschriebene wort in betracht kommende ist: bei ihnen allen konnten, sobald sie nur mit einem V geschrieben wurden, für das auge zweifel darüber entstehen, ob das V bezw. das in seiner nachbarschaft stehende I vocalische oder consonantische funktion hatte: IVENIS = iuenis oder iuenis? IVO = iuo oder iuo? VA = ua oder ua? FLVIVS = fluius oder fluius? VESVIVS = Vesuius oder Vesuius oder Vesuius? VESVINVS = Vesuinus oder Vesuinus? CLVIOR = cluior oder cluior? Um dieses misverständnis zu verhüten, wurde noch ein V eingeschoben[1]. Es ist also lediglich auf grammatischer spekulation beruhendes orthographisches zeichen und demgemäss nicht im stande die von Brugmann grdr. 1, 151 formulierte regel umzustossen, dass u nach u so schwach artikuliert wurde, dass es im allgemeinen unnötig erschien es zu bezeichnen.

Indess dieser schluss ist gegen einwendungen noch nicht vollständig gesichert. Es könnte jemand die bisher vorgeführten tatsachen auch dahin deuten, dass man urspr. uu in der aussprache überall in ungeschwächter kraft fortführte, in der schrift aber aus abneigung gegen die unmittelbare aufeinanderfolge zweier V in verschiedener funktion im allgemeinen nur ein V anwendete und nur in den fällen, wo einem misverständnis vorzubeugen war, sich schliesslich dazu bequemte beide VV zu schreiben; und wer so argumentiert, könnte sich darauf berufen, dass in der kaiserzeit -uu- gelegentlich auch ausserhalb des im vorstehenden abgegrenzten rahmens geschrieben wird: posuuit suuo Ingenuua u. a. Zum glück können wir positive beweise für die sehr schwache artikulation des u nach u ins feld führen.

---

mit -ύνη beruhen: αἰσχύνη χελύνη, vielleicht auch εὔθυνα; bei τορύνη mag noch das verbum τορύνω Ar. Equ. 1172 mitgewirkt haben, zu dem es sich verhält wie αἰσχύνη : αἰσχύνομαι, εὔθυνα : εὐθύνω. — Die wurzel tuer in an. þvara, ahd. dwiril, zu der Fick 1⁴, 449 und Kluge et. wtb.⁵ 291 s. v. quirl trua und τορύνη stellen, ist damit nur entfernter verwant.

1) Diesen gedanken hat schon v. Planta 1, 201 anm. 3 ausgesprochen, doch beachtet er merkwürdiger weise die ältere schreibgewohnheit iuenis u. s. w. gar nicht. Ihr zufolge können wir dem u in mars. Pacuies anstandslos vocalische geltung zusprechen.

Einmal wird urspr. *ay* vor vocal mehrfach zu *ā* verkürzt, selbst wenn das *y* auf urspr. *gy* zurückgeht. Das fällt offenbar unter die allgemeine regel: vocalis ante vocalem corripitur, ist aber nur unter der voraussetzung denkbar, dass das urspr. *y* die verkürzende wirkung des vocals nicht verhindert hat. Die beispiele sind:

1) *frăor* aus **frayor *fraggyor* = ags. *brūcan*, as. *brakan*, ahd. *brahhan*; die länge des *a* auch auf lat. boden wird verbürgt durch sämtliche angehörige: *fructus* (*Frūcto* CIL. X, 2269; ital. *frutto* span. *fruto* frz. *fruit* W. Foerster rhein. mus. 33, 299), *frugi fruges fruniscor* aus **fru-ni-c-scor*; auch *frāmentum* kann nur aus **frag-mentom*, nicht aus **frāg-mentom* entstanden sein (o. s. 18 f. 90). Mit unrecht legt also Brugmann grdr. 2, 928 **frăggyor* zu grunde.

2) *prāīna* aus **prayina *prăsyina* zu ai. *praśā* 'tropfen, reif'. **prăsyina* hat Johannes Schmidt ztschr. 27, 328 als grundform erkannt[1]), doch meint er, bei dem ausfall des *s* sei der vorhergehende vocal entweder überhaupt nicht verlängert oder sehr bald wider verkürzt worden, weil er in unbetonter silbe (**prăsyina*) gestanden habe. Was die silben anlangt, die nach dem hauptton stehen, so hat sich bereits Skutsch de nom. lat. suffixi -*no*- ope form. 11 f. gegen Schmidts annahme gewendet[2]). Dass aber auch in den nach dem jüngeren lat. accentgesetz vortonigen silben *s* mit ersatzdehnung geschwunden ist, dafür legen *pōmērium pōmerīdianus* aus **pŏs-m* ... unwiderlegliches zeugnis ab, ja *sursum* aus **suyorsom *susyorsom *sŭbsyorsom* (o. s. 62) lehrt, dass zur zeit des schwundes überhaupt noch die urlat. betonungsweise in kraft war[3]). Also musste **prăs*-

---

1) Sehr unwahrscheinlich ist die abweichende erklärung von Stolz Wiener stud. 6, 134.

2) Ich kann nach seinen darlegungen die ztschr. 31, 473 gegebene erklärung von *ĕnim* nicht aufrecht erhalten.

3) Schwierig bleibt nur *Cămēna* in seinem verhältnis zu *Casmēna* (Varro l. l. 7, 27. Festus 214, 14). Doch steckt in dem letzteren vielleicht gar nicht urspr. *sm*; wenigstens ist die zusammenstellung mit got. *hazjan* 'preisen' (Bersu 179 f.) durchaus nicht zwingend, zumal da nach mythologen wie Preller-Jordan 2³, 129 f. und Wissowa in Roschers mythol. lex. 1, 847 die *Camenae* urspr. gar nichts mit dem gesange zu schaffen hatten, sondern quellgöttinnen waren. Bedenkt man, dass urspr. *tsn* aller wahrscheinlichkeit nach über *sn* zu *nn* wurde im gegensatz zu urspr. *sn* das über *zn* zu *n* mit dehnung des

gna zunächst zu *prägna* werden. Es ist, nebenbei bemerkt, ein weiteres wertvolles beweisstück gegen die ansicht, dass *s* vor *u* zu *r* geworden sei (vgl. o. s. 58).

3) -*ūi* im perfektum der verba auf -*āo* aus -*aγai*. Allgemein anerkannt sind perfekta auf -*ui* für das ältere latein bei den primären verben: *adnuit* Enn. ann. 135 M. *pluerat* Plaut. Men. prol. 63. *erui* Priscian X, 12 = I, 504, 22 H., *depuit* Naev. com. 134. R.² Lucil. bei Paul. Fest. 49, 20, das trotz der abweichenden formation des praes. *depūio* (o. s. 127) hierher gehört[1]). Noch zu Varros zeit schwankte die aussprache zwischen *plūit luit* und *plūit lūit*, wie aus l. l. 9, 104 hervorgeht.

vorhergehenden vocals führte (hauptbeispiel *penna* aus *pet-snā* über *pesna* Festus 252, 10; danach *annus* aus *at-snos* got. *aþn* u. a. bei Thurneysen ztschr. 26, 314. W. Meyer-Lübke ztschr. 28, 164 f. Brugmann grdr. 1, 428. 2, 136; anders freilich J. Schmidt pluralb. d. neutr. 171 f. und Froehde Bezz. beitr. 16, 196 f.), so könnte man vermuten, dass in dem *sm* von *Casmena* urspr. dental + *sm* verborgen ist; einfaches *m* in *Cāmena* statt des zu erwartenden *mm* würde mit der stellung vor dem hauptton zusammenhängen, vgl. *māmilla* neben *mamma* aus *mad-mā* (o. s. 58 f. 62). Dann bietet sich für die etymologie wurzel *kad* in ai. *çaçadúr çaçadānas*' sich auszeichnen', gr. κεκαδμένος Pind. Ol. 1, 41. κεκασμένος Hom., deren sinnliche grundbedeutung 'glänzen, prangen' noch in der Pindarstelle zu tage tritt (Buttmann ausf. sprachl. 2, 210). Die *Cad-smēnai* wären also 'die glänzenden', eine bezeichnung, die, wenn sie wirklich urspr. quellgöttinnen waren, gewiss nicht unangebracht ist. Zur stammbildung wären Κάδ-μος Κάδ-μιλος (benennung eines Kabiren) zu vergleichen, vorausgesetzt dass sie echt griechische, nicht semitische namen sind (vgl. v. Wilamowitz Isyllos 187. Kretschmer ztschr. 29, 429 f.); es läge der bekannte wechsel zwischen *sm*- und *m*-suffix vor. Κάσσμος, das Kretschmer a. a. o. auf einer att. vase nachweist, und Κάσμιλος bei Mnaseas (ebenda) haben ihr σμ erst sekundär rein lautlich aus δμ entwickelt. Vielleicht geht in gleicher weise *cămillus cămilla* 'tempelknabe, tempelmädchen von vornehmer abkunft' auf *cad-(s)millos* zurück. Verg. Aen. 11, 543 leitet den namen seiner heldin *Cămilla* von dem ihrer mutter *Căsmilla* her, doch muss man sich hüten dies als zeugnis für älteres *casmillus* anzusprechen; denn die etymologie beruht allein auf dem von den grammatikern angenommenen zusammenhang von *cămillus* mit dem Kabiren Κάσμιλος (vgl. Varro l. l. 7, 34).

1) Paul. Fest. 49, 20 steht in den hss. *depunit*, aber Lucilius kann nach dem oben auseinandergesetzten nur ein *u* geschrieben haben. *uu* ist hier ebenso wie in dem lemma *depuuere caedere* nach dem muster von *depuuio* geschrieben; vgl. 217, 5 *obpuuiat puuiendo*. In dem Naeviusverse ist im Thes. nov. Lat. in A. Mais auct. class. 8, 175 richtig *depuit* und im lemma *depuire* überliefert.

Auch bei den denominativen sind gleiche formen überliefert: *institui* Plaut. Epid. 363. Most. 86. *constitueram* Pseud. 549. *constituit* Titin. bei Non. 406, 19 = R.² 43, die neueren herausgeber haben sie aber nach dem vorgange von Fleckeisen rhein. mus. 14, 631 f. auf den index gesetzt und beseitigen sie durch umstellungen oder worteinschiebungen oder durch die annahme eines wechsels im metrum¹): *u* lasse sich, so wird gesagt, nur in einsilbigen stämmen nachweisen. Allein Priscian bezeugt a. a. o. ausdrücklich *argui* zu *argūo*, und selbst wenn man die authenticität dieser form anzweifeln wollte, ist man doch zu einer scheidung nach den stammklassen nicht berechtigt. Im gegenteil, es ist von vornherein das wahrscheinlichere, dass denominativa und primitiva die gleiche perfektbildung gehabt haben, die nämlich, die allen vocalisch ausgehenden stämmen eigen ist, das *v*-perfekt mit dehnung des auslautenden stammvocals: *plāuī statūi*, und daraus sind *plāī statāī* auf ganz lautgesetzlichem wege hervorgegangen. Das hat bereits Corssen I² 319 f. II² 679 ff. richtig erkannt, wenn er es auch mit heutzutage unhaltbaren anschauungen verquickt hat, und es ist unnötig gegenseitige analogische beeinflussung zu hülfe zu rufen, wie es Osthoff perf. 254 f. tut. Auch das perfektum von (*ad-*)*iūuo* (*ad-*)*iuui* hat sich der kürzung nicht entzogen: *adiūuero* Enn. bei Cic. de sen. anf. — ann. 386 M. *adiūuerit* Plaut. Rud. 305. Ter. Phorm. 537. *iūuerint* Catull. 66, 18 (ausgang des pentameters). Propert. 2, 23, 22, aber in classischer zeit ist doch die länge des *u* im gegensatz zu allen anderen perfekten auf -*āī* durchaus das herrschende. Worauf dieser gegensatz beruht, ist schwer zu sagen, so schwer wie die frage zu beantworten ist, warum in *fīo fīunt* die länge des *i* erhalten, in *fīerem fīerī* die kürze durchgedrungen ist. Es scheint, als ob auch durch das lautgesetz: vocalis ante vocalem corripitur doppelformen ins leben gerufen wurden je nach der sprechgeschwindigkeit wie bei der vocalsynkope (Osthoff archiv 4, 464 f.) und bei dem schwunde von *h* und *v*

---

1) So misst Ribbeck Titin. 43 trochäisch:
 si rūs cum scortō constituit ire, clavis ilico,
den zugehörigen vers 44 aber iambisch:
 abstrūdi iubeo, rūsticae togae ⟨ei⟩ ne sit cōpia,
während alles sofort in ordnung ist, sowie man *constitūit* anerkennt:
 si rūs cum scortō cōnstitūit ire, clavis ilico.

zwischen gleichen vocalen (o. s. 123 f.), dass die kürzung nur bei schnellem redetempo vor sich ging, bei langsamem unterblieb und dass die festsetzung nur je einer dieser beiden formen in der schriftsprache in weitem umfang durch bewusste grammatische normierung bedingt ist. Ist das richtig, so dürfen wir den grund, weshalb im perfektum von *iūno* die *u*-form bevorzugt wurde, vielleicht darin sehen, dass bei der schreibung *iuui*, die seit dem ende der republikanischen zeit aufgekommen war, für den eintritt der regel: vocalis ante vocalem corripitur kein recht vorzuliegen schien[1]). Derselbe umstand erklärt vielleicht auch, weshalb bei *iua ūuesco ūuidus* die litteratur nur die *ū*-formen kennt. In der volkssprache war auch die *ū*-form verbreitet, wie aus Consentius GLK. V, 392/93 hervorgeht: nonne videtur per episynaliphen barbarismum facere, qui ut dicat *uuam passam*, dicit *uam passam*? Übrigens mögen zu der bevorzugung des *ū* auch die synkopierten *ūdus ūlīgo* beigetragen haben[2]); auch *uua* war trotz seiner anderweitigen herkunft mit *ūuesco* u. s. w. im sprachgefühl eng verknüpft (Bersu 148).

Schwerlich dürfen wir das verhältnis von älterem *fūi* (Neue II² 597. C. F. W. Müller nachtr. z. plaut. pros. 84) zu klassischem *fŭi* ebenso beurteilen wie das von *plui* zu *plŭi*. An und für sich ist es verlockend *fūi* mit Thurneysen Bezz. beitr. 8, 284 ff. = ai. *babhūva* zu setzen. Aber wir haben gewiss nicht das recht die wurzelform *bhāu-* schon der ursprache zuzuschreiben: *bhu̯au-*, als dessen schwache form sie Thurneysen angesehen wissen will, ist ein recht problematisches ding (vgl. Bartholomae stud. z. idg. sprachgesch. 2,

---

1) Eines ähnlichen falschen schlusses machen sich ja auch unsere neueren herausgeber schuldig, wenn sie an den oben aufgezählten stellen, wo *iuuer-* überliefert ist, die metrisch geforderte kürze des *iu-* dadurch zu erzielen meinen, dass sie das zweite *u* weglassen, obwohl doch die doppelsetzung des *u* mit der quantität des vorhergehenden vocals in gar keinem zusammenhang steht. Allerdings haben die verfasser jener stellen, mit ausschluss vielleicht von Properz nur ein *u* geschrieben, aber sie schrieben auch in *aliūi* nicht mehr, und man ist nur dann berechtigt *iuer-* in ihren text zu setzen, wenn man auch überall *iuentus -ius* u. s. w. durchführt.

2) In *ūdus ūlīgo* aus *u̯ksu̯edos u̯ksu̯el-* ist die synkope erst nach dem verluste des *ks* eingetreten, sie bilden also eine wertvolle stütze für die o. s. 61 f. vorgetragene deutung von *sūrsum*.

116 ff.), und Th.'s combinationen scheitern an den von ihm gar nicht berücksichtigten gr. πεφύασι Δ 484 η 128 u. ö. ἐμπεφύη Theogn. 396. ἐμπεφυυῖα A 513 aus *πεφῠϜ-; von deren -ῠϜ- angesichts des ῠ in ἔφῡν φύσομαι πέφῡκα niemand wird behaupten wollen, dass es erst auf griech. boden an stelle von ererbtem -ῠϜ- getreten sei¹). Die griech. formen zwingen zu der annahme, dass *babhū́va* erst im sonderleben des ind. urspr. *babhū́v-a* verdrängt hat nach dem vorbilde der formen, deren suffix consonantisch anlautete: *babhū́tha babhū́yāt babhū́tu babhūvā́n* (Osthoff MU. 4, 388). Ein solcher vorgang mag einzig dastehen, wir müssen ihn hinnehmen so gut wie die eben so seltsame tatsache, dass bei demselben verbum schon in der ursprache im futur, aorist, perfekt die sonstige abstufung zwischen starker und schwacher wurzelform zu gunsten der schwachen aufgehoben worden ist. eine tatsache, auf die die weitgreifende übereinstimmung der verschiedenen sprachen führt: fut. avest. *būšyeiti*²). gr. φύσω, lit. *būsiu*, altbulg. *byšąšteje*; aor. ai. *ábhūs ábhūt*. gr. ἔφῡς ἔφῡ, lit. *bú-k*; perf. ai. *babhū́va babhū́tha* lat. *fui*, denen gegenüber avest. *bvāva* „Jackson Avesta grammar § 593, 2 note), air. *ro bói* aus *bōve* schwerlich die uridg. form mit hochstufe fortführen, wie Osthoff MU. 4, 389. Brugmann grdr. 2, 1210 meinen, sondern wohl erst im sonderleben des iran. bezw. des keltischen nach dem allgemeinen perfektschema wider neugebildet sind³). Sehen wir doch auch sonst bisweilen, dass gerade viel gebrauchte wörter dem ausgleichungstriebe in stärkerem masse zum opfer fallen als seltenere; man vergleiche, was oben s. 9 ff. über idg. *u̯eli̯ēm* für regelrechtes *u̯li̯ēm* ermittelt worden ist.

---

1) Nur *πεφυϜῶτας ist durch πεφυῶτας ε 477 ersetzt nach dem muster von πεφυυῖα, wie im lit. *bū-ręs nach bùr-usi durch bùręs (J. Schmidt ztschr. 26, 334) und umgekehrt im altbulg. *bŭr-ŭši nach by-vŭ durch byvŭši, aber hier ist das Ϝ nicht wurzelhaft, sondern der urspr. anlaut des suffixes. Unrichtig Osthoff MU. 4, 68, 376.

2) Auch für das urind. wird *bhūšyāmi wahrscheinlich gemacht durch ai. *sāšyantī neben sōšyáti (Brugmann grdr. 2, 1092); vgl. sasā́ra nach babhā́va.

3) Dass an. *bjó 'wohnte' aus *bebōve dem avest. bvāva ganz direkt entspreche und das praes. an. *būa got. bauan ahd. bū́an erst aus diesem perfekt sekundär herausgebildet sei, davon haben mich die ausführungen Bechtels hauptprobleme 57, 167 f. nicht zu überzeugen vermocht.

Ist somach die möglichkeit abgeschnitten das *a* in *fui* als idg. erbgut anzusehen, so könnte man, um seine historische priorität vor dem *ă* in *făi* dennoch zu retten, noch zwei wege einschlagen. Man könnte die geschichte des ai. *babhūva* auch auf ital. boden sich abspielen lassen, also annehmen, ererbtes *făyai* sei durch *fuyai* abgelöst worden zu einer zeit, als das perfekt noch nicht mit dem *es*-aorist verschränkt war und die endungen noch unmittelbar an die wurzel angefügt wurden, es also noch *famus *fatis u. s. w. hiess und noch ein ptc. *fuyos* bestand. Das ist wirklich die ansicht Osthoffs MU. 4, 391 und Wiedemanns lit. praet. 175, aber sie stützt sich doch nur auf eine recht luftige construction, die nicht wahrscheinlicher wird durch die tatsache, dass *ă* geblieben ist in *făam făturus* u. s. w. Oder man könnte *fă-yi einfach als *v*-perfektum zu *fŭ-am* hinstellen. Auch das ist nicht wahrscheinlich, denn dann wäre jeglicher historische zusammenhang zwischen *făi* und den ai. formen zerrissen. So werden wir zu dem schlusse gedrängt, dass *făi* das ältere ist, mag man es nun mit ai. *babhūva* für *babhŭva* oder mit *ábhūvat* verbinden, wie Brugmann grdr. 2, 1237 tut, und dass *fui* daneben gestellt wurde aus anlass des schwankens, das zwischen *plŭi* und *plūi*, *lŭi* und *lūi* u. s. w. bestand[1]).

Noch ein zweiter beweis für die äusserst schwache artikulation des *y* nach *u* steht uns zu gebote: in unbetonten silben geht *ŭ* vor vocalen nach bestimmten consonanten (*c l n r s*) nicht selten in *y* über. Ich will mich nicht auf fälle berufen wie *reliquos pedisequos caqua caqui* App. Probi GLK. IV, 197, 23 aus *relicŭos pedisecŭos racŭa racŭi*, *solco rolco milcos salcos* aus *solŭo rolŭo milŭos salŭos*, *larra Minerra* aus *larŭa Minerŭa*; entscheidend ist, dass namen auf *-ŭius -ŭinus* nebenformen auf *-yius -yinus* entwickelt haben. Davon dass das vocalische *u* ausgestossen wäre, kann keine rede

---

1) Auf grund dieses schwankens hat sich auch Lucrez für berechtigt gehalten *flŭidus* 2, 464. 466 an stelle des üblichen *flūidus* zu setzen. Eine ähnliche prosodische freiheit hat er sich in *liquor* gestattet: im gegensatz zu allen anderen dichtern misst er 1, 453 dessen *i* als länge, offenbar in anlehnung an das verbum *līquor* gegenüber *lĭqueo*. Kann richtig erblickt J. Schmidt pluralb. d. neutr. 149 in *lĭquor : līquor* uralte ablautsvarianten. Vgl. auch o. s. 163 anm. 1 über *sŭbus* neben *sūbus*.

sein, es kann nur unter dem drucke der tonlosigkeit zu halbvocalischem u reduciert sein, der übergangslaut y muss also so
schwach gewesen sein, dass er diese reduction nicht hinderte.
So stehen neben einander:

Acū(y)ius Acū(y)ia (belege o. s. 161) und Aquius CIL.
XII, 1782. Aquia Nissen pompej. stud. 289.

Pacū(y)ius Pācū(y)ia und Paquius Paquia CIL. I, 1478
= II, 3433, 9. IV index p. 231. 259. VI, 1483. 1484. IX,
2827. 2845. 2846. 2857. 2897 (Paqi..). 2902. 3733. 6078,
128. X, 61. 1093. XII, 700. 747. 4322. 4472. Dass Paquius
mit Pacuuius, nicht, wie Mommsen unt. dial. 284 f. und Corssen krit. beitr. 50. ausspr.² I 71. II 356. it. sprachk. 52 ff.
angenommen hatten, mit Pac(v)ius identisch ist, hat Bersu 117
richtig erkannt. Mit unrecht aber hat er dem u silbischen
charakter zugeschrieben und q als einen überrest der Accia-
nischen orthographie (wie in pequnia) hingestellt. Er hat den
Varrovers (sat. Men. 356 B.) übersehen, den Lachmann zu
Lucr. p. 306 unzweifelhaft richtig so hergestellt hat:

Pacri discipulus dicor, porro is fuit Enni

(hss. bei Nonius 88, 4 Pacuuius), und die sogleich anzufüh-
rende parallele Vesyius : Vesāyius nicht berücksichtigt¹).

Vesū(y)ius und Vesyius. Vesyius ist verbürgt durch das
metrum bei Val. Flacc. 3, 209. Stat. silv. 4, 4, 79. Anth. Lat.
83, 78 R. und durch die schreibung Vesbius CIL. IV, 19. 1493.
1495. Sil. It. 17, 593. Martial. 4, 44, 1 (so Friedländer, Vesyius der Putean. saec. X), sowie durch die interessante notiz
Galens X, 364 Kühn, auf die Schöne in der adn. zu CIL. IV,
2559 hinweist: λόφος ἕτερος οὐ μικρός, ὃν ἔν τε τοῖς συγγράμ-
μασιν οἱ παλαιοὶ Ῥωμαῖοι καὶ τῶν νῦν οἱ ἀκριβέστεροι
Βεcούβιον ὀνομάζουcι· τὸ δ᾽ ἔνδοξόν τε καὶ νέον ὄνομα
τοῦ λόφου Βέcβιον ἅπαcιν ἀνθρώποις γνώριμον. Entsprechend Vesāuinus CIL. IV, 2559 und Vesyinus, das gesichert ist durch Vesbinus CIL. IV 8 mal (index p. 257). X,
1403 d I 4. XI, 3614. Bei Vesuies I, 817. Vesuium IV, 52.

---

1) Ebensowenig erklären sich die q von Sanqualis zu dem
u-stamm Sancus und von nequalia (:detrimenta Fest. 162, 23) zu νέκυ-ς,
avest. naçu- aus Accianischer orthographie, wie Bersu 96 meint;
vielmehr ist qu aus $cū$ in derselben weise hervorgegangen wie in
reliquos u. s. w.

71. 2889. *Vesui*.. 237. *Vesuinus* 2512. 2557. 2558 ist nicht zu entscheiden, ob $u = uy$ oder $= y$ sein soll, und dasselbe müssen wir jetzt von den beispielen für *Asuius*-*a Masuius*-*a* sagen, die o. s. 161 beigebracht sind.

Lanü(y)ium Lanü(y)inus (belege bei Dessau CIL. XIV, p. 191): *Languinus* Naev. com. 21 R.² (erkannt von L. Müller de re metr. 252). Danach kann der wert von *Lanuinus* CIL. VI, 12904 (vielleicht älter als die Mithridatischen kriege). XIV, 2097 (42/43 u. Chr.). 2122. X. 4590. 6681 nicht mit sicherheit bestimmt werden.

Nach diesen beispielen stehe ich nicht an *Sallä(y)ius* und *Salyius* als gleichartige doppelformen zu betrachten; *salyus* geht ja auf *salōyos* zurück (o. s. 135), und die verdopplung des *l* in *Sallä(y)ius* beweist nichts gegen die urspr. identität. Ich gebe ferner zu erwägen, ob nicht in *Varyius*-*a* CIL. II, 3864. 3944. 4030. 6055 (sämtlich aus Sagunt und umgegend; zu *Varius Varinius Varronius*). *Duryius* IX, 5188. *Firyius* IX, 1018. (*Firyeius* IX, 2182.) *Haryius* IX, 3864 -*yius* auf urspr. -*uyius* beruht, vorausgesetzt dass man überhaupt ihr *V* mit *r* zu transskribieren hat, wie es die herausgeber des CIL. in den indices tun, und nicht mit *u*. Wenn *helyus* aus *hĕlŭos* (o. s. 137 anm. 1), ist auch *Helyius* aus *Helăyius* entstanden.

Dass die aufgezählten doppelformen neben einander herlaufen, beruht auf dem wechsel der accentstelle in der flexion. Nur in unbetonten silben konnte, wie bemerkt, -ăy- zu -y- werden, also nur der gen. und voc. *Pacă(y)ī* ergab *Pāquī*, *Pacăius Pacăio Pacăium* blieben lautgesetzlich unverändert. Jede dieser beiden stammgestalten wurde durch alle casus hindurchgeführt, und so entstand das doppelte paradigma. Bei den weiterbildungen mit -*īnus* ist nur *Vesyīnus Languīnus* lautgesetzlich; *Vesŭ(y)īnus Lanŭ(y)īnus* erklären sich aus dem einfluss von *Vesŭ(y)ius Lanŭ(y)ium*.

Auch die osk.-umbr. mundarten zeigen den übergang von -ă(y)- in -y-: umbr. *Piquier arria arriu arres* neben einmaligem *araria* (s. 137), osk. *Akriiai Kackris* Πακϝης *Kalariis Salariis* aus *Kaly- Saly-* (die belege o. s. 152). Daraus folgt, dass auch in ihnen *y* nach *u*, wenn es auch graphisch zum ausdruck gebracht wurde, doch nicht gerade sehr energisch artikuliert worden sein kann.

Wie schon o. s. 164 angedeutet, wird in der kaiserzeit, nachdem sich einmal *uu* zum ausdruck für *u(u)* in den besprochenen fällen eingebürgert hatte, auch in anderen wörtern das (*u*) gelegentlich in der schrift ausgedrückt. Aus den inschriften kenne ich folgende beispiele, die zum grossen teil schon Schuchardt 2, 521. 3, 311 verzeichnet hat: *suuo* I, 1242 = X, 4263. X, 4265. 5878 (litteris antiquioribus). *suue*(=ae) X, 7632. *suuis* V, 5703 a add. IX, 2825(?). *puuer* VIII, 1741. *Cluuentius* IRN. 6769 III 22. *Ingenuuae* X, 3734 (1. jh.). *mortuua* Muratori 1768, 11 (via Latina). *perpetuuo* II, 196. *posuuit* IX, 3738. 3868. 5228. XII, 5826. *posuuerunt* XII, 1416. *istituuit* VIII. 9975 (392 n. Chr.). 9984 (429 n. Chr.). *istituuisse* VIII, 9976. Es ist vielleicht mehr als zufall, dass verhältnismässig viele von diesen beispielen aus CIL. IX und X stammen; man wird annehmen dürfen, dass in ihnen die alte osk.-umbrische schreib- und sprechweise fortlebt. Auch in den hss. findet sich -*uu*- gelegentlich über das ihm zustehende gebiet hinaus. Wenn man aber von dem vereinzelten und in seiner bedeutung zweifeln unterworfenen *ingrāuit* Verg. Aen. 12, 284 im Med. m. s. (-*au*- m. pr.) absieht, so kommen nur formen mit *flūu- plūu*- in betracht: *flūuenta* Rom. Verg. Aen. 12, 35. *flūuitantem* id. ib. 5, 867. *flūuidas* Verg. Geo. 3, 484. Aen. 3, 663. Seneca ep. 6, 6, 24. 27 Haase. Sedul. carm. 4, 186. *Fluuonia* Bamb. Reich. Mart. Cap. 2, 149 (*Fluuionia* Arnob. 3, 30. Tertull. ad nat. 2, 11 ist an *fluuius* angelehnt). — *plūuit* praes. Verg. Aen. 10, 807 Med. m. pr. Pal. Rom. *pluuisse* Liv. 21, 62, 5 Put. Colb. Med. u. ö. bei Liv. Val. Max. Colum. Plin. (Neue II² 498)[1]. Offenbar sind für sie *flūuius plūuia plūuius* massgebend gewesen.

6. Sonstige fälle des schwundes von *r*.

Während der kaiserzeit werden von dem verluste des *r* einige wörter ergriffen, die ihm bis dahin entgangen waren. Ein endgültiges urteil über diese fälle abzugeben bin ich ausser stande; dazu ist eine kenntnis der entwicklungsgeschichte der romanischen sprachen und ihrer heutigen mundarten erforderlich, die mir abgeht. Was ich bieten kann, ist eine aufzählung

---

1) In dem letzteren sieht man in der regel *plur*-. Das ist möglich, aber keineswegs nötig.

der sicheren beispiele, die mir aus lateinischen inschriften und grammatikern bekannt sind, und ein versuch die besonderen merkmale zu bestimmen, durch die sie charakterisiert werden. Danach zerfallen sie im wesentlichen in zwei gruppen: in solche, bei denen *r* zwischen *a* und *o*, und in solche, bei denen es zwischen *a* und hellen vocalen, aber nach unbetontem *a* geschwunden ist.

1. Schwund des *r* zwischen *a* und *o*.

paor wird als volkstümlich bezeugt durch die regel der App. Probi III GLK. IV, 199, 2: *paror non paor*.

Faor CIL. III, 1634, 6. 6008, 20. 6436, 3. IX, 6081, 30. XII, 5682, 43. XV, 904 b. c. d. 2423. *Faorabilis* XIV, 2408 II 12. *Faorianus* XV, 214. 215. 216. 219. 220 (aetatis Severianae). *Faurianus* 212. 213. 329 (aetatis fere Commodi). 1600. 1601.

Pao Orelli 3046.

Aōnius -a CIL. VI, 12089—91. 15121.

Faōnius -a VI, 2893. VIII, 1926. 2564 c 25 (unter Marc Aurel). 2569, 14. 4714. 5433. 8749. IX, 113 nebst add. X, 1553. XI, 463. *Faonianus* VIII, 8607. *Faunianus* XV, 211. Dazu Φαώνιος, wie Plutarch und Appian durchweg schreiben im gegensatz zu Dio Cassius, der Φαουώνιος giebt (Dittenberger Hermes 6, 305).

Flaōnius IX, 1010.

Paōnia VI, 18392.

Raōnius III, 1945 (191 n. Chr.).

Es handelt sich allem anscheine nach um ein weitergreifen des lautwandels, durch den um das ende der republikanischen zeit *r* vor dem aus *ŏ* entstehenden *ā* vernichtet wurde (o. s. 37 ff.). Ob der schwund in der volkssprache ganz oder infolge des einflusses stammverwanter wörter wie *păveo făveo ăveo flavi* u. s. w. nur zum teil durchgedrungen war, ob er auf einen bestimmten teil des ganzen sprachgebietes eingeschränkt war, das zu beantworten ist sache der romanisten. Die romanischen sprachen nämlich haben *v* teils erhalten, teils verloren, z. b. span. *pavor pavura*, port. *pavor*, prov. *pavors paors*, altfrz. *paour*, ital. *paura*; span. *pavo pavon*, port. *pavó pavão*, prov. *paos paus*, frz. *paon*, ital. *pavone paone pagone*; span. *fagueño*, rätorom. *favugn favoin*, it. *fogno fa-*

ronio; span. port. *faror*, frz. *fareur*, ital. *farore*. Einige von den formen mit *r* sind aber sicher gelehrten ursprungs, so ital. *faronio*, frz. *fareur*. Vielleicht wird man zu dem ergebnisse kommen, dass im span. und port. *r* lautgesetzlich erhalten ist: dazu würde vortrefflich stimmen, dass sich in CIL. II, soviel ich sehe, kein beispiel des ausfalles von *r* findet[1]).

2. **Schwund des *r* zwischen unbetontem *a* und *i, e*.**

failla nach App. Probi III GLK. IV, 198, 8: *favilla non failla*.

paimentum CIL. VI, 122. Orelli-Henzen 7211 (Rom). *Faentia* CIL. III, 3582. *Faentinus-a* IX, 4814. XIV, 1090. Hierher vielleicht auch 'Αιανοῦ = *Ariani* CIGr. 4750.

Hier liegt wohl eine weiterentwicklung des processes vor, durch den bereits in republikanischer zeit ŏr in vortoniger silbe zu ŏ ŭ geschwächt worden war (o. s. 141 ff.). Es scheint, als ob dieser lautwandel in mehreren dialektgebieten unabhängig von einander eingetreten ist: die oberitalienische stadt heisst heute *Faenza*, und der nachkomme von *favilla* erscheint in verschiedenen teilen Italiens ohne *r* (Gröber archiv 2, 283. Ullmann rom. forsch. 7, 202. Foerster app. Probi s. 38). Die tochterformen von *parimentum* sind nach Körting 547 fast überall nur gelehrtes sprachgut, also zur localisierung des lautwandels ungeeignet.

Es bleibt noch eine bildung, in der *r* gleichfalls zwischen *a* und *i* ausgefallen ist, in der jedoch *a* den ton trug: das perfektum der verba auf *-are*. Die romanischen sprachen setzen in der 1. sg. *-ai* und zum teil in der 3. sg. *-ait* voraus. Dass solche formen schon in der kaiserzeit vorhanden waren, wird bezeugt durch Probus GLK. IV, 160, 14: *probari non probai, probasti non probaisti, probavit non probait, probavimus non probaimus*. 182, 11 ff.: quaeritur qua de causa *calcari* et non *calcai* dicitur . . . . . et ideo *calcai* barbarismus esse pronuntiatur, sowie durch gelegentliche inschriftliche belege: *dedicait* CIL. VIII, 5667. *laborait* X, 216. *spectavait* Mura-

---

1) Die genannten rom. formen habe ich Körtings lat.-rom. wtb. entnommen. Ullmann rom. forsch. 7, 202 führt freilich ein span. *paor* an.

tori 1866, 2 (christl. inschr., die daneben viele -*arit* hat). Sie geben mir den anlass hier die zusammenfassende darstellung des schwundes des *r* im *r*-perfektum einzuschalten, die im verlaufe dieser studien wiederholt in aussicht gestellt worden ist (s. 90. 120. 121).

Von vornherein ist die annahme zurückzuweisen, die zuerst Stolz z. lat. verbalflex. 1, 28 f. ausgesprochen hat und die Schweizer-Sidler² s. 140 als nicht unmöglich bezeichnet, dass die verkürzten formen auf -*āsti* -*astis* -*arunt* -*arim*, -*esti* -*estis* -*erunt*, -*isti* -*istis* u. s. w. überhaupt nie *r* enthalten haben, sondern urspr. *s*-aoriste seien¹). Die verba denominativa, die in erster reihe in betracht kommen, haben nur das praesenssystem in die einzelsprachen mitgebracht. Sollen wir nun glauben, dass das lateinische, als es sich darum handelte ein tempus der vergangenheit für diese verba zu schaffen, teils den *s*-aorist, teils eine gänzlich abweichende bildung, die *r*-erweiterung, mag ihr ursprung sein welcher er wolle, dazu benutzte? Wenn es in der 2. sg. 2. 3. pl. u. s. w. zum *s*-aorist griff, warum nicht auch in der 1. 3. sg. 1. pl., wo doch der *s*-aorist zur charakterisierung ebenfalls vollkommen ausgereicht hätte, zumal da er ein durchaus lebenskräftiges tempus blieb? Die ganze vermutung ist schon deshalb überflüssig, weil wir die kürzeren formen auf grund der im laufe dieser studien ermittelten gesetze, nach denen sich der ausfall des *e* regelte, mühelos aus den längeren herleiten können. Gehen wir von dem ältesten tatbestand aus, wie er für Plautus und Terenz durch die untersuchungen Engelbrechts Wiener stud. 6, 219 ff. klargestellt ist; das bild, das die überreste des Livius Andronicus, Naevius, Ennius gewähren, weicht davon nicht ab. Bei den verben auf -*āre* gebraucht Plautus -*āristi* -*āristis* -*arissem* -*arisse* -*arērunt* -*arērim* und -*āsti* -*astis* -*assem* -*asse* -*arunt* -*arim* gleichberechtigt neben einander, Terenz die längeren formen nur noch ein paar mal am versende, in der weitaus überwiegenden mehrzahl der fälle die kürzeren²). Man erklärt die letzteren ent-

---

1) W. Meyer-Lübke wird die theorie, die er ztschr. f. rom. phil. 9, 248 f. entwickelt hat und die auf etwas ähnliches hinausläuft, heute schwerlich noch aufrecht erhalten.

2) Auch dieser gang der entwicklung spricht nicht eben dafür, dass -*āsti* -*astis* u. s. w. das ältere gegenüber -*āristi* -*āristis* sind.

weder durch ausstossung des e und contraktion von a + i, e zu a (Corssen I² 317. Leo Meyer vgl. gr. I² 198. Schweizer-Sidler² s. 139 f.) oder durch synkope der silbe eī rĕ (Neue II² 527. Brugmann MU. 3, 39. Osthoff perf. 220. Havet MSL. 6, 39). Dass auch nach langem a nicht die ganze silbe eī rĕ, sondern nur deren vocal durch die synkope vernichtet wird, ist schon s. 56 mit hinweis auf *gaudeo claudo nau-* betont worden. Was die andere annahme anbetrifft, so kann von einer ausstossung des e in der zeit, wo bereits die betonung *probāīsti probācistis* bezw. *probācērunt probācerim* platz gegriffen hatte, keine rede mehr sein; das zeigen einerseits *fārilla fārissa* u. s. w. (o. s. 150), andererseits *nāris grāvis* u. s. w. Man könnte den schwund nun in eine periode hinaufrücken, wo noch *prŏbāristi *prŏbācistis *prŏbācērunt *prŏbācerim¹) betont wurde. Dem könnte ich kein direkt das gegenteil beweisendes beispiel entgegenhalten, aber ich wüsste auch keines, das unter gleichen bedingungen stände und dafür spräche. Höchstens *palĕa* könnte man nennen, das Leo Meyer vgl. gr. I² 199 und Joh. Schmidt pluralbild. d. neutr. 68 wegen ai. *palāva* 'spreu, hülse', altbulg. *plěva* 'spreu', lett. *pelawas* 'spreu' aus *palĕva* herleiten. Aber das ist ein ebenso vereinzelter fall, der durch keinen anderen verificiert werden kann, und die möglichkeit ist wenigstens nicht abzustreiten, dass *palea* auf *palĕja* zurückgeht. Positive bedenken gegen jene annahme erregt aber der umstand, dass es in alter zeit nicht auch *probai *probait heisst, wie wir doch erwarten müssten, und dass *probāristi probācerunt* u. s. w. überhaupt neben den kürzeren formen erhalten geblieben sind. Unter diesen verhältnissen halte ich es für geboten nur mit den sicher erkannten lautgesetzen zu wirtschaften, und diese genügen uns vollauf. Nach dem nämlich, was o. s. 82 ff. über die schicksale von eĭ eī nach a- und o-lauten in unbetonten mittelsilben festgestellt worden ist, mussten *prŏbāristi *prŏbācistis *prŏbarissem *prŏbācērunt *prŏbācerim über -aŏ- zu *prŏbosti *prŏbostis *prŏbossem *prŏborunt *prŏborim werden. Dass in diesen formen ŏ durch a, den für die ganze conjugationsklasse charakteristischen laut, ersetzt wurde, wird niemand wunder

---

1) Man wird es mir verzeihen, wenn ich die endungen einfach in der historischen form gebe.

nehmen, ebensowenig wie die tatsache, dass auf grund von *probav-i probav-it probav-erunt* nach dem muster von *cen-isti cen-istis cen-issem cen-ĕrunt cen-ĕrim* neben *cen-i cen-it cen-ĕrunt* die vollen formen *probavisti probavistis* u. s. w. neben den umgestalteten erhalten blieben. Auch die 1. pl. perf. **probavimus* hätte über **probomus* zu **probamus* werden müssen; wenn diese form verschwunden ist, so ist daran offenbar der zusammenfall mit der 1. pl. praes. schuld¹).

Wir werden nunmehr keinen anstand nehmen auch die kürzeren formen auf *-osti -ostis -ossem -osse -ŏrunt -ŏrim* aus den längeren auf *-ovisti -ovistis -ovissem -ovisse -ovĕrunt -ovĕrim* durch dasselbe lautgesetz hervorgehen zu lassen, wie das schon s. 90 vermutet worden war. Ständig im gebrauch geblieben sind die kürzeren formen aber nur im perfektsystem von *nosco*, von *moveo* kommen sie nur in den compositis vor, von *voveo* nur ein einziges *devoro* bei Accius, von *foveo* keine derartige form. Den grund der verschiedenheit hat schon Osthoff perf. 224 erkannt: bei *moveo voveo foveo* begünstigte das praesenssystem die perfektformen mit erhaltenem *v* auf kosten der *v*-losen, und derselbe umstand ist schuld daran, dass bei *cavi favi expavi* die 'synkopierten' formen gänzlich fehlen. Auf der anderen seite aber haben wir einen sicheren alten rest der zu erwartenden 'synkope' in der 1. pl. in Ennius' *nomus* trag. 138 R.²

Unter eine andere regel fallen dagegen die verkürzten formen der stämme auf *-ē* und *-ī*, unter die regel vom fakultativen schwunde des *v* zwischen gleichen vocalen (o. s. 109 ff.). Sie erklärt, dass bei den *e*-stämmen *-ĕrunt -ĕram -ĕrim* neben *evĕrunt -evĕram -evĕrim* getreten sind. Die übereinstimmung

1) Lachmann zu Lucrez p. 290 f. hat allerdings an je einer stelle bei Plautus und Terenz *-āmus* in perfektischer geltung zu finden geglaubt, ebenso wie *-āt* an ein paar Plautusstellen. Fleckeisen hat aber jhb. 61 (1851), 63 ff. gezeigt, dass wir es überall mit dem praesens zu tun haben oder dass textverderbnis vorliegt. Sicherer scheint *-āmus = -avimus* an einigen stellen späterer dichter zu sein (Verg. Aen. 5, 57. Prop. 2, 15, 3. 9), doch nimmt auch hier z. b. Madvig opusc. acad.² 582 f. einen 'liberior et audacior usus praesentis historici' an. Handelt es sich wirklich um perfekta, so sind in den formen schwerlich reste der oben postulierten bildung zu suchen, sondern neuschöpfungen nach *-āsti -āstis -ārunt*, wie sie jederzeit sei es in der lebendigen volkssprache oder individuell von dichtern, vollzogen werden konnten.

dieser formen mit *-ārunt -āram -ārim* hat dann bewirkt, dass nach *-āsti -āstis -āssem -āsse -ēsti -ēstis -ēssem -ēsse* geschaffen wurden. Auch für die 1. pl. stehen bei diesen stämmen formen auf *-ēmus* sicher: *suēmus* Lucr. 1, 60. 301. 4, 367. *consuēmus* Prop. 1, 7, 5. *flēmus* Prop. 2, 7, 2. Über ihre entstehung gilt, was o. s. 178 anm. 1 über *-āmus* bemerkt ist; wenn *suēmus* häufiger belegt ist, so ist das darum begreiflich, weil es mit keiner praesensform zusammenfiel.

Bei den perfekten auf *-īvi* sind *-īsti -īstis -īssem -īsse* lautgesetzlich aus *-īvisti -īvistis -īvissem -īvisse* hervorgegangen. *-īmus* = *-īvimus* wird meist vermieden, aus demselben grunde wie *-āmus* = *-āvimus*; immerhin kommt es häufiger vor als dies (Neue II² 523), deshalb weil die lautneigung, durch die sein eintritt bedingt war, immer lebendig blieb. Die formen auf *-iĕrunt -iĕram -iĕrim* u. s. w. haben nicht *v* verloren, sondern sind von den primären verben mit stammschliessendem i, wie *scio ac- con- ex-cio si-no eo (i-i) queo (qui i)* übernommen und stellen bei diesen die urspr. bildungsweise ohne *v* dar, wie schon Osthoff perf. 225 gesehen hat. Irre ich nicht, so legen sie wertvolles zeugnis dafür ab, dass *-ī-* aus *-ivi-*, *-ai-* aus *-aivi-* wirklich in der art und weise hervorgegangen sind, wie s. 110 ff., bes. s. 120 f. behauptet wurde. Wäre die übliche auffassung richtig, wonach z. b. in *divītis* zunächst das *ī* synkopiert, dann *v* nach langem *ī* geschwunden sein soll, so müssten wir erwarten, dass auch in *-īvĕrunt -īvĕram* u. s. w. *ă* ausgestossen und dass formen auf *-īrunt -īram -īrim* u. s. w. das schlussergebnis wären. Solche formen aber hätten sich um so weniger verlieren können, als sie durch die auf *-ārunt -āram, -ērunt -ēram* u. s. w. aufs kräftigste gestützt worden wären. Nun wird freilich ein verbum beigebracht, bei dem *-ir-* aus *-ivĕr-* entstanden sein soll: *siris sirit siritis sirint* neben *sireris sirerit* (Neue II² 519). Aber die tatsache, dass überall sonst neben *-ivĕr-* nur *-ier-* steht, verbietet diese deutung, und es ist klar, wenn auch merkwürdiger weise bisher nicht erkannt, dass in *siris sirit* dieselbe bildungsweise vorliegt wie z. b. in *ausim faxim dixim*, d. h. der alte optativ des *s*-aorists (Brugmann MU. 3, 33 f.), nur dass *s* zwischen vocalen ganz lautgesetzlich in *r* gewandelt ist. Wenn Ovid med. fac. 89 wirklich *contreris* geschrieben hat, so hat er, verleitet durch die gleichheit von *contriri* und *siri*, sich erlaubt es nach *siris* zu bilden; doch giebt Ehwald in seiner neubearbeitung der Merkelschen ausgabe (Leipzig 1891) *contrieris* auf grund des Marcianus saec. XI, nach praef. V der besten hs. der medic. fac.

Es ist bemerkenswert, dass Plautus und Terenz in der 1. und 3. sg. einzig und allein *-ei -eit* kennen. Nur Terenz hat Ad. 104 *siit* neben *sieri* Andr. 188, offenbar als rest der ursprünglichen bildungsweise. Ebenso sind von *ire* bei Plautus die formen ohne *e* die weitaus überwiegenden, die mit *e* höchstens an 5 stellen anzuerkennen, und bei Terenz die ohne *e* allein gebräuchlich¹). In späterer zeit bürgern sich auch bei den verben mit sekundärem *i*-stamm *-ii -iit* ein (zuerst wohl *exaudii* Afran. 393 R.²). Man wird die hauptschuld an dieser umbildung dem perf. *ii iit* zu *ire* beimessen dürfen. Man begreift dann, weshalb sie zu Plautus' und Terenz' zeit noch nicht vollzogen ist: damals hiess es noch *eis eit eimus* u. s. w. gegenüber *audis audit audimus* u. s. w. Man versteht weiter, warum gerade *peto* mit besonderer vorliebe *petii petiit* bildet: dies verbum stand, wenigstens in seiner grundbedeutung 'losgehen auf, erstreben', in besonders nahen beziehungen zu *ire*.

Noch eine andere gestalt der endung kommt in der zeit nach Plautus und Terenz in der 1. und 3. sg. auf: *-i* und *-it*. Die belege, die Neue II² 522 giebt, lassen sich aus den inschriften schon mit hülfe der indices zum CIL. erheblich vermehren; namentlich *posi posit* können wir jetzt in reicher fülle nachweisen. Neue erklärt sie aus contraktion von *-ii -iit*. Das wird widerlegt durch das ausdrückliche zeugnis Priscians I, 34, 24. 130, 1 H., dessen glaubwürdigkeit anzutasten kein grund vorliegt, dass *audit* auf der letzten silbe betont gewesen sei. Es lehrt, dass *audi audit* vielmehr aus *audivi audivit* durch weiterwirken desselben triebes entstanden sind, der in früherer zeit *audisti* aus *audivisti* u. s. w. hatte entspringen lassen. Auch hier wird es verständlich, warum die 1. und 3. sg. zu Plautus' und Terenz' zeit noch unverändert geblieben sind, wenn man sich erinnert, dass damals die endung der 1. sg. noch *-ei*, die der 3. noch *-eit* neben *-it* gewesen ist, worin

---

¹) Wenigstens nach der darstellung von Engelbrecht a. a. o. 232 ff. Leo freilich will die *e*-formen dem Plautus in viel weiterem umfange zuerkennen und auch dem Terenz nicht gänzlich absprechen (rh. mus. 38, 22 f.).

ei einen sehr geschlossenen *ē*-laut bedeutet, dass also bei der nicht völligen gleichheit der umgebenden vocale die bedingung für den schwund des *v* nicht gegeben war. Derselbe umstand erklärt es, dass *iī* und *iīt* bei den beiden dichtern nur uncontrahiert gebraucht werden; sie mögen zusammen mit *iĕrunt iĕram* u. s. w. die veranlassung gewesen sein, dass auch neben *isti istis issem isse* sich *iisti iistis iissem iisse* behauptet haben. In späterer zeit haben auch sie, vor allem in der composition, contraktion erfahren.

Die 3. sg. auf *-it* hat schöpferisch weitergewirkt: nach ihrem vorbild lassen die verba auf *-are* die 3. sg. perf. gelegentlich auf *-at* ausgehen: *invitat disturbat* Lucr. 1, 70. 6, 587. *pugnat* CIL. X, 7297, das parallel mit *vix(it)* und *vicit* steht und die Lucrezformen vor dem gerade bei diesem dichter leicht sich aufdrängenden verdachte schützt, dass sie nur der individuellen willkür des einzelnen ihren ursprung danken. Osthoff meint perf. 224, *-āt* sei durch synkope aus *-āvit* hervorgegangen; so entstandene formen sind aber vielmehr *expensavt pedicavd triumphavt* (Schuchardt 2, 399), die in den romanischen sprachen fortleben. Wie endlich die letzte umbildung zu stande gekommen ist, die die formen auf *-avi -avit* im verlaufe der lat. sprachgeschichte erlitten haben und die unseren ausgangspunkt gebildet hat, der eintritt von *-ai -ait* in der kaiserzeit, ist mir rätselhaft.

Damit sind die fälle erledigt, in denen *v* zwischen vocalen geschwunden ist[1]). In der sprachwissenschaftlichen litteratur findet man freilich eine anzahl weiterer etymologien, die ausfall des *v* in dieser lage voraussetzen. Noch immer herrscht offenbar vielfach die vorstellung, die Corssen I² 316 dahin formuliert hat, dass ʻ*v* im inlaute zwischen vocalen ein flüchtiger, haltloser laut sei, der bald schwindet, bald wider her-

---

1) *ŏlĕum* neben *ŏlīva* habe ich absichtlich bei seite gelassen, weil es durchaus nicht sicher ist, dass das *v* auf lateinischem boden untergegangen ist: die entlehnung kann erst zu einer zeit erfolgt sein, als das wort schon im griech. *F* eingebüsst hatte.

vortritt oder erhalten bleibt'. Sie hat ihre eigentliche wurzel, wie es scheint, in der beobachtung, die Ritschl in der praef. zum Trin.¹ CLI f. gemacht zu haben glaubte und die Spengel T. Maccius Plautus 93 ff. des weiteren ausführte, dass Plautus in *narem bŏces ŏcis lŏcem nŏco brĕci ăronculus oblĭcisci căreto căcillatio* die beiden durch *c* geschiedenen silben als eine einzige messe. Aber nur für *oblĭcisci* trifft sie zu (o. s. 117 f.). Für die meisten anderen wörter hat C. F. W. Müller in seiner plautinischen prosodie nachgewiesen, dass sie unter das iambenkürzungsgesetz fallen und 'dass der buchstabe *c* gerade keinen anteil an der plautinischen messung hat und dass nichts für, sondern alles gegen die einsilbigkeit dieser wörter spricht' (a. a. o. 233 anm.). Die zwei stellen mit scheinbarem *căreto* (Asin. 372. Capt. 431) sind zu emendieren, wie es Müller s. 267 und die neueren herausgeber tun. Endlich *narem* Trin. 835 kommt in ordnung, wenn man mit Müller s. 112. 472 und Niemeyer in der 4. aufl. des Brixschen Trinummus den vers wie den ganzen abschnitt anapaestisch misst:

ita iám quasi canes haud sécus circum stabánt narem
                                    *turbines venti*¹),

und die beiden verse mit einsilbigem *naris* sind entweder durch leichte emendationen zu heilen — Bacch. 797:

bene náris agitátur, púlcre haec confertúr ratis
schreibt Goetz in der grossen ausgabe nach Bentleys und G. Hermanns vorgange: *bene náris dgitur* cet.²) und Men. 344:

nunc in istoc portu stát naris praedatória
Schöll mit Bentley und Geppert:

nunc in istoc portust náris praedatória —
oder wir haben *naus* zu lesen und reste des uralten nominativs (ai. *naus*, gr. ναῦς) anzuerkennen, der sonst wie die anderen casus alle auf grund des zusammenfalls im acc. *narem* (= ai. *návam* gr. νῆα) und *nacēs* (= ai. *návas* gr. νῆας) in die flexion der *i*-stämme übergeschlagen ist³). Um das

---

1) Durch änderung von *circumstabant* in *amstabant* bei trochäischer messung suchte Loewe anal. Plaut. 200 zu helfen; ihm stimmte Brix Trin.³ s. 145 bei.

2) In der kleineren hat er die handschriftliche lesung beibehalten.

3) Stolz gr.¹ s. 149 = ² 262 spricht auch von einer einsilbigen messung von *ovo* bei Plautus. *ŏvŏ* kann nicht gemeint sein, da *ŏvum*

märchen von der 'neigung der älteren volkssprache, *r* zwischen vocalen verschwinden zu lassen,' (Corssen I² 317) zu widerlegen, genügt es darauf hinzuweisen, dass in wörtern wie *āris grāvis pārio clāvis gārīsus nāvis rāvis brĕvis lēvis lĕvis strūa Iōris nōrem ōris r* allezeit bewahrt wurde und noch in den heutigen romanischen sprachen, soweit sie die genannten wörter überhaupt überkommen haben und nicht, wie das rumänische, grundsätzlich jedes intervocalische *r* beseitigen, in ungeschwächter lebenskraft blüht, z. b. ital. *chiave* prov. *claus* frz. *clef* span. *llave* port. *chave*, ital. *breve brieve* prov. *breu brieu* frz. *bref brief* span. port. *breve*, ital. *nove* prov. *nove nou nau* frz. *neuf* span. *nueve* port. *nove* u. s. w. u. s. w.

Was aus -*ărĕ*- -*ărĭ*- -*ŏrĕ*- -*ŏrĭ*- wurde, wenn -*rĕ*- -*rĭ*- in unbetonter mittelsilbe vor folgendem consonanten standen, haben die obigen erörterungen gezeigt: wo die lautgesetzliche entwicklung durch keinerlei analogische einflüsse gehindert war, ergab sich entweder -*au*- -*ū*- (über -*ou*-) oder -*ō*- (über -*ăŏ*- -*ŏŏ*-) (s. 82 ff.), wo sie gehindert war, blieben -*ărĕ*- -*ărĭ*-, -*ŏrĕ*- -*ŏrĭ*- zunächst unverändert; erst in späterer zeit ist, sobald der accent hinter das *r* gerückt war und nicht widerum stammverwante bildungen hemmend einwirkten, -*ŏrĕ*- -*ŏrĭ*- zu -*oe*- -*ai*- -*ae*- (s. 141 ff.), -*ărĕ*- -*ărĭ*- innerhalb gewisser mundartlicher grenzen zu -*ae*- -*ai*- geworden (s. 175). Damit ist das urteil gesprochen über etymologien wie die folgenden: *caelum* 'himmel' aus *cārĭlom* zu *cāvus* gr. κοῖλος (Corssen I² 370. Vaniček et. wtb. d. lat.² 70. Schweizer-Sidler² s. 26. 207), *foeteo* aus *fŏrĭtējō* zu ai. *dhūmás* 'rauch' *dhavitram* 'fächer, wedel' (Corssen I² 150. 373. Leo Meyer vgl. gr. I² 199), *oitor* später *utor* aus *ŏrĭtor* zu ai. *arati* 'fördern, erquicken' (Leo Meyer ib. I² 199. 600), *proelium* aus *prŏrĭliom* zu gr. πρυλέες πρύλις (Leo Meyer ib. I² 199. 359.), *Saeturnus* (CIL. I, 48) *Saturnus* aus *Sărĕtornos* zu ai. *Sárita* (ausser anderen insbesondere Pauli altit. stud. 4, 44 ff.), *taeda taedet* aus *tărĭda *tărĭdējeti zu wzl. *tā*- (o. s. 91), die urspr. 'das speckstück,

sich bei Plautus überhaupt nicht vorfindet; wenigstens führt Rassow de Plauti substantivis Fleckeisens jhb. suppl. 12 s. 701 keinen beleg dafür an. Ob von *ŏrāre* die 1. sg. praes. ind. bei Plautus vorkommt, kann ich nicht feststellen; wahrscheinlich ist es nicht, da sie nach Macrob. de diff. 23, 8 (Georges II⁷ 1268) ungebräuchlich war. Es liegt wohl ein irrtum für *nōro* vor.

das von fett strotzende stück' bezw. 'macht strotzend, voll' bedeutet haben sollen (Corssen I² 372. Vaniček² 111), um von anderen ableitungen zu schweigen, die inzwischen durch richtigere ersetzt worden sind. Freilich weiss ich nur für eines von diesen wörtern etwas besseres vorzuschlagen, für *caelum* 'himmel', das ich aus *cait-lom* herleiten und mit an. *heiþ* 'klarer himmel', *heipr* 'heiter', ags. *hádor* as. *hedar* ahd. *heitar* 'heiter, glänzend, hell', die sämtlich urspr. nur vom klaren, wolkenlosen himmel gebraucht wurden (vgl. Kluge et. wtb.⁵ s. v. *heiter*), verbinden möchte. Auf urspr. adjektivische natur des lat. wortes weist vielleicht noch der im älteren latein übliche wechsel zwischen *caelus* und *caelum* hin, und die allgemeinere bedeutung 'wölbung, decke' ist kein hindernis für unsere etymologie, da sie sich erst bei späteren schriftstellern (Vitruv, Plinius u. a.) findet. Andere stellen *caelum* mit *caesius* zusammen. Muss es also auch der zukunft überlassen bleiben die übrigen wörter aufzuklären, die oben angeführten etymologien haben bei der heutigen methode der wissenschaft keine existenzberechtigung mehr.

Excurs I (zu s. 5).

Weiteres zur bildung der 2. sg. imper. act. der unthematischen verba im lateinischen.

Dieselbe erklärung wie für *vĕl* ist mir auch für *fĕr* am wahrscheinlichsten. Trotz des einspruches von Brugmann grdr. 2, 1319 anm. 1 kann ich nicht finden, dass es bei dem zustande unseres Plautustextes irgendwelchen methodischen bedenken unterläge, eine so leichte umstellung wie die von *fĕr aequo ánimo* zu *fĕr animo aéquo* vorzunehmen, um die an zwei stellen sicher beglaubigte kürze auch an der dritten, allein widerstrebenden herzustellen. Um so weniger, als die bildungsweise *fer*, wie ich sie auffasse, im lat. sichere analogien in *i*, *cĕ-dŏ* und nun auch in *vĕl* hat, während Brugmanns erklärung der 2. sg. imper. der unthematischen verba im lat. als urspr. injunktivs jetzt nach fortfall von *vel* nur noch auf sehr schwachen füssen steht. Denn auch *es* 'sei' und *es* 'iss' lassen sich auf grund derselben bildungsweise wie *i* u. s. w. verstehen.

Nach den angaben unserer handbücher (Neue II² 592. C. F. W. Müller plaut. pros. 50 f. Schweizer-Sidler ² s. 160) wird *es* 'sei' bei den alten scenikern als länge gebraucht. Die drei stellen, die Neue dafür beigebracht hat (Plaut. Aul. 787. Cist. 71. Ter. Ad. 696 *bóno animó es*) beweisen nichts, wie schon Müller a. a. o. bemerkt hat. Nicht besser steht es um die beiden belege, die der letztgenannte gelehrte anführt. Truc. 920 hat Schöll nach Büchelers unzweifelhaft richtigem vorschlage geschrieben:

Cóndidi intro quód dedisti. Adésto, amica, te ádloquor.
Darauf weisen die hss.: *adest* B L Z, *abest* C, nur D *adĕ*: *ades* hat Angelius in den text gesetzt. Und Mil. 1206 schreibt Götz nach FZ *animó boná es*, womit die von Müller gebilligte vermutung Gruters *és animó bono* hinfällig wird. Mir ist nur

eine stelle aufgestossen, die die quantität von *es* mit sicherheit erkennen lässt, und gerade diese zeugt für kürze: Ter. Hec. 510 *Philippe, ades audi paucis*. Also haben wir darin den nackten verbalstamm wie in *i cĕ-dō* u. s. w. zu sehen. Mit dieser bildungsweise liesse sich *es* auch dann vereinigen, wenn es daneben als länge nachgewiesen werden könnte. Die 2. sg. ind. *es* 'du bist' wird bei Plautus, wo überhaupt die quantität nachweisbar ist, d. h. vor vocalen, als länge gebraucht, und man sieht darin jetzt mit recht *ess*, vgl. Skutsch forsch. 1, 60 anm. und die dort angeführte litteratur. Skutsch hat, um die kürze von *ĕs* in der klassischen zeit zu erklären, die sehr wahrscheinliche vermutung aufgestellt, dass die auslautende doppelconsonanz urspr. vor anlautendem consonanten und in pausa vereinfacht wurde, dass also in plautinischer zeit in lautgesetzlichem wechsel *ess* und *es* neben einander bestanden. Was wäre natürlicher, als dass dieser wechsel vom indic. aus auf die 2. sg. imper. *es* übertragen und ihr ein *ess* zur seite gestellt wäre? Auch von Brugmanns standpunkt aus wäre, beiläufig bemerkt, etwaiges lang gebrauchtes *es* 'sei' kaum anders als in der angegebenen weise zu erklären. Denn es wäre wenig wahrscheinlich, dass ein alter idg. injunktiv *ess seine auslautende doppelconsonanz aus der urzeit in die einzelsprache hinüber gerettet hätte. *ĕs* 'iss' erklärt sich leicht als analogiebildung für urspr. *ed nach dem verhältnis *es* 'du bist': *es* 'sei' = *ĕs* 'du issest' : x oder *este* 'seid': *es* 'sei' = *ĕste* 'esset' : x in einer zeit, in der das auslautende *d* schwand, die form also in gefahr stand auf blosses *e zusammenzuschrumpfen.

Die herleitung von *fer* aus *fere, die Pauli altital. stud. 4, 29 wider befürwortet und der auch Skutsch a. a. o. 56 zugestimmt hat, halte ich ebenso wie Brugmann a. a. o. für ausgeschlossen. Den klarsten beweis dagegen liefert die tatsache, dass neben *dic duc fac*, deren rein lautliche entstehung aus *dice duce face* nach den darlegungen Skutschs nicht mehr zu bezweifeln ist, eben diese formen in der alten komödie massenhaft vorkommen, neben *fer* aber nirgends ein *fere erscheint, wie wir das mit notwendigkeit erwarten müssten. Denn für *fere Mars* des Arvalliedes wird man trotz Probst und Pauli bei der alten deutung als vocativ bleiben dürfen.

Excurs II (zu s. 8).

Der plural ind. praes. und das praeteritum des verbums 'wollen' im westgermanischen.

Sievers hat PBr. beitr. 9, 563 f. bewiesen, dass die wurzelform *wel-*, die im paradigma des verbums 'wollen' in den westgerman. sprachen einen breiten raum einnimmt, durch umlaut aus älterem *wal-* entstanden ist. Auch darin wird er recht haben (s. 564 f.), dass diese wurzelform mit der anderen *wil-* sich in gemeinwestgerm. zeit in den indic. praes. in der weise geteilt hat, wie es das ahd. noch in historischer zeit zeigt: *wil-* kam dem sing., *wal-* dem plur. zu: ahd. *willu wili wili*, aber *wellemês wellet wellent* aus *walljì-. Wenn Sievers aber als heimat der wurzelstufe *wal-* das schwache praeteritum ansieht, das im northumbr. und im merc. Ps. stets und in der westsächs. Cura past. einmal *walde*, im asächs. einmal Hel. 301 C *walda* lautet neben sonstigem westsächs. *wolde*, as. *wolda welda*, ahd. *wolta welta*, und wenn er meint, sie sei von hier aus in den plur. ind. praes. übertragen, so kann ich gewisse bedenken gegen diese auffassung nicht unterdrücken.

Sievers geht aus von der annahme, im schwachen praeteritum der praeterito-praesentia habe in der wurzelsilbe urspr. regelrecht die ō-, germ. ā-stufe mit der schwachen stufe gewechselt (a. a. o. s. 562 f.). Kluge schliesst sich in Pauls grundriss 1, 375 f. dieser lehre an, allein ich halte sie nicht für hinlänglich begründet. Sievers folgert zunächst a priori aus dem wechsel von *e* und *o* in den endungen des schwachen praeteritums (-o -es -e -ōme -ede -on a. a. o. 561), dass auch der accent zwischen wurzelsilbe und endung und damit die vocalstufe der wurzelsilbe zwischen voll- und schwundstufe gewechselt habe. Zwingend ist diese folgerung für die einzelsprachliche zeit nicht — und die entwicklung des dentalprae-

teritums gehört doch dem einzelleben des germ. an —, ja kaum
für die letzte zeit der urindogermanischen sprachgemeinschaft.
Das lehren am besten die themavocalischen verba, bei denen
der themavocal zwischen ĕ und ŏ wechselt, der accent aber
in den einzelsprachen entweder auf der wurzelsilbe (ai. 1. klasse)
oder auf dem themavocal (6. klasse) fixiert ist und dementsprechend die wurzelsilbe entweder durchgehends starke oder
durchgehends schwache wurzelgestalt aufweist.

Lassen wir indess diese apriorischen erwägungen, die
erschöpfend doch nur in sehr viel weiterem rahmen anzustellen
wären, und halten wir uns an die tatsachen, die das germ.
an die hand giebt. Sievers führt eine reihe von dentalpraeterita mit *a* in der wurzelsilbe auf, die den urgerm. wechsel
zwischen ŏ- und tiefstufe bezeugen sollen. Ich glaube, sie alle
fordern oder lassen eine andere erklärung zu. Zunächst muss
ganz in wegfall kommen got. ahd. as. *mahta*, an. *mátta*, ags.
meahte neben ahd. as. *mohta*. Nach Osthoffs ausführungen
PBr. beitr. 15, 211 ff. steht fest, dass ahd. as. *mohta* wie westgerm. *maʒ-* jüngere neubildungen sind und dass urgerm. die
wurzelform *maʒ-* durch alle formen hindurchging, dass diese
selbst aber die tiefstufe der idg. wurzel *magh* (gr. μῆχος u.s.w.)
darstellt. Weiter führt Sievers an *scalde salde* im merc. (?)
Rushw.[1] neben *sculde* in demselben denkmal, got. *skulda*, an.
skulda skylda, westsächs. *scolde*, as. *scolda*, ahd. *skolta solta*
und northumbr. *darste* neben got. *gadaúrsta*, westsächs. *dorste*,
as. *gidorsta*, ahd. *gitorsta*. Hier muss an dem alter der *a*-
formen schon der umstand bedenklich machen, dass sie sich
nur in je einem dialekt, *scalde salde* sogar neben *sculde*
finden. In der tat erklären sie sich ohne weiteres als einzel-
dialektische anlehnungen an den sing. praes. *scal* (*sceal*) im
Rushw.[1] und northumbr. *darr*. Sodann as. *warahta* C, *warhta*
M, *warta* Essen. gl. nebst dem ptc. as. *giwarht*, altags. *gewarht* in den Corpusglossen gegenüber got. *raúrhta*, an. *orta*,
ags. *worhte*, ahd. *worahta*. Dieses verbum, got. *raúrkjan*, ags.
wyrcean, as. *wirkian*, ahd. *wurchen wirken*, hat urspr. mit
der schwachen conjugation nichts zu tun, vgl. gr. ῥέζω ἔρδω,
altbaktr. *verezyeiti*, sondern ist in diese erst sekundär über-
getreten, hat also auch sein praeteritum ursprünglich stark gebildet: *warka*[1]) = gr. ἔοργα. Dessen *a* steckt jedenfalls in

---

1) Auf die endung kommt hier nichts an.

as. *war(a)hta giwarht*, ags. *ȝewarht*, wenn auch die genauere bestimmung ihres verhältnisses zu den formen mit tiefstufe so lange unsicher bleiben muss, als die frage nach der herkunft des dentalpraeteritums überhaupt noch in der schwebe ist. War das praeteritum von urgerm. *wirkjanan *wurkjanan mit unter den musterbeispielen zur ausbildung des ganzen typus — und bei der von Wackernagel-Behaghel ztschr. 30, 313 angedeuteten theorie ist ein urgerm. *warhtes = idg. *urkthés wohl denkbar —, so ist *war a)hta* aus einem compromiss zwischen *warka und worhta entsprungen. Im anderen falle stellt es die durchgangsstufe dar zwischen *warka und den formen mit tiefstufe, die im vocalismus an das praesens angeglichen wären. In derselben weise beruht das *ā* von *brahta* auf dem urgerm. starken praet. *branȝa. Got. *aihta ohta mosta* ferner und ihre entsprechungen in den anderen germ. sprachen können natürlich nicht für urspr. *ā*-stufe im praeteritum zeugen. Ihre praesentia haben den ablaut, der sonst bei den praeterito-praesentien zwischen sing. und plur. besteht, zu gunsten der starken wurzelform aufgehoben, also mussten auch die neugeschaffenen praeterita, die sich nach dem vocalismus des plur. praes. richteten, die starke wurzelform übernehmen.

So bleiben also ags. *walde*, as. *walda* allein übrig, und ich hoffe, die vorstehenden bemerkungen haben so klar gezeigt, dass dem dentalpraeteritum der praeterito-praesentia von rechts wegen nur schwache wurzelstufe zukommt (got. *kunþa munda þaúrfta*, vielleicht auch *rissa*, ags. *benohte*), dass wir deren *ā* nicht mehr als gleich alt wie das *ō* von ags. *wolde*, as. *wolda*, ahd. *wolta*, mithin auch nicht als quelle des *a* im plur. praes. betrachten dürfen. Vielmehr ist für beide formen die frage nach der herkunft des *a* von neuem zu stellen.

Sie zu beantworten sehe ich keine andere möglichkeit als die schon o. s. 8 im text angedeutete: diese aber löst alle schwierigkeiten so glatt und ist selbst so einfach und ungezwungen, dass ich ohne bedenken von ihr gebrauch mache. Auf grund des slav. *roliti* 'wollen' liegt es nahe genug, auch dem germ. *waljanan* ausser der allgemein anerkannten bedeutung 'wählen' die von 'wollen' zuzuschreiben und somit ahd. *wellemês* u. s. w. 'wir wollen' mit *wellemês* 'wir wählen', ags. *walde* as. *walda* 'ich wollte' mit ahd. *walta* 'ich wählte' für im grunde identisch zu erklären. Die zusammenschweissung zweier verbalstämme zu einem einheitlichen paradigma, die wir damit für das westgerm. annehmen, hat nichts, was dieser ansicht abbruch täte. Ebenso wenig spricht gegen sie die verschiedenheit der schicksale, die die beiden *wellemês* im laufe der hochd. sprachentwicklung erlitten haben; denn für das lebendige sprachgefühl waren beide durch die zugehörigkeit zu verschiedenen paradigmen von einander losgerissen. *wellemês* 'wir wählen' nahm schon in der ahd. periode einfaches *l* an stelle der geminata an nach der 2. 3. sg. *welis welit* wie die meisten anderen verba, in deren praesens geminata und einfacher consonant wechselt (Braune § 358 anm. 1). *wellemês* 'wir wollen' konnte diesem zuge nicht folgen, da ihm die treibenden 2. 3. sg. abgingen, es behielt die geminata und setzte an stelle des *we- wo-*, mag dies nun vom praet. *wolta* übertragen sein, wie Sievers a. a. o. 566 und Braune § 385 anm. 4 meinen, oder rein lautlich entstanden sein wie in *woche* aus *wecha*, *wola* aus *wela*.

Dass die dritte der in den westgerm. dialekten auftretenden praeteritalformen, as. *welda*, ahd. *welta*, ihr *e* vom plur. praes. bezogen hat, hat schon Sievers a. a. o. 563 ausgesprochen. Derselbe hat s. 565 f. auf die möglichkeit hingewiesen, dass der northumbr. plur. ind. praes. *wallað*, auf dem der opt. *wella* fusst, sein *a* vom praeteritum *walde* übernommen und älteres *wellað* abgelöst hat, nicht, wie Kluge PBr. beitr. 8, 515 f. angenommen hat, der direkte vertreter der ai. praesensbildung *vr̥ṇté* ist. Man wird keinen anstand nehmen dieser auffassung beizutreten, wenn man erwägt, dass sonst auf eur. boden keine spur dieser nasalbildung bei unserer wurzel sich findet, dass es uns vielmehr gelungen ist alle ihre formen in den eur. sprachen auf die ai. 2. und 10. klasse zurückzuführen, wenn wir absehen von gr. λῶ, dessen herleitung aus *Fλ-* zu lat. *vel-le* (Baunack Gortyn s. 52) nichts weniger als sicher ist.

Excurs III (zu s. 74).

Reste der idg. flexion von *di̯ēus im lateinischen und verwantes.

Nach den untersuchungen von Collitz Bezz. beitr. 10, 13 ff. 47 ff. stellte sich die deklination von *di̯ēus in der ursprache folgendermassen: *di̯ēus di̯ḗm di̯ḗu di̯ués-ós di̯uaí di̯éui. Im lat. sind daraus zwei paradigmata erwachsen: in der benennung des höchsten himmelsgottes ist die stammform *di̯eu̯-, ital. dioṷ- di̯oṷ- verallgemeinert worden, offenbar unter dem drucke des vocativs: Iovis nom. gen. u. s. w. Juppiter urspr. vocativ; doch hat daneben der ältere nom. Diespiter sein dasein gefristet[1]). In der bezeichnung des tages dagegen hat der acc. *diēm beherrschenden einfluss gewonnen und hat das paradigma in der s. 74 beschriebenen weise zu diēs diēi umgestaltet. Reste der alten flexion aber haben sich, wie ich glaube, auch bei dieser bedeutung in adverbien erhalten.

Über die quantität der schlusssilbe in diūs interdiūs 'bei tage' wissen wir nach den belegen, die uns verblieben sind, gar nichts. Das haben schon Bücheler jhb. 95 (1867), 68 und Schweizer-Sidler ztschr. 18, 300 ausgesprochen, und vergebens sucht Corssen II² 458 anm. daran zu rütteln, mit unrecht setzt Georges noch in der 7. aufl. des lexicons I,

---

1) Wie völlig erstarrt und unverstanden er weitergeführt wurde, lehrt die flexion *Diespitris Diespitri Diespitrem*. Während *Maspitris Juppitris* u. s. w. reine grammatikerfictionen sind, wie aus Varro l. l. 8, 33. 49. 9, 75. 10, 65 in verbindung mit Priscian VI, 39 = 1, 229, 6 ff. II. hervorgeht, wird das vorhandensein jener in der lebendigen sprache von Varro l. l. 9, 77 ausdrücklich anerkannt, wenn sie auch weniger üblich seien als der nom. *Diespiter*; auch Macrob. Sat. 1, 15, 14 bezeugt *Diespitrem*. Tatsächlich sind denn auch *Diespitri* (gen.) bei Arnob. 2, 70. *Diespitris* auf einer inschrift aus der colonia coniuncta Iulia Sutrina CIL. XI, 3259 belegt.

2095 f. II, 309 ohne jede zweifelnde bemerkung *a* an. Es hindert nichts von *ā* auszugehen, und dann ist *diūs* der uralte genetiv -- ai. *diváṣ* und aus **diues* oder **diuos* mit der synkopierung des *e* bezw. *o* entstanden, die vor *s* in auslautender silbe nach *i u r l* stattgefunden hat nach ausweis von *ais* aus **ājos* = ai. *ágas* got. *aiz*[1]); *rūs* aus **rēuos* = altbaktr. *ravāh̊*, *pūs* aus **pāuos* — gr. πύος oder aus **pēuos* (o. s. 60)[2]); *ager* aus **agros* **agrs*, *famul* aus **famalos* **famols*. Die verbindung eines alten genetivs *diūs* mit *inter* hat nichts anstössiges, vgl. *intervias* Bücheler decl.² s. 63. Bergk beitr. z. lat. gramm. 1, 80. Anders über *diūs interdiūs* Joh. Schmidt ztschr. 25, 59) und W. Schulze ib. 27, 546, die sie direkt mit ai. *parē-aparē-dyús sa-dívas* verknüpfen, also formen des *s*-stammes darin sehen. Was mich bewegt der eben vorgetragenen erklärung den vorzug zu geben, ist die analogie von *nox* 'nachts' (XII tabulae nach Macrob. Sat. 1, 4, 19 = Schöll 144. Plaut. Asin. 597 nach der glänzenden emendation von Lipsius und Scaliger für hss. *mox*. Enn. ann. 439 M. Lucil. 3, 22 M. *media nox* = *media nocte*), dessen deutung als locativ pluralis (Schweizer-Sidler² s. 171) mir nicht einleuchten will, in dem vielmehr schon Bücheler decl.² s. 64 und Bergk beitr. z. lat. gramm. 1, 78 richtig den alten gen. **noctes* **noctos* = gr. νυκτός erkannt haben; die synkope des vocals vor *s* wie in den eben angeführten beispielen und *pars* = **partis*, *mens* = **mentis* ai. *matíś* u. s. w.

Wie in *diūs interdiūs* der alte gen., so kann in *diū* 'bei tage' *interdiū* 'den tag über' der alte locativ idg. **di̯éui* stecken: **di̯éui* > *diōu̯i* > *diou* mit abfall des auslautenden *i* wie in *aut* = osk. *auti* umbr. *ute ote*, *et* = gr. ἔτι, *per* = gr. πέρι, *est* = ai. *dsti* gr. ἐστί, *legit legunt* aus **legeti legonti*[3]). Nach Joh. Schmidt pluralbild. 207 ist *diū* nach *noctu*

---

1) Unnötig ist die annahme Osthoff's PBr. beitr. 13, 405 anm. und Joh. Schmidts pluralbild. 142. 379, der Brugmann grdr. 2, 392. Stolz² s. 271 anm. 4 beigetreten sind, dass in *ais* die schwache stammform idg. **ais* durchgeführt sei. *airis* ist ebenfalls durch synkope aus **ajeses* entstanden wie *rūris pūris* aus **reueses* **pueses* bezw. **peueses*.

2) Dagegen ist *jūs* 'recht' von anfang an einsilbig gewesen: ai. *yós*; unrichtig Schweizer-Sidler² s. 25. Stolz² s. 264.

3) Den alten locativ **di̯éui* finde ich auch in der griech. da-

= ai. *aktāú* neu geschaffen. Diese erklärung findet auf den ersten blick in den historischen belegen des wortes eine starke stütze. In der älteren litteratur nämlich kommt es nur in unmittelbarer verbindung mit *noctū* vor: Plaut. Cas. 822 *noctuque et diu*. Aulul. in einem von Nonius 98, 25 überlieferten, unseren hss. unbekannten verse (in Götz' ausgabe s. 96) und Titin. 27 R.² *nec noctu nec diu*. Sallust. hist. buch II *noctu diuque* nach Charisius GLK. I, 207, 17. Iug. 38, 3. 44, 5 *diu noctuque* im Paris., dagegen 70, 1 *die noctuque*. Auch die schriftsteller der silbernen latinität bleiben diesem branche im allgemeinen treu: Tac. Ann. 15, 12 *diu noctuque*. Hist. 2, 5 *noctu diuque*. (Hist. 3, 76 *noctu dieque*.) Apul. Met. 9, 28 *noctu diuque*. Apol. 5 *diu noctuque*. Nur zwei ausnahmen kommen vor: Apul. de mundo 29 *nocte diuque*, wenn die lesart richtig ist (vgl. Hildebrands bemerkung II p. 411 seiner ausgabe), und Manilius astr. 4, 823 *diu* allein[1]). Dennoch habe ich bedenken gegen Joh. Schmidts annahme und möchte dafür halten, dass jene verbindungen vielmehr die letzten reste von *diū* enthalten, insofern es nur unter dem unmittelbaren schutze von *noctu* der umgestaltung in *diē* entgangen ist, ursprünglich aber auch in weitem umfange selbständig gebraucht wurde.

---

tivform Διει wider, die auf einer jungen inschrift aus Korkyra CIGr. 1869 und einer orakelinschrift aus Dodona Coll. 1582 und in dem compos. Διειτρέφης im att. und ion. begegnet (belege bei W. Schulze quaest. ep. 239; kypr. Διϝείθεμις ist mit Schulze s. 240 anm. 1 wegen Διϳαίθεμις Διάθεμις als hellenisierung eines fremdländischen eigennamens fern zu halten) und durch die sich Hoffmann zu Coll. 1582. dial. 1, 235. 247 und Bechtel hauptprobleme 289 haben bestimmen lassen, dem dat. sg. die idg. endung *-ei* zuzuschreiben gegen das klare zeugnis der inf. δόμεναι = ai. *dāmanē*, kypr. δοϝέναι att. δοῦναι = ai. *dāvánē*. Für *djḗui trat in den meisten dialekten nach Διϝός (dat. *Διϝαί) Διϝί Διί Δί ein; wo es sich erhielt — im kork. und dem dialekt, dem jene orakelbefragung angehört, ferner im att. und ion. in der isolierung eines einzelnen compositums, wurde es nach den lautgesetzen zu *Ζέϝι *Ζει, und *Ζει wurde im anlaut nach den anderen casus obliqui Διός Διί Δία umgeformt. Anders Schulze a.a.o., doch führt, wie mir scheint, meine auffassung leichter und einfacher zum ziel.

1) Auch Apul. Met. 4, 9 hat Hildebrand *diu* geschrieben, ohne dass *noctu* oder *nocte* damit verbunden wäre, aber die hss. wissen nichts davon, und Eyssenhardt hat den text ganz anders, ohne *diu*, constituiert.

Dass dem so war, ist mir deshalb wahrscheinlich, weil sich die lautgestalt von *diu* 'lange', so viel ich sehe, nur unter der voraussetzung erklären lässt, dass es durch *diū* 'bei tage' beeinflusst worden ist.

Dieses *diū* 'lange' und seine sippe stellen uns vor die verwickeltsten probleme. Schon wegen des schwankens in der quantität des *u*. Sicher lang ist es in *diū*[1]) und *diūtinus* (Fleckeisen jhb. 101 [1870], 69). Offenbar durch diese bestimmt, setzt Georges wtb. 1⁷ 2096 auch *diŭturnus* an, doch bringt er zwei Ovidstellen mit *diūturnus* bei; diese messung erklärt Stolz² s. 280 für dichterische freiheit, im vertrauen auf Georges' *diŭturnus*. Sieht man aber genauer zu, so findet man, dass Ovid das wort überhaupt nicht anders als *diūturnus* misst:

Ibis 332 *corpore lustravit non diuturna suo.*
Fast. 6, 352 *fecerat obsidio iam diuturna famem.*
Trist. 4, 6, 50 *haec fore morte mea non diuturna mala.*
Trist. 5, 5, 24 *consumuntque annos, sed diuturna, suos.*
Fast. 6, 219 *est mihi—sitque precor nostris diuturnior annis.*
Trist. 3, 3, 78 *et diuturna magis sint monumenta mihi.*

Vor allem entscheidend sind die ersten vier verse mit *diūturnus* in der zweiten hälfte des pentameters. Einer verwendung von *diŭturnus in den daktylischen versmassen hätte nichts im wege gestanden, wenn also ein verskünstler wie Ovid stets *diūturnus* misst, so ist es über jeden zweifel erhaben, dass auch die lebendige umgangssprache keine andere prosodie besessen hat. Sonst führt Georges belege für das wort nur noch aus prosaikern an. Sehr im unsicheren dagegen sind wir beim comparativ *diutius* und damit auch beim superlativ *diutissime*. Zwar für die klassische zeit müssen wir mit Luc.

---

[1] Ritschl hat neue plaut. excurse 85 *diū* aus *diūd hergeleitet und einen beweis für diese grundform in der schreibung *DIUID* Poen. 1199 erblickt, die man damals für den Ambr. annahm. Indess hat sich dies als irrtum herausgestellt; im Ambr. steht nach Studemunds apographon *DIUEO*. Der vers bietet nach der gestalt, die ihm Spengel gegeben und die Götz-Löwe aufgenommen haben, keinen anlass zur annahme eines auslautenden *d*:
quae rés? iam diu sapiéntiam tuam édepol haec quidem abúsa est;
dabei ist nur das hss. *edepol sapientiam tuam* umgestellt.

Müller de re metr. 348 *diūtius* ansetzen auf grund des Phaedrusverses lib. III epilogus v. 14:

fruar diutius si celerius cépero[1]),

nach dem auch Phaedr. I, 2, 16

hoc mérsum limo cúm lateret diătius,

nicht mit synizese *diūtius* zu skandieren ist, und auf grund der bedeutungsvollen tatsache, dass die nicht in iambischen versmassen schreibenden dichter sich der form enthalten. Übel daran aber sind wir bei den dichtern der vorklassischen zeit. Dziatzko hat rh. mus. 33, 96 ff. gezeigt, dass an allen stellen die versikten so liegen, dass zwischen den messungen *diātiŭs* und *diătiŭs* eine entscheidung unmöglich ist. Nur an einer stelle, Plaut. Rud. 93, bietet die hss. überlieferung viersilbiges *diūtiŭs*:

Eo vós, amici, détinui diutius.

Dz. will, um gleichmässigkeit mit den anderen stellen zu erzielen, den schluss dieses senars in *detiniri diutius* ändern, aber diese conjektur ist wenig wahrscheinlich, und Schöll ist in der ausgabe des Rudens bei der alten lesung geblieben. Dann bleibt also die frage, ob wir nach dieser einen stelle an allen anderen *diătius* zu lesen haben, wofür sich Fleckeisen jhb. 101 (1870), 69 ff. und Ritschl Trin.[2] zu vs. 685 ausgesprochen haben, oder nach der Phaedrusstelle *diātius*. So viel ist klar, dass *diātius* nicht erst in klassischer zeit für älteres ausschliessliches *diătius* eingetreten sein kann: vergebens sieht man sich nach einem grunde um, der diese kürzung erklären könnte; denn dass es sich an *diăturnus* angeschlossen haben sollte, obwohl ihm doch *diu* sehr viel näher und *diutinus* ebenso nahe standen, wird niemand glauben. Und dann harrt die kürze in *diăturnus* doch auch noch der aufklärung. Wohl aber könnte man verstehen, dass neben einer üblichen messung *diătius* sich gelegentlich im anschluss an den positiv *diu* ein *diūtius* eingestellt hat.

Indess die schwierigkeiten sind damit noch nicht zu ende.

---

1) Riese klammert diesen vers in seiner ausgabe des Phaedrus ein. Nach praef. VIII hält er ihn für unecht wegen der tautologie mit vs. 13:

si cito rem perages, usus fiet longior,

doch scheint mir das nicht ausreichend begründet.

Will man nicht jeder wahrscheinlichkeit ins gesicht schlagen, so kann man von *diu* und seinen angehörigen unmöglich die erste silbe von *dudum*, urspr. 'es ist eine weile her', trennen. Freilich darf man beide nicht, wie Fleckeisen jhb. 101 (1870). 71, so vermitteln, dass man annimmt, *dudum* sei auf lat. boden aus *dju- entstanden; denn in der anlautsgruppe *dj* fällt nicht das *j*, sondern das *d* fort (*Jovis* aus *Djovis*). Dass vielmehr der mangel des *i* uralt ist, lehren die auswärtigen verwanten von *dudum*, mit denen es schon Buttmann ausf. sprachl. 1, 44 und neuerdings Fick 1⁴, 458 richtig zusammengestellt haben: ai. *durá-* 'fern' *dúvigas- dúvistha- dutá-* 'bote' und mit derselben übertragung der bedeutung vom raume auf die zeit wie im lat. gr. δοάν Alkman aus *δοϝάν, δήν δηθά δηρός aus *δϝ-ήν *δϝ-ηθά *δϝ-ηρός, δαόν· πολυχρόνιον Hes., altbulg. *davě* 'olim' (Bezzenberger Bezz. beitr. 12, 340). So reich und mannigfach der vocalwechsel in dieser sippe entwickelt ist, überall bewegt er sich auf dem gebiete der *a*-vocale, nirgends findet sich in der wurzelsilbe ein *i*. Also kann dies in *diū* u. s. w. erst im sonderleben des lat. hineingekommen sein, und das wird bestätigt durch *durāre* 'ausdauern, aushalten', das Buttmann a. a. o. mit herangezogen hat. Den ursprung des *i* zu begreifen sehe ich keine andere möglichkeit als die annahme, dass ein urspr. *dū sich ganz an *diu* 'bei tage' angeglichen hat, dem es in der form ähnelte und mit dem es sich in der bedeutung berührte, wofern man für *diū* auch die bedeutung 'den tag über, den tag lang' voraussetzen darf.

Dieser weg führt uns vielleicht auch dazu, die wechselnde quantität des *u* zu verstehen. *diutius* und *diuturnus* beruhen auf einem stamme *diu-to-, wie schon Corssen 1² 236 anm. erkannt hat. Die annahme eines eigenen comparativsuffixes *-tios* für *diutius* und *sētius* (J. Schmidt ztschr. 19, 384 ff. Clemm jhb. 101 [1870], 40) hat in den verwanten sprachen keinen anhaltspunkt; nachhom. βελτίων ist jünger als hom. βέλτερος und aus diesem, etwa unter der einwirkung des oppositums κακίων, umgestaltet, während sich die urspr. form im compositum ἀβέλτερος 'dumm' erhalten hat, in dem der comparativische sinn verdunkelt war (vgl. G. Meyer gr. gr.² s. 367). Auch *sētius* setzt einen stamm *sē-to-* (*sē-tu-*) voraus, und dieser liegt tatsächlich vor in got. *seiþus* 'spät', an. *síđr* 'weniger', ags. as. *síđor* 'später', die Fick wtb. 1⁴, 564 vergleicht[1]). Man wird *diū-to-*, was die stammbildung anlangt, mit ai. *dū-tás* zusammenstellen können, wenn auch volle identität wegen der abweichenden wurzelgestalt nicht vorhanden ist. Wie wäre es nun, wenn wir für **diūto-* von urspr. **dū-rē-to-* ausgingen mit derselben gestalt der wurzelsilbe, die in ved. *duvás-* 'vordringend', *durasaná-* 'in die ferne dringend, vorwärts eilend' vorliegt (BR. 3, 697. Grassmann wtb. 617)? **dūrēto-* wurde zu **dūvito-* **dūto-* (über den schwund des *v* nach *u* vgl. o. s. 158 ff.), und dies konnte sich leicht zu **diūto-* gestalten, sei es durch spontane metathesis der vocale, sei es unter dem einflusse von *diū*. Dann ist *diūtius* bei Plautus jünger als *diūtius* und im anschluss an *diū* entstanden, wie o. s. 195 angenommen ist. *diutinus* ist erst speciell lat. neuschöpfung zu *diū* mit dem noch im sonderleben des lat. triebkräftigen suffix *-tinus* (*crastinus annotinus primotinus serotinus* u. a.). Mit ai. *divátanas* 'täglich, am tage geschehend' ist *diutinus* so wenig identisch wie *diū* mit ai. *divá* 'bei tage'.

Wie viel des problematischen diesen combinationen anhängt, ist mir wohl bewusst, und ich bin gern bereit eine andere erklärung gut zu heissen, die die schwierigkeiten einfacher löst. Das aber glaube ich auf alle fälle, dass eine befriedigende erklärung von *diū* 'lange' und seiner sippe nicht

---

1) S. auch Bugge Bezz. beitr. 3, 106 f., der in dem gebrauche von an. *siðr* schlagende übereinstimmungen mit dem von *sētius* nachweist. Übrigens hat letzteres sich wenigstens an einer stelle in der urspr. bedeutung 'später' erhalten, in dem von Festus 510, 23 unter dem lemma: *setius a sero ridetur dictum* angeführten verse aus Accius' Amphitruo:
si forte paulo quam tu veniam setius.
Allerdings schrieb K. O. Müller nach dem vorgange des Ursinus *serius*, deshalb weil man in den excerpta des Paulus Diac. beide male *serius* las, und dies giebt auch noch Ribbeck trag.[2] Acc. 93. Aber die neue ausgabe von Thewrewk de Ponor bietet auch im Paulustext beide male *sētius*, und nachdem dessen berechtigung durch die sprachwissenschaft glänzend erwiesen ist, wird es das feld nicht wider zu räumen brauchen. Zudem wäre, wie schon Wagner orthogr. Vergil. (in Heyne-Wagners ausg. bd. V) 172 mit vollem rechte hervorgehoben hat, Festus' ausdrucksweise (*ridetur*) absurd, wenn es sich um *serius* handelte. Die alte bedeutung von *setius* schimmert ferner noch durch in der formel der lex repet. CIL. 1, 198, 70 *nei... [facito quo] minus setiusre fiat iudiceturre* und in der sent. Minuc. 1, 199, 26 *mora non fiat quo setius eam pequniam acipiant*.

gelingen wird, ohne dass man den einfluss von *diu* 'bei tage' annimmt, und deshalb behaupte ich, um zu dem ausgangspunkt dieser bemerkungen zurückzukehren, dass *diu* 'bei tage' vor alters auch ohne die nachbarschaft von *noctu* gebräuchlich war. Sollen wir nun glauben, dass *diu* unter dem einfluss von *noctu* entstanden ist, sich dann von diesem emancipiert hat, schliesslich aber doch wider unter ihn zurückgekehrt ist? Einfacher, meine ich, ist es, wenn wir es als idg. erbgut = ai. *dyávi* betrachten.

Nach *noctu* und *diu* 'bei tage' ist *lucu* 'bei tageslicht' = *luci lucē* gebildet. Indess ist nicht sicher, ob die form überhaupt bestanden hat. Überliefert ist sie nur in den Donatscholien zu Ter. Ad. 841: *cum primo lucu*, doch haben von den Terenzhss. der Bembinus von erster hand und der Paris. *luci*, die anderen *luce*. Ferner hat K. O. Müller bei Varro l. l. 5, 99 *noctu lucuque* für hss. *noctulucus* vermutet; Spengel will entweder *lucus* oder das ganze *noctulucus* tilgen.

Nachträge.

S. 1 ff. Nach der drucklegung meines aufsatzes über 'den wandel von rĕ- in rŏ- und von rŏ- in rĕ- im wortanlaut' sind mir zwei arbeiten bekannt geworden, die sich mit derselben frage beschäftigen: von Parodi 're- ro- nel latino' in den studi italiani di filologia classica 1 (1893), 439—441 und von Hanns Örtel im neuesten heft von Bezz. beitr. 19, 308—314 'der angebliche übergang von re- in ro- im lateinischen'. Auch wenn ich sie noch vor dem drucke hätte kennen lernen können, hätte ich an meinen ausführungen nichts zu ändern gefunden. Parodi hat zwar den richtigen gedanken, dass der nächstfolgende consonant entscheidend dafür ist, ob es rĕ oder rŏ heisst, aber bei seiner durchführung gerät er allenthalben auf irrwege, deshalb weil er nicht von den historisch gegebenen tatsachen ausgeht, sondern diese in ein a priori construiertes schema hineinzuzwängen sucht. Örtel stellt den übergang für das lateinische überhaupt in abrede und erklärt den wechsel zwischen rĕ und rŏ aus ursprachlichen ablautsverschiedenheiten. Seinem verfahren haftet der fehler an, an dem so manche der neuesten sprachwissenschaftlichen arbeiten kranken: es werden urindogermanische differenzen statuiert, ohne dass vorher auf das schärfste geprüft wird, wie weit rein einzelsprachliche entwicklung vorliegt, mit anderen worten die historische betrachtungsweise kommt nicht genügend zu ihrem rechte gegenüber der vergleichenden.

S. 10 ff. Ich kann es mir nicht versagen darauf hinzuweisen, dass der für die ursprache ermittelte gegensatz: *i̯élmi — né i̯òlmi, *i̯éli̯ĕm — né i̯òli̯ĕm in schönstem einklange steht mit dem ergebnis von Zimmers scharfsinniger abhandlung in dem festgruss an Roth s. 173 ff.: 'sind die altindischen bedingungen der verbalenklise indogermanisch?' Zimmer kommt auf grund der verhältnisse im altirischen zu dem schlusse, dass eine der bedingungen, unter denen das verbum in der ursprache seinen eigenen accent verlor und enklitisch wurde, die stellung hinter der stark betonten negation war. Lateinisch und westsächsisch zeigen die wirkung dieser uralten regel noch in einem besonderen falle bewahrt.

S. 33. Zu *querquĕrus quisquīliae* vgl. *furfŭrus* Plin. n. h. 24, 135, in dem mit rücksicht auf die reduplication der vocal der zweiten silbe dem der ersten wider gleich gemacht ist; das lautgesetzlich zu erwartende *furfĕrus* erscheint Plaut. Poen. 478.

S. 73. Die erklärung, die für *Gaius Raius* neben *Garius Rarius* gegeben ist, wird bestätigt durch ein paar weitere fälle mit *-aius* für *-arius*. In griech. inschriften begegnet Ὀκταῖα (IGr. 2167 d, 25 (Mytilene), zeit des Augustus). Ὀκτάιος CIA. III, 610 (ungefähr aus der zeit des Tiberius). 1101 II 9 (110–120 n. Chr.). 1113 I 28 (c. 143/4 n. Chr.). 1120 II 40 (151/2 n. Chr.); auch *Octaidius* CIL. IX, 2412 (Allifae) zweimal beruht vielleicht auf *Octaius*, wenn es nicht unter die fälle wie *failla paimentum* (o. s. 175) schlägt. Ferner *Flaius* VI, 3388 = XIV, 2379 (frühestens aus der zeit des Septimius Severus) = *Flavius*. Dass *Octavius Flavius* die durchaus herrschenden schreibungen geblieben sind, ist leicht begreiflich bei dem drucke, den *octavus flavus* ausübten. Bei *Ga(v)ius* fehlte ein solcher einfluss, und was *Ra(v)ius* angeht, so scheint *ravus*, nach seinem spärlichen vorkommen in der litteratur zu urteilen, nie recht gebräuchlich gewesen zu sein, ist vielleicht auch in nicht allzuspäter zeit vollständig verloren gegangen; darauf lässt wohl der ganz verkehrte gebrauch schliessen, den Sidonius Apollinaris davon macht (Wackernagel ztschr. 33, 54).

S. 102. Eine kürzere bildung zu *Lāverna lăvernio* liegt aller wahrscheinlichkeit nach noch historisch vor in *aequilarium*: *ex toto dimidium* Paul. Fest. 18, 22, das schon Corssen I² 358 damit verbunden hat.

S. 148. Vielleicht ist Ennius zu der neuschöpfung *bŏrantes* auch durch die rücksicht auf das in der bedeutung sehr nahe stehende *ŏrantes* bewogen worden.

Sachregister.

Accent: uritalischer bezw. urlateinischer 105. 127 ff. 143. 151 ff. 165. 177; stark geschnittener in einsilbigen wörtern bei enklitischem anschluss eines anderen wortes 100; schwächer auf der zweiten silbe des zweiten bestandteils eines compositums als auf derselben silbe im nichtcomponierten worte 104.

Adjektiva: auf *-ōsus* 67. 83. *-rnus* 100. *-uus -ua -uum* 135 f.

Adverbia: auf *-tim -sim* 31 ff. *-orsum(s) -ororsum(s)* 63 ff.

Amtssprache: führt termini technici in ursprünglicher form weiter ohne rücksicht auf die veränderungen, die sie in der volkssprache erlitten haben: *cloaca* 149. *corentionid* 102. *divortium* 20.

Conjugation: indogermanisch: 'wollen' 4 ff. wzl. *bhū* 169. Lateinisch: reste der ai. 5. classe 134; übertragung der in der composition entstandenen stammgestalt ins simplex 129 ff. *nōlo* 9 f. *mávolo málo* 55 f. 2. sg. imper. act. der unthematischen verba 4 f. 185 f.; perfektum der verba auf *-uo* 166 ff. *fūi* 168 ff. *v*-perfekt der verba mit stammschliessendem $\bar{a}$ 175 ff. $\bar{e}$ 121. 178 f. $\bar{i}$ 120. 179 ff. $\bar{o}$ 90. 178. Germanisch: wurzelstufe der dentalpraeterita der praeteritopraes. 187 ff. 'wollen' im westgerm. 187 ff.

Declination: lateinisch: *u*-stämme 141; ihr gen. sg. auf *-ŏs* 108. *s*-stämme: übertragung des *r* aus den casus obliqui in den nom. 80 f. *bōs* 48 ff. 107. *diēs* 191 ff. Umbrisch: stamm *bu-* 156 ff. Germanisch: stamm *kō-* 156 f.

Geschlecht: übertritt von *dies* ins fem. 74; von *ador aequor robor* ins neutr. 80 f.

Lautwandel: vorlateinisch: $\bar{o}u$ zu $\bar{o}$ 107 f. Lateinisch: vocale: betonte: $\breve{o}$ zu $\breve{u}$ vor *l m c* 15. 17. 18. $r\breve{o}$ zu $r\breve{o}$ 1 ff. $r\breve{o}$ zu $r\breve{o}$ 19 ff. *quŏ* zu *cŏ* 29 ff. $\bar{o}i$ zu $\bar{o}$ 53 f. Contraction: $\breve{o}\breve{o}$ aus *$\breve{o}i\breve{o}$* zu $\bar{o}$, $\breve{o}o$ aus *$\breve{o}i\breve{o}$* bleibt 53 f. $\breve{o}\breve{o}$ bleibt überall, wo *o* in schwerer silbe 54. 60. *ăo* zu *o* 68. 82. Unbetonte: synkope: von $\breve{o}$ $\breve{\imath}$ nach langem vocal + *y* 56; von $\breve{o}$ in mittelsilben 60; in schlusssilben nach *i y r l* 60. 192; schafft überall zunächst doppelformen mit und ohne vocal 60 f. 84 ff. 124. 143. 145. 146. 153 f.; hat nicht stattgefunden in der lautfolge *-iyĭ-* 120 f. Schwächung: 153 f. $r\breve{o}$ $r\breve{i}$ zu $\breve{o}$ 82 ff. *ăv ŏv* zu *ŭ* in urspr. nachtonigen silben 127 ff. *ŏv* zu $\breve{o}$ $\breve{u}$ in vortonigen silben 141 ff. *u* zu *v* nach *l r n s* 2. 135 ff. 170 ff.

u vor vocal fällt aus in der kaiserzeit 38. Verkürzung: infolge tonanschlusses 100; von *u* vor vocal 165 ff.; von vocal vor vocal überhaupt 167 f.; von auslautendem *-or* 81. — Consonanten: *i̯* fällt aus zwischen vocalen 54. *u̯* fällt aus zwischen vocalen: vor *ŏ* im vorhistor. latein 53 ff.; zwischen gleichen vocalen 109 ff.; vor *ū* um das ende der republ. zeit 37 ff.; zwischen *a* und *o* in der kaiserzeit 174 f.; zwischen unbetontem *a* und *i e* in der kaiserzeit 175; zwischen *ā* und *i̯* 73. 200; nach *q* vor *ŏ* 34. 78 ff. *lu̯* zu *ll* 135 ff. *h* fällt aus zwischen gleichen vocalen 123 f. *pm* zu *mm* nach kurzem, zu *m* nach langem vocal 18 f. *gm* zu *m* nach langem vocal 18 f. 90. 165. *d* + consonant zu doppelconsonant nach kurzem, zu einfachem consonanten nach langem vocal 58 f. *s* vor *m* fällt auch in unbetonten silben mit ersatzdehnung aus 165 f. *d t* + *sn* zu *nn* in betonter silbe, *d t* + *sm* zu *m* in unbetonter silbe 165 f. *s cs bs* vor *r* schwinden unter ersatzdehnung 58. 62. 165 f. guttural und labial + *s* + tonlosem cons. ergeben *s* + tonl. cons., guttural und labial + *s* + tönendem cons. ergeben tönenden cons. mit dehnung des vorhergehenden vocals 61 f. — Oskisch-umbrisch: *quĕ* zu *pŏ* 34 f. *u̯* schwindet zwischen gleichen vocalen im päl. 125. *rĕ rĭ* in unbetonter silbe zu *ŏ*(?) 105 f. *ŏr* in urital. nachtonigen silben bleibt oder wird zu *ā* 151 ff. *ŏr* in silben, die nach lat. accentgesetz vortonig sind, bleibt 154 ff. Germanisch: *ō* vor vocal gemeinwestgerm.-nord. zu *ū* 156 ff. Litauisch: *rĕ* zu *rā* 25.

Namen: auf *-ilius* 117. *-ā̆(u)ius* 138. 161. 171 f. *-por* (sklavennamen) 103. *-arus -ava* (pälign.) 125. 139 f.; werden in der alten form fortgeführt ohne rücksicht auf lautgesetzliche umwandlungen: *Vortumnus* 20 f. *Voturia* 22 f.; kürzungen in namen: *Mars* aus *Māvors* 76 f. Oskische namen auf latin. gebiet 136; oskisch-sabellisch-umbrische in Venetia und der provincia Narbon. 139 ff.

Orthographie: unterscheidung von *VO = u̯u* und *VV = uu* durch Cornutus 40 ff.; schreibung von *V = u̯* nach *V* nur in bestimmten fällen 53. 159 ff.; vocalunterdrückung in der schrift 38. 76; doppelschreibung der vocale (fal. *rootom*) 89; 'umgekehrte' schreibungen auf der Dvenosinschrift 86 ff.; beeinflussung der orthographie durch die etymologie: *cluaca* 142. *Cluacina* 142. *bovantes* 148; beibehaltung der altumbr. schreibweise in formelhaften wendungen (*ulo uru*) 93, in götternamen (*Iune* 154. *Puemune* 154 ff.).

Sprechgeschwindigkeit: entscheidend für die verschiedene gestaltung desselben lautes 123 f. 167 f.

Wortregister.

Lateinisch.

a 61.
Acca(u)us 46. 139. 140.
aceruus 137.
adnūit 166.
ador 81.
Aedius 117.
Aelius 117.
aequor 80.
Aestius 46.
ae(ui)tas 102. 110. 120. 122.
ae(ui)ternus 110. 122.
aeum 45.
A(ha)la 123.
ais 192.
Ammaus 139.
Amphioraui 21.
anculus (= auonculus) 50.
Anna(n)us 45. 46. 139.
Aquius 171.
Araus 46.
aruos 137.
Atauus 139.
augmen(tum) 90.
aunculus 47.
aus 45. 46. 51.
auerta 23.
A(u)onius 70. 174.
Bataus 45. 46.
belua 135.
bimus 123.
bito 130.
boare 148.
Boatius 145.
Boelius 145.
boes 50.
Boillae 145.
bos 107.
bo(u)a 148.
bouantes 148. 200.
bo(u)arius 50.
bouinator 147.
boum 48.
caelum 'himmel' 183.
caja 59.
Calauius 136. 140.
caluus 136.
Camena 165.
camilla -us 166.
Cariaus 46. 139.
Casmena 165.
caterua 137.
cilium 130.
cis (= ciuis) 123.
Cloacina 142. 150.
cloare 142.
Cloelius 143.
clo(u)aca 141. 149.
Clo(u)atius 142. 149.
Clouentia 143. 149.
Clouius 143. 144.
Cloulius 143.
Cluentius 143.
clueo 132.
Cluitius 143.
cluo 'reinige' 132.
cluo 'heisse' 132.
clu(u)ior 144. 159.
Clu(u)ius 144. 150. 159.
co(ho)rs 124.
colo 29.
colus 78.
combretum 29.
commircium 140.
concutio 31. 33.
conditium 46.
conecto 62.
conflouont 128.
confluges 129.
conitor 62.
coniueo 62.
conquinisco 30. 33. 34.
constitūit 167.
contio 83.
conubium 62.
contriris 179.
conuollere 11.
coquo 29.
coraueront 85.
cossim 31.
cottidie 34. 79.
couentionid 83. 102.
cous 72.
coxa 31.
coxim 31.
creduam 133.
cruentus 147. 163.
cruor 70. 146. 150.
cui(us) 30.
curro 30.
Datius 46.
de(hi)bco 123.
deorsum 58.
depūit 166.
depu(u)io 127.

— 204 —

denuo 90.
denortia 20.
deus 68.
Dialis 114.
Diana 111.
dies 74. 191.
Diespiter 191.
dīnus 114.
Dis 116.
ditiae -tis 115. 120.
diu 'bei tage' 114. 192.
diu 'lange' 194.
Diuiana 112. 122.
diuinus 114. 122.
diuitiae -tis 102. 115. 122.
dium 45. 111.
diuortium 20.
dīus adv. 191.
(nu)dius 73.
dīus 72. 110.
diutinus 194.
diutius 194.
diuturnus 194.
diuus 72. 114.
doiuom 68.
domōs 108.
dorsum (= *deorsum*) 60.
duam 133.
dudum 196.
durare 196.
Duruius 172.
-duum 141.
eluacrus 127. 150.
equirria 30.
erūi 166.
eruum 135.
es 'sei' 185.
es 'iss' 186.
Esquiliae 29.
exuo 128.
famul 192.
farfarus -ferus 200.
Fa(u)entia 52. 101. 175.
fa(u)illa 52. 102. 150. 175.

fauissa 150.
Fa(u)onius 70. 150. 171.
fa(u)or 52. 70. 171.
rherhaked 153.
fer 4. 185.
Festius 46.
fibula 116.
Firuius 172.
Flaius 200.
Fla(u)onius 70. 174.
Flaus 37. 45. 46. 51.
flouius 131.
fluo 128.
flu(u)idus 129. 170.
flu(u)ius 131. 159.
fluxi -um 128.
foculum 88.
foedus 116.
fomentum 88. 89.
fomes 88. 89.
fonex 99.
fotus 88.
Foui 126. 143.
Frisiaus 45.
friuolus 74.
fruor 129. 165.
fugitiuu 45.
fui 168.
fulgur 80.
Furius 143.
Gaius 72. 200.
Genetius 45.
gloria 92.
glos 107. 122.
gluma 19.
Gnaeus 68.
grandaeus 51.
grauastellus 123.
-gruo 128.
gula 30.
gurdus 30.
Haruius 172.
heluus 137.
hodie 99.
holus 15. 18.
homo 18.
hornus 99.

ieiunus 59.
incola 29.
incoxare 31. 33.
induo 128.
inquilinus 29.
inquinare 31.
interdiu 192.
interdius 191.
inuolucre -um 2.
iocur 17. 18.
Iouis 126. 191.
Ioum 49.
Iuilius 145.
Iuinus 145.
Iulius 117. 145.
ius 192.
iu(u)enis 102. 159. 162.
iu(u)entus 102. 159.
iūui 167.
iu(u)o 131. 159. 162.
lābrum 109. 122.
Laelius 117.
laetrosum 64. 116.
laetrum 116.
Lanuinus 172.
larua 137.
Lascius 46.
latrina 109. 122.
Lau- 24.
lauabrum 109. 122.
lauatrina 109. 122.
Lauerna 102. 150. 200.
lautus 91.
Licouius 138. 139. 152.
liquor 80. 170.
liuitus 118. 122.
liuor 70.
longitrosus 64. 116.
losna 85.
lotus 91.
lucu 198.
lūit 166.
luo 132.
-luo 127.
Luuianus 146. 159.
-lu(u)ium 127. 159.
mage 57.
malo 55.

mamma 58.
Marmar 77.
Mars 76.
manolo 55.
Manors 76.
mehe 124.
Menolaui 24.
mensuruus 100.
mi(hi) 123.
miluos 135.
Minerua 137.
minuo 134.
Mircurios 140.
momen(tum) 88. 89.
-moruut 90.
motus 88.
mutare 89.
Naepori 103. 117.
nau(i)s 182.
neli 12.
nemo 123.
nequalia 171.
Nicolauus 24.
ni(hi)l 123.
noctu 192.
Noella 147.
Nouember 147.
noicia 147.
noine 86.
noisi 87.
Nola 86.
nolim 9. 53. 55.
nolo 9. 12. 53. 55.
nollis 51.
non 53.
nonaginta 83.
nondinum 85.
nonliare 85.
nonus 83.
nosti 90.
nouacula 147.
nouem 36. 103. 126.
nouerca 102. 147.
Noulas 46.
noum 45. 46.
nounas 84.
nonudium 84.
nox 'nachts' 192.

nudius- 73.
Numasioi 153.
-nno 128.
obli(ui)sci 117. 122.
oboedio 150.
obpuniat 127.
ocquinisco 30. 34.
Octaius 200.
octauum 45.
octuaginta 134.
Oinomanos 24.
oleum 181.
olim 92.
oliua 18.
omen 93.
omentum 18. 91. 128.
omillo 61.
opilio 94.
opiter 95.
oscen 94.
oscinum 94.
otium 95.
ouum 51.
ouilio 94.
ouipilio 94. 101.
Pacu(u)ius 138. 159.
 161. 171.
palea 177.
pannuuellium 16.
Paquius 171.
pa(u)imentum 175.
pa(u)o 70. 174.
pa(u)or 70. 174.
pedico 59.
peior 59.
peluis 135.
Picii 152.
ploro 122. 147.
plouo 128.
pluit 166.
pluo 128.
pluor 122. 147.
pluuius 131. 159.
poella 146. 150.
Poloces 85.
pomeridianus 165.
pomerium 165.
pomilio 96.

pomum 95.
-por 103.
Posilla 97.
potestas 57.
policio 96.
Potoni 96.
potus 96.
poner 103. 146.
Pouti 146.
praecluis 144.
praeco 17. 79. 118. 120.
praeda 123.
praedium 118.
prae(hi)beo 123.
praes 118. 120.
praeuides 102. 118.
 122.
Primitia 51.
Primitius 45. 46.
promo 53.
pronus 97.
prora -is 75.
prorsus 63. 64.
prox 122.
pruguum 121.
pruina 165.
puer 103. 146. 150.
Puilia 146.
puluis 135.
pumilio -lus 95.
pus 60. 192.
putus 96.
quassum (= quomodo)
 66.
que 30. 34.
queo 30. 54.
quercus 30.
queror 30.
querquedula 30.
querquerus 33. 200.
questus 30.
quinque 30. 31.
Quirinus 30.
quiris 30.
quisquiliae 30. 33. 200.
quixit 125.
quom (praep.) 79.
quoque 100.

rallum 58.
Ra(u)ius 73. 200.
Ra(u)onius 70. 174.
Raus 45.
rius 51.
robor 80.
robus subst. 80.
robus adi. 108.
Roesius 145.
Roma 97.
rorarii 98.
Rufrius 140.
rumentum 18.
Rumo 97.
ruo 132.
rursus 60.
rus 60. 192.
Safinius 139.
salaputium 96.
Sallouius 135. 138. 140. 152.
Salluuius 138. 159. 161. 172.
Saluius 172.
saluos 135.
Sanqualis 171.
sas 38.
Sattaua 139.
sed- 58.
seiugo 59.
seiungo 59.
seorsum 55. 58.
septuaginta 134.
setius 196.
seu 121.
seuerus 123.
seuiri 58.
sico 130.
silua 136.
simpunium 159.
siris 179.
sis (= suis) 138.
sis (= si uis) 119.
socors 17. 18. 58.
sol 68.
soluo 3. 18. 58.
sommurnus 100.
sos 39.

sorsum (= srorsum) 60.
souos 74. 141.
sternuo 134.
stircus 140.
struo 133.
sub dīo -u -uo 111. 113.
subdi(u)alis 114.
subus 163.
sultis 119.
sumo 62.
suremit -mpsit 63.
sursum 61. 165.
sus (= suus) 38.
suus 141. 153.
taxim 32.
tergus 78.
terruncius 4.
tis 39.
toles 91.
tomentum 90.
totus 90.
touos 74. 141.
triquetrus 30. 33.
trua 163.
tutus 91.
tuus 141.
Uaruius 172.
udus 168.
uectis 17.
uecto 17.
uegeo 17.
ue(he)mens 17. 123.
ueho 17.
uel 4.
uelamen 16.
Uelia 3. 17.
uelim 6.
Uellaus 46.
uelle 4. 6.
uellico 16.
uellitio 16.
uello 14.
uellus 15.
uelum 17.
uelut 5.
uenenum 17.
uenero 17.

uenia 17. 19. 26.
uenum 25.
Uenus 17. 19. 26.
uepres 17.
uerbena 24.
uerber 17. 19. 24. 25. 80.
uerbum 24.
uereor 17. 19. 26.
uergo 17.
uermis 24. 25.
uerna 17. 19. 26.
uerpa 17.
uerres 17. 24. 25.
uerruca 24. 25.
uerrunco 21. 28.
ueru 17.
ueruex 17.
uespa 24. 25.
uesper 17. 19. 26.
uespix 17.
Uesta 17. 19. 26.
uestigium 17.
uestis 17. 19. 26.
Uesu(u)ius 17. 138. 159. 171.
uetus 17. 26. 28.
uexillum 17.
uexo 17.
uiciss(at)im 32.
uidua 135.
uipera 119.
Uirraus 139. 140.
Uirrius 140.
uiso 119.
uita 119. 120.
Uitrouius 138. 139. 152.
niuous 37.
uiunt 47.
uius 46.
uls 93.
unorsum 66.
unose 66.
uoco 16.
uois 87.
uola 14.
uolare 14.
Uolaterrae 13.

— 207 —

Uolcanus 14.
uolemum 14.
uolens 6.
uolgus 14.
uolim 12.
uolnus 14.
uolo 'will' 5.
uolop 1.
uolpes 14.
Uolseus 13.
uolsella 14.
uolsi 14.
Uolsinii 13.
uolt 4.
Voltinius 13.
uoltur 14.
Volturnus 13.
uoltus 14.
noluera 3.
nolueris 14.
volumen 2.
Volumnius 13.
Uolumnus 3.
uolutus 2.
uolua 14.
uoluo 2.
uomis 25.
uomo 1.
norago 23.
uoro 23.
norro 19. 21. 27.
uorruncent 21. 28.
uortex 21.
uorto 19. 27.
Uortumnus 20.
noster 19. 21. 26.
notium 46.
noto 19. 22. 26.
Uoturia -us 22. 28.
uotus 88.
upilio 94.
u(u)a 159. 162. 168.
uuidus 159. 163. 168.

Faliskisch.

Cauio 72.
iouent 131.

loferia 85.
uootum 89.

Oskisch.

Akviiai 138. 152. 172.
Báraianud 155.
diiriai 112.
eituam 138. 153.
Gaaviis 72.
Kalaviis 138. 152. 172.
Kalúvieis 138. 152.
Kapra 138. 153.
Karkeis 138. 152. 172.
Clóil 155.
Κλοϝατωι 155.
Kluvatiis 142. 155.
menrum 134. 153.
Núrellum 155.
Nuvk(i)rinum 86. 105.
Núrlandis 86. 105.
Πακϟης 138. 152. 172.
petiro- 35.
poizad 53.
pümperia 35.
Salaviis 138. 152. 172.
salavs 138. 152.
súrad 152.
suveis 152.
Virriis 140.

Pälignisch.

Acca(ua) 125.
aetate -u 125.
Anna(ua) 125.
Calauan 138. 152.
des 125.
Nounis 84. 105.
praicime 125.
Salauatur 138. 152.
suois 152.

Marsisch.

Cantonios 138. 152.
Pacuies 138. 152. 159.

Marrucinisch.

suam 152.

Aequisch.

Nuersens 154.

Sabinisch.

Poimunien 96. 154.

Umbrisch.

anouihimu 152. 154.
ar(u)eia 137. 138. 153.
bue -o 156.
buf -m 158.
deveia 72.
dersva 153.
eikvasatis 153.
Fisouie 138. 152.
fons 105.
Grabouie 138. 152.
liouinur 138. 152. 155.
luue 154.
kateramu 137.
comohota 105.
mersuva 138. 153.
Noniar 84. 105.
nurime 106.
ooserclom 105.
orer 93. 105.
petur- 35.
Piquier 138. 152. 172.
pora 53.
pinuvatus 153.
Puemune(s) 96. 154.
pumpeřias 35.
purtuvitu 133. 152. 154.
purtuetu 152. 154.
rerestu 120. 125.
salu(u)om 135. 138. 152.
suboco 17.
touer 152.
tu(u)a 152.
ulu 93. 105.
uru 93. 105.
reltu 4. 17.

Etruskisch.

Velaϑri 13.
Velϑurna 13.
Velimnas 13.
Velscus 13.
Velsunia 13.
Veltni 13.

Griechisch.

ἀορτή 23.
ἀορτήρ 23.
γαλοως 107.
Διεί 193.
δῖος 110.
Διώνη 112.
εἴλυμα 2.
ἐλεῖν 15.
ἕλκος 18.
ἔρευνα 98.
Ζεύς 73.
κεκαδμένος 166.
κορύνη 163.
μάχομαι 78.
μοῖτος 89.
ὀίομαι 93.
ὀλοόφρων 135.
πεφύασι 169.
ποίη 127.
πρανής 97.
πρανόν 97.
τορύνη 163.
τρύος 163.
τρύω 163.

Altindisch.

dirāhunas 197.
dirē-dirē 73.
durós- 197.
dūtás 197.
dyāuš 74.
prarayás 97.
babhūva 168.
eriyāt 11.

Avestisch.

nāumō 83.

Gotisch.

brāhta 189.
raljan 8.
riduvo 138.
viljan 8.

Altnordisch.

heiþ(r) 184.
kýr 156.
raun 98.
rilja 8.

Angelsächsisch.

cū 156.
darste 188.
gewarht 188.
nelle 11.
nylle 11.
s(c)alde 188.

walde 187. 189.
willan 8.
wolde 187.

Altsächsisch.

kō 156.
walda 187. 189.
war(a)hta 188.
willian 8.

Althochdeutsch.

chuo 156.
heitar 184.
wellemēs 8. 187. 189.
wille 7.
willu 7. 187.

Litauisch.

griūvù 128.
pēva 127.
piáuju 127.
vábalas 25.
vákaras 25.
vapsà 25.
var̃das 25.
vasarà 25.
welmies 4. 5.
vérgas 25.

Altbulgarisch.

velěti 8.
voliti 8. 189.
zŭlŭva 107.

www.ingramcontent.com/pod-product-compliance
Lightning Source LLC
Chambersburg PA
CBHW032224230426
43666CB00033B/1159